임제록 강설

# 임제록 강설

**1판 1쇄 펴낸 날** 2014년 2월 28일

**저자** 덕산스님
**발행인** 김재경
**기획·편집** 김성우
**교정·교열** 이유경
**디자인** 김현민
**마케팅** 권태형
**제작** 보현피앤피

**펴낸곳** 도서출판 비움과소통 서울시 영등포구 영등포동7가 29-126 포레비떼 7층 705호
**전화** 02-2632-8739
**팩스** 0505-115-2068
**이메일** buddhapia5@daum.net
**트위터** @kjk5555
**페이스북 ID** 김성우
**홈페이지** http://blog.daum.net/kudoyukjung
**카페(구도역정)** http://cafe.daum.net/kudoyukjung
**출판등록** 2010년 6월 18일 제318-2010-000092호

의지함이 없는 도인(無依道人)으로 사는 법

# 임제록 강설

臨
濟
錄
講
說
·
덕
산
스
님 역해

비움과소통

임제선사 진영

# 참사람[無位眞人]으로 사는 길 제시한 선어록의 왕

군더더기 없는 법문으로 '선어록의 왕'으로 일컬어지는 《임제록》
은 임제스님이 임제원에 주석하면서 제자들을 가르칠 때의 독특한
가풍을 보여주는 어록으로서, 실천적인 선(禪)의 진수를 설파한 것
으로 잘 알려져 있습니다. 임제스님은 우리나라 조계종의 선맥(禪脈)
이기도 하며 일본 임제종의 연원이기도 합니다. 조계종 종정을 지내
고 일본에서 생불이며 미소불로 알려진 서옹스님은 평생 이 어록을
종지로 삼아 '참사람[無位眞人]운동' 펼치기도 했습니다. '무위진인'
이란 위 아래가 따로 없는 평등한 진리차원에서 마음을 쓰는 참사람
으로 부처님차원의 삶을 사는 사람을 말합니다.

우리는 불교의 근간인 무상(無常)과 무아(無我)의 도리를 모르면
불교를 안다고 할 수가 없습니다. 모든 인간이 참으로 행복하다면 종

교가 필요 없습니다. 인간은 태어나 죽음에 이르기까지 괴로움의 연속이며, 그 괴로움은 집착에서 옵니다. 사실[實相]이 아닌 것을 사실인 것처럼 착각하고 애착해서 괴로움이 옵니다. 육안으로 보면 눈 앞에 온갖 두두물물(頭頭物物)이 펼쳐지지만 깨치고 보니 물질이 물질이 아닙니다. 사실이 아닌 그 도리를 설하자니 무상(無常)이라 표현한 것입니다. 모든 물질의 본질인 에너지와 파동에 의해 현상계가 존재하는 것처럼 착각하는 것입니다. 눈 앞에 있는 모든 경계와 대상이 변화하고 있으니 고정된 실체가 아니며, 시공(時空) 개념 또한 없기에 무아(無我)라 합니다. 제법무아(諸法無我)란 '모든 것에 내가 없다'가 아니라, 이렇게 현실을 살아가는 '거짓 나'가 있지만 본질적으로 '나'라고 할만한 실체는 없다는 것입니다.

화엄경에서 '일체유심조(一切唯心造)'라 했듯이 물질과 육신뿐만 아니라 모든 것을 분석해보면 다 마음입니다. 있으나 보여줄 수는 없는 실상(實相) 깨달아야만 체험이 가능하므로 불교가 어렵다 하는 것입니다. 그 진여실상은 있다 해도 맞지 않고 없다 해도 틀립니다. 결론은 진리에 대해 입을 떼면 그르친다는 것입니다. 이 도리를 알면 문 안이요, 이 도리를 모르면 문 밖에서 헤매는 것입니다. 우주 삼라만상을 움직이는 모양 없는 '하나의 마음[一心]자리'는 이름 붙일 수 없기에 부처님이니, 무위진인이니, 주인공이니 하며 거짓 이름을 붙이는 것입니다. 임제스님 역시 이 '하나의 마음자리'를 깨달아 여기에 마음을 두고 평생동안 중생을 교화하시며 사셨습니다. 결국 우리도 임제스님처럼 일심을 깨달아 무위진인으로 사는 것이 《임제록》을 공부하는 목적이 될 것입니다.

제가 《임제록》을 강의하게 된 목적은 이 어록을 통해 선(禪)의 세계를 바로 알리고 대중화하기 위한 것입니다. 여러 모로 부족한 제가 강의에 나선 것은 어불성설이나 법문의 내용이 너무나 좋아 여러 불자님들과 보리심을 나누고자 마음을 내게 되었습니다. 이 책의 내용은 우리가 알고 있던 불교에 대한 잘못된 고정관념을 산산이 부셔버리고 괴로움에서 벗어나 대자유인으로서의 참 행복을 누리며 살 수 있도록 안내할 것입니다.

오랫동안 강의를 경청해준 청주지역 불자님들과 강의록을 정리해준 유경 보살님, 훌륭한 책으로 장엄해준 비움과소통 김성우 대표님께 감사의 마음을 전합니다. 이 책을 인연 한 모든 분들이 진리에 눈을 뜨고 지금 이 땅에서 함께 불국토를 실현하는데 앞장서 주시기를 발원합니다.

불기 2556년 동지(冬至), 청원 혜은사에서

덕산 합장

머리말 : 참사람[無位眞人]으로 사는 길 제시한 선어록의 왕 5

진주임제혜조선사어록 서문(鎭州臨濟慧照禪師語錄序) 16

## 1. 상당(上堂)

개당설법(開堂說法) 22   불법(佛法)의 큰 뜻 24   세 번 묻고 세 번 두들겨 맞다 26   부처님이 지금 어디에 있느냐 28   입을 열면 벌써 어긋난다 30   천수천안의 진짜 눈 33   지위 없는 참사람 – 무위진인(無位眞人) 36   할, 할, 할 38   주인과 손님이 명백하다 42   불자(拂子) 44   다시 한 번 몽둥이를 맞고 싶다 46   칼날 위의 일 49   석실 행자와 방아 51   안다, 모른다 하는 것은 모두 착각 54   고봉정상과 네거리 56   집안과 길거리 58   삼구(三句) 60   삼현 · 삼요(三玄三要) 64

## 2. 시중(示衆)

사료간(四料揀) 68　　생사에 물들지 않는다 72　　일 없는 사람 75　본래의 자기를 밖에서 찾지 말라 78　　돌아가 쉴 곳 81　　마음은 형상이 없다 84　　연야달다의 잃어버린 얼굴 89　　네 가지 조용(照用) 92　　일 없는 사람이 귀인이다 95　　심지법(心地法) 98　　잡으면 그대로 쓸 뿐 100　　수처작주 입처개진(隨處作主 立處皆眞) 103　　부처와 마군 모두 물리쳐라 107　　부처도 없고 중생도 없다 110　　어디를 가나 막힘이 없다 113　　본래 아무런 일이 없다 121　　인가 받았다고 지껄이지 말아라 124　　어디에도 의지함이 없는 도인[無依道人] 126　　찾을수록 멀어진다 129　　인생의 덧없음 132　　네 가지 형상 없는 경계 135　　그대가 살아있는 문수다 138　　중요한 것은 스스로를 믿는 것 142　　물에 비친 달처럼 145　　지금 바로 작용하는 '이것'을 믿어라 148　　마음 밖에 법이 없다 151　　수행도 업 짓는 일 154　　사자후에 뇌가 찢어진다 159　　평상심이 도다 162　그 마음 그대로 살아있는 할아버지다 165　　구함이 있으면 괴롭다

167    형상 없음이 진실한 형상이다  170    땅으로 걸어 다니는 신통[地行神通]  173    만법이 의식이다  177    불에 들어가도 타지 않고  181    주인과 손님  184    귀신과 도깨비들  189    도안(道眼)이 분명해져야  192    부처를 만나면 부처를 죽여라  195    너는 무엇이 부족한가  198    삼계는 마음의 그림자  201    한 생각 마음 쉰 곳이 깨달음의 나무  204    보고 듣는 이가 누구인가  207    주인과 객의 탐색전  209    눈이 밝아야 간파할 수 있다  212    형체도 없으면서 밝고 뚜렷한 '이것'  214    동정일여(動靜一如)  216    세 가지 근기로 판단한다  219    모두 놓아버려라  222    선사의 계보  224    형상에 속지 말라  227    보리의 옷과 열반의 옷  230    알음알이 때문에 깨닫지 못한다  232    참 부처는 형상이 없다  234    참 부처, 참된 법, 참된 삶  236    마음과 몸이 부처와 다르지 않다  239    밥값을 갚아야 한다  242    도인은 자취가 없다  247    대통지승불  251    마음 따라 일체 법이 생하고 소멸한다  254    무간지옥에 떨어질 다섯 가지 업  257    내 말도 취하지 말라  260    부처를 구하면 부처를 잃는다  263    주리면 먹고 졸리면 잔다  266    전체작용(全體作用)  269    순수하고 유연한 정신  273

# 3. 감변(勘辨)

쌀을 가리다 278    도적에게 집 맡기는 격 282    불자(拂子)를 세운 뜻 284    보화스님과 극부스님 286    밥상을 엎어버린 보화스님 289    도적놈아, 도적놈아! 293    보화스님의 나귀 울음소리 295    밝음으로 오면 밝음으로 치고 297    무사한 것이 좋다고 말하지 말라 299    수좌를 점검하다 301    한낱 나무토막이로구나 303    이것도 살 수 있느냐 305    강사를 점검하다 308    덕산스님의 몽둥이 30방 311    금가루가 비록 귀하지만 314    빈 터의 흰 소 316    몽둥이와 할(喝) 322    손을 펼쳐 보인 뜻 324    불자(拂子)를 세우고 좌구(坐具)를 펴다 326    조주선사의 방문 328    정 상좌가 크게 깨닫다 332    12면 관세음보살의 바른 얼굴 335    네 종류의 할(喝) 337    잘 왔는가? 잘못 왔는가? 337    조사의 뜻은 없다 341    경산스님의 오백 대중 344    보화스님의 전신탈거(全身脫去) 347

# 4. 행록(行錄)

세 번 묻고 세 번 맞다 352　　황벽선사의 불법도 별것 아니다 355
호랑이 수염을 뽑다 359　　소나무를 심은 뜻 362　　덕산스님의 선
상을 뒤엎다 365　　산 채로 한순간에 묻어버린다 367　　황벽스님이
당신 입을 쥐어박다 370　　임제선사가 졸고 있을 때 372　　빈손으
로 노동 하는 법 375　　이 일을 안다면 그만 둡시다 378　　앙산스님
의 예언 381　　여름 안거를 깨뜨리다 383　　황벽스님이 선판과 경
상을 물려주다 386　　부처와 조사에게 예배하지 않는다 390　　용광
스님의 낭패 392　　앉아서 차나 들게나 394　　삼산이 만 겹의 관문
을 가두다 397　　훌륭한 선객은 정말 다르구나 400　　화살이 서천
을 지나갔다 402　　여기서 무슨 밥그릇을 찾는가 404　　짚신만 떨
어뜨릴 뿐이다 406　　어디로 가십니까? 408　　시인이 아니면 시를
바치지 말라 410　　공적으로는 바늘도 용납하지 않는다 413　　오늘
은 운이 나쁘구나 415　　정법안장을 부촉하다 418


임제혜조선사 탑기(臨濟慧照禪師塔記) 421

❖ 이 책의 원문인 《임제록(臨濟錄)》은 대정신수대장경 47권에 수
록된, 북송 말기 선화(宣和) 2년(1120년) 원각종연(圓覺宗連)스
님이 중간(重刊)한 어록을 저본으로 하였습니다.

❖ 《임제록(臨濟錄)》을 역주(譯註)하면서 본문의 내용에 따라 단
락을 나눈 것은 대부분 서옹스님이 연의(演議)한 《임제록》을 따
랐습니다.

❖ 《임제록(臨濟錄)》 본문의 번역은 서옹스님 연의(演議) 《임제록》
(임제선원, 불기2534), 성본스님 역주(譯註) 《임제어록》(한국선
문화연구원, 2003), 무비스님 저(著) 《임제록 강설》(불광, 2005)
을 참조하였습니다.

# 임제록
## 臨濟錄

# 진주임제혜조선사어록 서문
### (鎭州臨濟慧照禪師語錄序)

연강전의 학사이자, 금자광록의 대부이며, 진정부로의 안무사요, 겸하여 마보군의 도통관이며, 지성덕군의 부사인 마방이 찬술하다.

임제선사는 황벽스님께 일찍이 매서운 몽둥이를 얻어맞았다. 그리고는 대우스님의 옆구리에 비로소 주먹질을 할 수 있었다. 말 잘하는 노파 대우스님은 "이 오줌싸개야!"라 했고, 황벽스님은 "이 미친놈이 또다시 여기 와서 호랑이 수염을 뽑고 있네!"라고 했다.

임제선사께서 험한 골짜기에 소나무를 심은 것은 후인들에게 본보기를 보이기 위함이요, 괭이로 땅을 팠으니 황벽스님은 거의 산 채로 생매장 당할 뻔 했다.

황벽스님은 제자인 임제선사를 인가하다가 갑자기 입을 스스로 쥐어박았다.

임제선사는 황벽스님과 하직하고 떠날 때 전법을 증명하는 경상[机案]을 주어도 받지 않고 오히려 불사르라 하였다. 그러나 황벽스님은 가져가서 천하 사람들의 논란을 차단하게 하라고 하셨다.

하남지방이 아니면 하북지방으로 돌아감이여, 임제원은 옛 나루터에 임해 있어서 오가는 사람들을 실어 날랐다. 요새(要塞)가 되는 나루터를 지키고 있으니 그 절벽의 높이는 만 길이나 되고, 사람도 빼앗고 경계도 빼앗는 수단으로 선타바를 만들어낸다. 삼요삼현으로 수행납자들을 단련하였고, 항상 집안에 있으면서 길거리를 떠나지 아니하였다.

무위진인이 얼굴을 통해 출입하고, 두 집의 수좌가 동시에 "할"을 함에 주객이 분명하다. 비춤과 작용이 동시라 본래 앞뒤가 없고, 거울은 만상을 비추고 빈 골짜기에는 메아리를 전하네. 신묘하게 대응하는 솜씨는 종잡을 수 없어서 그 자취를 남기지 않았도다.

옷깃을 가다듬고 남쪽으로 내려가 대명부에 머무르니, 흥화스님은 임제선사의 법을 이어받은 사람이라 스님을 동당에 모시니라.

구리로 된 물병과 쇠로 만든 발우뿐이요, 방문을 닫아걸고 말을 하지 않았다. 소나무는 이미 늙었고 구름은 한가하여 시원스레 유유자적하도다.

면벽하고 앉으신 지 오래지 않아 은밀히 입멸 후의 뒷일을 이렇게 부촉하셨다.

"정법을 누가 전할 것인가. 눈 먼 당나귀에게서 없어지리라."

원각종연스님이 이제 이 임제록을 유통하려 하기에 점검해 보니 아무런 잘못이 없도다. 오직 일할(一喝)을 남겨놓고 헤아려 보기를 바라노니, 눈을 갖춘 선사들은 바라건대 잘못 거량하지 말라.

선화경자(宣和庚子) 중추일에 삼가 서문을 쓰다.
《진주 임제 혜조선사 어록》을 삼성사에 사는 법을 이은
소사(小師) 혜연(慧然)이 편집하다.


延康殿學士 金紫光祿大夫 眞定府路安撫使 兼 馬步軍都總管
兼 知成德軍府事 馬防 撰 黃檗山頭 曾遭痛棒 大愚肋下 方解
築拳 饒舌老婆 尿牀鬼子 這風顚漢 再捋虎鬚 巖谷栽松 後人標
榜 钁頭斸地 幾被活埋 肯箇後生 驀口自摑 辭焚机案 坐斷舌頭
不是河南 便歸河北 院臨古渡 運濟往來 把定要津 壁立萬仞 奪
人奪境 陶鑄仙陀 三要三玄 鈐鎚衲子 常在家舍 不離途中 無位
眞人 面門出入 兩堂齊喝 賓主歷然 照用同時 本無前後 菱花對
像 虛谷傳聲 妙應無方 不留朕蹟 拂衣南邁 戾止大名 興化師承
東堂 迎侍 銅缾鐵鉢 掩室杜詞 松老雲閑 曠然自適 面壁未幾
密付將終 正法誰傳 瞎驢邊滅 圓覺老演 今爲流通 點檢將來 故
無差舛 唯餘一喝 尙要商量 具眼禪流 冀無賺舉
                                                宣和庚子仲秋日 謹序
                        鎭州臨濟慧照禪師語錄 住三聖嗣法小師慧然集

## | 강설(講說) |

서문은 당시의 뛰어난 문장가였던 마방이 임제록 문장을 압축한 것입니다 임제스님이 강남 황벽산에서 수행하던 일과 깨달음을 체험하게 된 사연들, 그리고 하북 땅 임제원에 주석하면서 제자들을 가르칠 때의 독특한 가풍을 보여줍니다. 노년에 이르러서 입적에 관한 일들과 임제록 간행에 대한 이야기들을 네 자의 시 형식으로 간략히 압축한 글입니다. 본문에 서문 내용이 다 들어 있으므로 해설은 생략합니다.

1
/
상당(上堂)

# 개당설법
## (開堂說法)

하북부의 부주 왕상시가 여러 관료들과 더불어 임제선사께 법상에 오르시기를 청하니, 스님이 법상에 올라 말씀하셨다.

"산승이 오늘 어쩔 수 없이 인정에 따라서 겨우 이 자리에 올랐으나 만일 조사들이 면면히 이어온 전통에 입각하여 큰일을 드날려 본다면 곧 바로 입을 열 수가 없으며, 또 그대들이 발붙일 곳도 없다.

그런데 산승에게 오늘 왕상시가 간곡히 청하니 어찌 근본종지를 숨길 수 있겠는가. 여기에 이름 난 장군[作家]이 있다면 곧 바로 진을 펼치고 깃발을 열어서 대중들에게 그 증거를 보여라."

府主王常侍 與諸官 請師陞座 師上堂云 山僧 今日 事不獲已 曲順人情 方登此座 若約祖宗門下 稱揚大事 直是開口不得 無

你措足處 山僧 此日 以常侍堅請 那隱綱宗 還有作家戰將 直下
展陣開旗麼 對衆證據看

## ▎강설(講說) ▎

개당설법에 대해 '전쟁의 시작'이란 제목을 달기도 했습니다. 전쟁
이란 지혜의 칼로 모든 번뇌를 한순간에 끊어내는 지혜작용을 상징
합니다. 지혜란 우주의 근본실상을 깨달은 경지로 그 경지에서는 "입
을 떼면 그르친다"가 상당법문의 핵심입니다. 오히려 입을 떼지 않는
것이 온전히 진리를 설하고 있는 셈입니다.

모든 인간들이 행복하다면 종교가 존재할 필요가 없으며, 진리를
설할 필요도 없습니다. 인간이 태어나 죽음에 이르도록 괴로움의 연
속인 것은 사실이 아닌 것[虛相]을 사실[實相]인 것처럼 착각하여 집
착하므로써 괴로움이 오게 된 것입니다. '제법무아(諸法無我)'란 모
든 것은 '내'가 없다가 아니라 내가 있지만 나라고 할만한 것은 아무
것도 없다는 것입니다. 내가 보고 듣고 있으나 눈·귀가 아니고 기능
일뿐 마음이 하는 일이란 것입니다. 분석해보면 다 마음의 작용이란
말씀입니다. 화엄경에 '일체유심조(一切唯心造)'란 말이 있으나 보여
줄수 없는 것이고, 깨달아야만 체험이 가능하므로 온갖 이름을 붙일
수 밖에 없어서 불교가 어렵다고들 합니다. 모양이 없다 해서, 마음
이 있다 해서, 없다거나 있다 해도 맞지 않다는 이 도리를 알면 문안
이요 모르면 문밖에서 헤매는 것이 됩니다.

# 불법(佛法)의 큰 뜻

한 스님이 물었다.

"무엇이 불교의 대의입니까?"

임제선사께서 곧 "할!"을 하시니, 그 스님이 절을 하였다.

임제선사께서 말씀하셨다.

"이 스님과는 법담(法談)을 나눌만 하구나."


僧問 如何是佛法大意 師便喝 僧 禮拜 師云 這箇師僧 却堪持
論


**┃ 강설(講說) ┃**

불교의 진리는 입을 떼면 그르치니 질문이 '체(體)'에서 묻는 것인지 '용(用)'에서 묻는 것인지를 알아차려야 합니다. 여기서 불교의 대의를 물음은 '체'에서의 물음입니다. 그러기에 언어나 문자로 설명할수 없는 것이어서, '할'로써 대답한 것입니다. 만약, "마른 똥막대기도 마음에서 나왔다." 이런 경우는 용에서 묻고 용에서 답한 것입니다.

# 세 번 묻고
# 세 번 두들겨 맞다

어떤 스님이 임제선사에게 여쭈었다.

"선사께서는 누구 집의 노래를 부르며 어느 분의 종풍을 이었습니까?"

임제선사께서 말씀하셨다.

"나는 황벽스님 처소에서 세 번 묻고 세 번 얻어맞았다."

그 스님이 우물쭈물 머뭇거리자, 임제선사께서 "할!"을 하고 뒤이어 내려치며 말하였다.

"허공에 말뚝을 박을 수는 없느니라."

問 師唱誰家曲 宗風 嗣阿誰 師云 我在黃檗處 三度發問 三度
被打 僧 擬議 師便喝 隨後打云 不可向虛空裏釘橛去也

임제스님이 황벽스님의 방장실에 가서 불법의 대의를 물었는데, 황벽스님은 곧바로 20대의 몽둥이로 임제를 후려쳤습니다. 그야말로 간단히 진리를 열어주고[開], 보여주고[示], 깨닫게 해주고[悟], 불법 속으로 들어가게[入] 해주었습니다.

임제스님이 대우스님를 찾아가 옆구리를 쥐어박은 사연… 임제스님이 황벽의 뺨을 쳐버린사연 등 황벽스님과 그 제자인 임제스님의 법거량은 감히 누구도 흉내 낼 수 없는 대단한 경지입니다. 진정 도를 깨쳤다면 삼라만상은 하나여서, 대우가 곧 황벽이요 황벽이 대우이니, 황벽을 쳐도 대우를 친 것입니다.

'할'을 하면서 내리치는 것은 개아(個我)의 망상과 분별을 죽이는 차원이기도 합니다.

❀ 이렇게 하기를 세 차례나 묻고 세 차례나 얻어맞았다 하는 이것이 그 유명한 '삼도발문(三度發問) 삼도피타(三度被打)'의 기연인 것입니다.

# 부처님이
# 지금 어디에 있느냐

어떤 강사가 여쭈었다.

"삼승 십이분교(三乘 十二分教)가 어찌 불성을 밝힌 것이 아니겠습니까?"

임제선사께서 대답하셨다.

"거친 풀을 두고 호미질을 안했구나."

다시 강사가 여쭈었다.

"부처님께서 어찌 사람을 속였겠습니까?"

임제선사께서 말씀하셨다.

"부처님이 지금 어디에 있느냐?"

강사가 말을 못하므로 임제선사께서 말씀하셨다.

"상시(常侍) 앞에서 노승을 속이려 하는구나. 어서 빨리 물러나라.

다른 사람이 묻는 것에 방해된다."

有座主問 三乘十二分敎 豈不是明佛性 師云 荒草 不曾鋤 主云
佛豈賺人也 師云 佛在什麽處 主無語 師云 對常侍前 擬瞞老僧
速退速退 妨他別人請問

## | 강설(講說) |

삼승은 성문 연각 보살을 말하고, 12분교는 부처님께서 설하신 일
대시교를 12등분으로 나눈 것입니다.

임제스님이 보기에 '강사가 그런 말을 하는 그 마음이 너무도 황폐
해 있다, 불법을 공부한다고는 하였으나 그 영혼에는 거친 풀이 무성
할 뿐이다, 전혀 정리되지도 않았고, 다듬어지지도 않았다'고 본 것
입니다. 거친 풀이란 본성을 보지 못한 마음자리, 즉 무명초(無名草)
를 뜻합니다.

### 입을 열면
### 벌써 어긋난다

임제선사께서 다시 말씀하셨다.

"오늘의 법회는 일대사(一大事)를 위한 것이니 다시 묻고 싶은 사람이 있으면 빨리 물어라. 그대들이 막 입을 열면 일대사와는 벌써 교섭할 수 없게 된다. 왜 그럴까?

보지 못했는가. 세존이 말씀하시기를 '법은 문자를 떠났으며 인(因)에도 속하지 않고 연(緣)에도 있지 않다'고 하셨기 때문이다.

그대들의 믿음이 모자라는 까닭에 오늘 이렇게 어지러이 갈등을 하는 것이다. 왕상시와 여러 관원들을 꽉 막히게 하고 불성을 어둡게 할까 염려된다. 물러가는 것이 차라리 낫겠다." 하시며,

"할!"을 한 번 하시고는 말했다.

"믿음의 뿌리가 적은 사람들은 마침내 일대사의 일을 마칠 날이

없다. 오래 서 있었으니 편히 쉬어라."

復云 此日法筵 爲一大事故 更有問話者麼 速致問來 你纔開口
早勿交涉也 何以如此 不見 釋尊云 法離文字 不屬因不在緣故
爲你信不及 所以今日葛藤 恐滯常侍與諸官員 昧他佛性 不如且
退 喝一喝云 少信根人 終無了日 久立珍重

**| 강설(講說) |**

구지선사의 동자승이 손가락을 잘리고 깨친 기연… 가섭존자가 꽃
한송이에 깨친 기연 등은 모두 도(道)를 보여준 것입니다. 도란 어려
운 것이 아니지만, 인과와 윤회를 설한 연기법을 진리라고 주장하는
분들이 있는데, 이건 아닙니다. 부처님이 깨달음의 경지를 설하시니
중생이 못 알아들으므로 인간이 살아가는 도리에 대해 12년에 걸쳐
아함경을, 8년에 걸쳐 방등경을 설하신 것입니다. 그 뒤 금강경에 와
서야 이것 저것이 다 끊어집니다. 본래부터 태어남이 없는[無生] 소
식을 비로소 반야부에서 21년간 설하신 것입니다.

'용'과 '체'는 하나입니다. "마음이 부처다" 하는 말은 마음따라 나
타나는 모든 것이 부처라는 의미입니다. 육신은 마음이 머무르는 집
에 지나지 않습니다. 얼음과 물은 둘인 것 같지만 본래는 하나입니
다. 물이 찬 기운을 만나면 얼음이 되고 얼음이 불을 만나면 물이 됩
니다. 모든 것은 실체가 없고 진실하지 않기 때문에 무아(無我)입니

다. 태어날 때는 이름이 없었지만 살아가는데 불편하기 때문에 이름을 붙이는 것입니다. 부처님께서 49년간 법을 설하시고도 "법을 한마디도 설하지 않았다, 내가 설했다고 하면 너희들이 나를 비방하는 것이다"라고 하는 도리를 불자님들은 알아야 합니다. 이름 붙일 수 없는 실상(實相)의 자리를 알아야 하는 것입니다.

인과와 윤회를 설한 연기법이 진리는 아닙니다. 일체가 다 마음이라는 깨달음의 경지를 설해도 중생들이 알아듣지 못하자 12분교를 통해 인간이 살아가는 도리를 설한 것입니다. 그러나 알음알이로는 생사가 없는 도리를 체험할 수 없으므로 와 닿지 않게 마련입니다. 오직 정진을 통해 생사 없는 본래 마음자리를 깨닫는 길밖에 없습니다.

⊛ 위의 법문에서 '일대사인연(一大事因緣)'이란 말은 『법화경』에 보이는 말씀입니다. 즉, 인간의 근원적인 자기 혁신을 뜻합니다. 『법화경』에서는 부처님의 지혜를 열어주고 보여주고 깨닫게 해주고 그 속에 체험해서 들어가게 하기 위하여 부처님께서 이 땅에 오셨다고 하셨습니다. 문자나 인연과 같은 유위법을 통해서 부처[佛]가 되는 것이 아니며, 또 수행한다는 등 조건으로 이루어지는 불법(佛法)이 아니기에, 일대사인연이라 합니다.

# 천수천안의
# 진짜 눈

임제선사께서 하루는 하북부에 갔더니 부주 왕상시가 스님을 청해서 법좌에 오르게 했다. 그때 마곡스님이 나와서 여쭈었다.

"대비관세음보살의 천수천안 중에서 어느 것이 바른 눈입니까?"

임제선사께서 말했다.

"대비보살의 천수천안 중에서 어느 것이 바른 눈인가? 빨리 말하라"

그러자 마곡스님이 임제선사를 법좌에서 끌어내리고 마곡스님이 대신 법좌에 올라앉았다.

임제선사께서 마곡스님 앞으로 가까이 가서 "안녕하십니까?" 라고 하니,

마곡스님이 어리둥절하여 머뭇거렸다.

임제선사도 또한 마곡스님을 법좌에서 끌어내리고 다시 그 자리에 앉았다.

마곡스님은 곧바로 밖으로 나가 버렸다.

그러자 임제선사도 곧 법좌에서 내려왔다.


師 因一日 到河府 府主王常侍 請師陞座 時 麻谷出問 大悲千 手眼 那箇是正眼 師云 大悲千手眼 那箇是正眼 速道速道 麻谷 拽師下座 麻谷 却坐 師近前云 不審 麻谷 擬議 師亦拽麻谷下 座 師却坐 麻谷 便出去 師便下座


## ┃ 강설(講說) ┃

어느 눈이 바른 눈인가? 문자와 이름에 속는지를 서로가 시험해 본 장면입니다.

이 문답에서 임제선사께서는 마곡스님에게 "대비보살의 천수천안 중에서 어느 것이 바른 눈인가?" 하고 되물음으로써 정안(正眼)을 보여주고 있습니다. 물을 줄 알고 답할 줄 아는 것 밖에 다른 정안이 없습니다. 그 자리는 입을 떼면 그르치는 것이기에 서로 끌어내리고 오르는 전체작용으로 대답을 대신하고 있습니다.

관세음보살은 누구나 가진 '하나'의 마음자리에서 부처님 자비의 화신이란 차원에서 이름을 붙여 놓은 것입니다. 부모가 자식을 사랑하는 것이나 부처님이 자식을 사랑하는 것이나 마찬가지입니다. 자식이 부모 말을 듣지 않듯 업이 다른 중생을 제도하기 위해 능력을 갖춰야 했으므로 관세음보살은 전지전능한 분이 된 것입니다. 부처님도 어찌 할 수 없는 것이 개인의 업입니다. 인연이 없으면 이 법문조차 들을 수 없을 것입니다.

# 지위 없는 참사람
## - 무위진인(無位眞人)

임제선사께서 법상에 올라 말씀하셨다.

"붉은 몸뚱이에 한 사람의 무위진인(無位眞人)이 있다. 항상 그대들의 얼굴을 통해서 출입한다. 아직 증거를 잡지 못한 사람들은 잘 살펴보아라."

그때 한 스님이 나와서 여쭈었다.

"어떤 것이 무위진인입니까?"

임제선사께서 법상에서 내려와서 그의 멱살을 꽉 움켜잡고 다그쳤다.

"말해봐라. 어떤 것이 무위진인인가."

그 스님이 머뭇거리자 임제선사께서는 그를 밀쳐버리며 말했다.

"무위진인이 이 무슨 마른 똥 막대기인가."

라고 하시고는 곧 방장실로 돌아가버렸다.


上堂云 赤肉團上 有一無位眞人 常從汝等諸人 面門出入 未證
據者 看看 時 有僧出問 如何是無位眞人 師下禪牀 把住云 道
道 其僧 擬議 師托開云 無位眞人 是什麼乾屎橛 便歸方丈


## ┃ 강설(講說) ┃

경계가 다 끊어진 시공을 초월한 마음자리를 가리키는 반야, 법, 부처라는 명칭은 무위진인(無位眞人) 차원에서 붙여놓은 이름일뿐입니다. 현상계에서는 삼라만상이 다 있지만 볼 수도, 나눌 수도 없는 우리들의 마음으로 이루어져 있습니다. 그 마음자리에 마음을 두고 있는 참사람을 무위진인이라 합니다.

만공스님의 제자인 원담스님(수덕사 방장 역임)은 비구니인 이모님을 뵈러왔다가 그 자리에서 머리를 깎았다고 합니다.

만공스님은 자주 어린 원담에게 머리를 쥐어 박으며 "아프냐?" 하고 물으셨으며,

원담이 "이제 괜찮습니다." 하면,

"그 아픈 놈이 어디 갔는고?"를 묻곤 하셨다 합니다.

여기서 그 '아픈 놈'이 바로 무위진인이라 할 수 있는데, 이렇게 훌륭한 스승이 있어서 원담스님이 17세에 도를 깨친 게 아닌가 합니다.

# 할, 할, 할

임제선사께서 법상에 오르니 한 스님이 나와서 절을 하였다.

임제선사께서 곧 바로 "할"을 하였다.

그 스님이 말했다.

"노화상께서는 사람을 떠보지 마십시오."

임제선사께서 말씀하셨다

"네가 말해 보아라. '할'의 의도가 무엇인가?"

그 스님이 곧바로 '할'을 했다.


또 어떤 스님이 물었다.

"어떤 것이 불법의 큰 뜻입니까?"

임제선사께서 문득 "할"을 하니, 그 스님은 예배 하였다.

임제선사께서 말씀하셨다.

"네가 한번 말해봐라. 이 할이 훌륭한 '할'인가?"

그 스님이 말했다.

"산적[草賊]이 크게 패했습니다."

임제선사께서 말씀하셨다

"무엇을 잘못했는가?"

그 스님이 말했다.

"두 번 잘못은 용서하지 않습니다."

임제선사께서 곧 바로 "할"을 했다.


上堂 有僧出禮拜 師便喝 僧云 老和尙 莫探頭好 師云 你道 落
在什麼處 僧 便喝 又有僧問 如何是佛法大意 師便喝 僧 禮拜
師云 你道 好喝也無 僧云 草賊 大敗 師云 過在什麼處 僧云 再
犯 不容 師便喝


**┃ 강설(講說) ┃**

선문답은 일반인들에게는 동문서답(東問西答)과 같습니다. 반야자
리에서는 입을 떼면 그르치므로 '절'에 대한 답을 해야 하는데, 표현
할 길이 없어 '할'로 대신 하는 것입니다. 깨닫고자 하는 마음이 간절
하다면 그 순간에 눈을 뜨기도 합니다.

경허선사와 제자 만공스님이 탁발을 나갔다가 돌아오는 길이었습니다. 만공의 등에 진 쌀 자루에는 쌀이 가득했고, 길은 먼데 몹시 무겁고 피곤했습니다. 경허선사가 만공을 돌아보며 말했습니다.

"무거우냐?"

"예."

"그러면 내가 무겁지 않은 방법을 가르쳐 줄테이니 너도 따라 하거라."

그러자 만공은 귀가 솔깃하여 "예, 스님" 하며 대답했습니다.

경허선사는 마침 물동이를 이고 지나가는 젊은 아낙네의 양귀를 잡고 입을 맞추었습니다.

"에그머니나!"

여인은 비명을 지르고 물동이를 떨어뜨리고는 마을로 달려갔습니다. 이 소문이 곧 마을에 퍼지고 급기야는 몽둥이를 든 마을 사람들이 두 사람을 잡으려고 뛰어나왔습니다.

"저 땡중 놈들을 잡아라!"

경허선사는 이미 저 멀리 도망가고 있고 어안이 벙벙하던 만공은 놀라서 '걸음아 날 살려라' 하고 뛰기 시작했다. 이윽고 마을을 벗어나 산길로 접어들자 경허 선사가 물었습니다.

"아직도 무거우냐?"

"그 먼 길을 어떻게 달려왔는지 모르겠습니다."

"그래, 내 재주가 어떠냐? 무거움도 잊고 그 먼 길을 단숨에 달려

왔으니 말이다."

❀ 유명한 이 선화(禪話)는 무애자재한 행위를 통해 제자에게 심법(心法)의 이치를 깨닫도록 하는 경허 선사 특유의 심지법문(心地法門)이 잘 드러나 있습니다. 이 선문답은 무겁고, 가볍다고 하는 우리의 느낌이 '한 생각[一念]'에서 비롯되었음을 일깨우고 있습니다. 생각 없는 공(空)의 텅 빈 세계에 들어가면 무게와 색깔이 사라지는 것입니다. 마음 속에 '한 물건[一物]'도 없다면 무겁다거나 두렵다는 생각이 발붙일 자리가 어디 있겠습니까. 불안한 마음, 무거운 마음, 두려운 마음 그 어떤 마음이든 찾아본들 찾을래야 찾을 수 없습니다. 마치 신기루나 아지랑이처럼 잡을래야 잡을 수 없는 물건 아닌 물건입니다. 이 생각이란 것은 '토끼 뿔'이나, '거북 털'처럼 허깨비로만 존재합니다. 어디 그뿐입니까. 보고 듣고 감각하는 대상들 역시 허망한 것입니다.

사랑하고 미워하는 마음, 번뇌는 싫고 보리(菩提)는 좋다는 생각, 나와 너라는 생각, 마음과 대상이라는 이분법을 함께 텅 비워버리지 않는한 우리는 만공스님이 들고 뛰었던 무거운 쌀 자루를 내려놓을 기약이 없습니다. 사랑하고 미워하는 마음, 옳고 그르다는 모든 분별심을 '쉬고 쉬고 쉬어가며 내려놓다[休休休放下]' 보면 저마다 지고 다니는 무거운 쌀 자루를 내려놓을 날이 올 것입니다.

# 주인과 손님이
# 명백하다

이날은 두 승당의 두 수좌가 서로 보고 동시에 "할"을 하였다.

어느 스님이 임제선사께 여쭈었다.

"그 할에 손님과 주인이 있습니까?"

임제선사께서 대답하셨다.

"손님과 주인이 분명히 있다."

임제선사께서 말씀하시기를,

"대중이여, 임제의 손님과 주인의 도리[賓主句]를 알고 싶으면 승당의 두 수좌에게 물어 보아라." 하시고 자리에서 내려오셨다.

是日 兩堂首座相見 同時下喝 僧 問師 還有賓主也無 師云, 賓
主歷然 師云, 大衆 要會臨濟賓主句 問取堂中二首座 便下座

**┃ 강설(講說) ┃**

두 스님이 서로 상대를 보는 순간 '할'을 한 것은 보는 자와 보여지는 자, 주와객이 나눠진 상태입니다. 깨닫지 못하거나 중생을 제도하는 입장에서는 손님[賓]과 주인[主]이 따로 있을 수 있지만, '할'로써 거량 하는 그 순간에는 손님·주인(賓·主)이 따로 있을 수 없습니다.

질문에 대한 답은 "스스로 깨달아라" 하는 것입니다. 선방 입제시에 조실스님이 의문만 제시한 후 석달이 지난 뒤 해제시에 답을 해보라 하는 식입니다.

# 불자
(拂子)

임제선사께서 법당에 오르자, 한 스님이 물었다.

"무엇이 불법의 대의입니까?"

임제선사께서 불자(拂子)를 세워들었다.

그러자 그 스님이 곧 "할"을 하니, 임제선사께서 바로 후려쳤다.

또 다른 스님이 물었다.

"무엇이 불법의 대의입니까?"

임제선사께서 또 불자(拂子)를 세워들자,

그 스님도 곧 "할"을 하였다.

임제선사께서 또 "할"을 하니 그 스님이 머뭇거리자,

임제선사께서 곧 후려쳤다.

上堂 僧問 如何是佛法大意 師竪起拂子 僧 便喝 師便打 又僧
問 如何是佛法大意 師亦竪起拂子 僧便喝 師亦喝 僧 擬議 師
便打

## | 강설(講說) |

"불교가 무엇입니까?"라고 하는 질문에, 늘 앉은 자리 가까이에
두어 먼지도 털고 벌레도 쓸어내는 도구인 불자(拂子)를 들어 보인
것입니다. 세존이 영산회상에서 꽃을 들어 보인 것처럼, 임제선사는
불자를 들어 보였습니다. 제가 그 자리에 있었다면, 내게 안경이 늘
가까이 있으니 안경을 들어 보였을 것입니다. 반야심경의 '불생불멸
(不生不滅)'이란 법문처럼 마음은 물질이 아닙니다. 모든 것이 마음
이기에 '일체유심조'라고 합니다.

'불법의 대의'를 묻는 것은 60방을 얻어맞은 것과 똑같은 그 자리,
반야자리에 대해 질문하는 것입니다. 그러나 잘 모르고 질문한 것이
므로 임제선사의 '할'이나 '방'은 의심을 각인시켜주는 방편이 됩니
다. 선지식이란 임제선사처럼 상대의 마음을 다 읽어 지도할 수 있어
야 합니다. 오늘날 이런 선지식이 없음이 안타깝습니다.

# 다시 한번
# 몽둥이를 맞고 싶다

그리고 나서 임제선사께서 말씀하셨다.

"대중들아! 대저 법을 위해서 사는 사람들은 몸과 목숨 잃는 것을 피하지 말아야 한다. 나는 20년 전에 황벽스님의 회상에 있을 적에 세 번이나 불법의 확실한 대의[佛法的的大意]를 물었다가 세 번이나 황벽스님의 몽둥이 하사하는 것을 얻어맞았다. 그 때 마치 부드러운 쑥대가지로 쓰다듬어 주는 것 같았다.

지금 생각해보니 다시 한번 그 몽둥이를 얻어맞고 싶구나. 누가 나를 위해서 그렇게 해 주겠는가?"

그때 한 스님이 대중 가운데에서 나와서 말하였다.

"제가 해 보겠습니다."

임제선사께서는 몽둥이를 건네주려고 하고 그 스님은 받으려고 하

임제사 전경

는데, 임제선사께서 곧바로 후려쳤다.

師乃云 大衆 夫爲法者 不避喪身失命 我二十年 在黃檗先師處
三度問佛法的的大意 三度蒙他賜杖 如蒿枝拂著相似 如今 更思
得一頓棒喫 誰人 爲我行得 時 有僧出衆云 某甲 行得 師拈棒
與他 其僧 擬接 師便打

| 강설(講說) |

여기서 스님이 맞은 이유는 무엇일까요? 임제스님은 상대의 마음
을 이미 다 읽고 있는 경지인데, 스님은 감사함도 모른 체 흉내를 내

고 있기 때문입니다.

때리는 것도 방편으로 써야지 함부로 써서는 안됩니다. 살불살조(殺佛殺祖: 부처를 만나면 부처를 죽이고 조사를 만나면 조사를 죽여라)를 외치는 서슬 푸른 가풍은 덕산방(德山棒)의 몽둥이질이 대표적입니다.

❀ 그런데 여기서 '부처와 조사를 죽이라'는 말은 부처님과 조사스님에게 무조건 대들라는 말이 아닙니다. 부처와 조사를 추구하는 법(法)에 대한 고정관념과 집착, 번뇌와 망상을 버리라는 뜻입니다. 이 말을 오해해서 부처님과 조사님의 법어를 소홀히 대하는 사람이 있다면 그야말로 말따라 다니는, '흙 덩어리를 쫓아다니는 한나라 똥개[韓獹逐塊]'와 다름없습니다. 그래서 할과 방의 쓰임새를 모른 채 함부로 남발하는 '눈먼 할[盲喝]'을 "오랑캐가 떠드는 것처럼 시끄럽고 어지러운 할"이라고 한 것입니다.

# 칼날 위의 일

임제선사께서 법상에 오르자 어떤 스님이 여쭈었다.

"어떤 것이 칼날 위의 일입니까?"

임제선사께서 말씀하셨다.

"큰일 났다. 큰일 났어!"

그 스님이 머뭇거리자, 임제선사께서 곧바로 후려쳤다.

上堂 僧問 如何是劍刃上事 師云 禍事禍事 僧 擬議 師便打

**▍ 강설(講說) ▍**

'칼날 위의 일'이란 상처 입을만한 위험한 일을 말합니다. 나무 위에 있던 도림선사가 밑에 있던 거사에게 "나무 위에 있는 나는 위태

롭지 않다"고 한 것은 탐진치에 참마음이 상처받을 일이 없음을 뜻합니다. 그러나 치열한 경쟁 속에서 살고 있는 중생의 인생사는 생사심(生死心)에 휩쓸려 살기에 더 위태로운 형국입니다.

이 문답에서는 '칼날 위의 일'이란 말과 문자에 속지 않고, 용(用) 차원에서 물었으니 용에서 대답할 수 있어야 합니다. 그러나 이 스님은 소리에 끄달려갔으니 얻어맞아도 싼 것입니다. 금강경에 "소리나 형상으로 여래를 볼수 없을 것이다." 라고 했습니다. 큰 발심과 원력, 신심이 있어야 깨달을 수 있습니다. 우리가 바른 수행을 하고 있느냐의 척도는 내 마음에 상(相)이 있느냐 없느냐에 달려 있습니다. 만약에 '상'이 있다면 바른 수행이 아니고 외도의 수행입니다.

# 석실 행자와 방아

한 스님이 물었다

"저 석실 행자가 방아를 찧다가 다리 옮기는 것을 잊어버렸다 하니 어느 곳으로 간 것입니까?

임제선사께서 말씀하셨다.

"깊은 우물 속에 빠져버렸다."

問 祇如石室行者 踏碓忘却移脚 向什麼處去 師云 沒溺深泉

**| 강설(講說) |**

석실행자는 청원(青原)스님의 4세 손인 석실선도(善道)스님을 말합니다. 일대사인연을 깊이 참구하다가 너무나 열중한 나머지 그와

임제선사 등신상

같은 무심(無心)의 경지에 든 것입니다. 다리 옮기는 것을 잊어버렸다[忘却移脚]는 것은 방아를 찧다가 삼매에 들어 스스로 다리 옮기는 의식(意識)을 완전히 초월해 깊은 무심의 경지에 들었음을 뜻합니다. 그래서 임제스님은 주관과 객관이 하나된 무아(無我)·무심(無心)의 경지에 들었다는 의미로 '깊은 우물 속에 빠져버렸다'고 한 것입니다.

석실행자가 삼매에 든 것은 드문 일이긴 하나 아직 옳은 공부는 아닙니다. 방아를 찧는 사람이라면 방아를 잘 찧어야지 그렇게 자기 자신을 잃어버리고 목석이 되어버린다면 어떻게 하겠습니까. 암담하지 않습니까. 멀쩡한 사람이 목석이 되다니. 천하의 육조스님도 방아를 찧으며 행자생활을 하였습니다. 하지만 그렇게 다리 옮기는 것을 잊은 적은 없었습니다. 위의 스님은 '용'에서 묻고 있고 임제선사는 '용'차원에서 질문에 바로 답한 것입니다.

# 안다, 모른다 하는 것은
# 모두 착각

임제선사께서 이어서 말씀하였다.

"나에게 찾아오는 사람을 나는 조금도 잘못 보지 않는다. 그가 온 곳을 모두 안다. 만약 그와 같이[석실 행자처럼 되어] 온다면 마치 자기 자신을 잃어버린 것과 같고, 그와 같지 않게 온다면 그것은 밧줄도 없이 스스로를 묶은 것이다.

언제든지 함부로 이리 저리 짐작하지 마라. '안다, 모른다.' 하는 것은 모두 착각이다. 나는 분명히 이와 같이 말하거니와, 천하 사람들이 헐뜯고 비방하더라도 상관하지 않겠다. 오래 서 있었으니 돌아가 쉬어라."

師乃云 但有來者 不虧欠伊 總識伊來處 若與麽來 恰似失却 不

與麽來 無繩自縛 一切時中 莫亂斟酌 會與不會 都來是錯 分明
與麽道 一任天下人貶剝 久立珍重

## ❙ 강설(講說) ❙

우리가 임제스님의 경지는 알 수 없더라도 의심을 해서는 안됩니다. 모든 것을 돌 보는듯이 하는 무심경지의 석실 행자와 같은 공부를 높이 평가하지만, 그것은 자기 자신을 잃어버린 상태입니다. 석실 행자의 공부차원을 넘어서서 늘 깨어있는 무심행을 할 수 있어야 합니다.

아상(我相)이 끊어져야 참 도인입니다. 대상이 없는 자에겐 아상이 있을 수가 없습니다. 내가 있으니 상대가 있는 것입니다. 하나의 마음[一心]자리에 믿음이 있다면 결코 흔들리지 않습니다. 불교를 우상 숭배라고들 하는데, 우상이란 절대적인 마음자리에 머물러 있는 것, 그것이 집착이자 우상입니다.

❀ '그가 온 곳'이란 견해나 안목, 공부의 수준을 상징합니다. '그가 온 곳'을 아무리 잘 설명해도 같은 경지에 있지 않으면 알 수가 없습니다. 체험이 있어야만 계합할 수 있기에, 흉내 내기로는 상응하지 못하는 것입니다.

# 고봉정상과 네거리

임제선사께서 법상에 올라 말씀하셨다.

"한 사람은 고봉정상에 있어서 몸이 더 나아갈 길이 없고,

한 사람은 네거리에 있으면서 또한 앞뒤 어디든 갈 수가 없다.

어떤 사람이 앞에 있고 어떤 사람이 뒤에 있는가?

유마힐도 되지 말고 부대사도 되지 말라.

편히 쉬어라."

上堂云 一人 在孤峯頂上 無出身之路 一人 在十字街頭 亦無向
背 那箇在前 那箇在後 不作維摩詰 不作傅大士 珍重

## ┃ 강설(講說) ┃

대중을 상대로 다시 한번 문자에 속는지를 점검해 보는 법문입니다. "앞뒤 네거리 모두가 다 끊어졌다" 하는 등은 '용'의 입장에서 물은 질문입니다. 생각을 일으키면 그르친 대답이 됩니다.

고봉정상(孤峰頂上)은 일체를 부정하는 입장이고, 네거리[十字街頭]는 일체를 긍정하는 입장입니다. 공(空)과 유(有)의 경우와 같습니다. '공'이든 '유'든 모두가 치우친 견해입니다. 변견(邊見)이며 편견입니다. 그래서는 한 걸음도 나아갈 수가 없습니다. 도가 아니며, 중도(中道)가 아니며, 불교가 아닙니다. 진정한 삶의 길이 아닙니다. 그래서 둘 다 틀린 것입니다.

'누가 앞에 있고 뒤에 있는가?' 하는 것은 '누가 더 나은가?'를 묻는 말인데, 이것은 하나의 함정입니다.

❀ '유마힐(유마거사)'은 가장 높은 곳에 있어서 어떻게 몸을 둘 바가 없고 말 붙일 수 없는 자리라는 뜻의 "재고봉정상(在孤峯頂上)"에 해당되고, '부대사'는 좇음과 등짐[向背]이 없으니 어디로도 갈 수 있다는 뜻의 "재십자가두(在十字街頭)"에 해당됩니다. 유마힐은 유마경의 불이법문(不二法門)으로 유명하고, 부대사는 금강경오가해를 해석하신 5분중 한 분입니다.

# 집안과 길거리

임제선사께서 법상에 올라 말씀하셨다.

"한 사람은 영원의 길에 있으면서도 집을 떠나지 않고,

한 사람은 집을 떠나 있으나 길에도 있지 않다.

어느 쪽이 최상의 공양을 받을 만한가?"

하시고는 곧바로 법상에서 내려 오셨다.

上堂 云 有一人 論劫在途中 不離家舍 有一人 離家舍 不在途
中 那箇合受人天供養 便下座

**ㅣ 강설(講說) ㅣ**

'길'은 도(道)를 상징하며 '하나'의 경지에 있는 상태를 말합니다.

'집을 떠나 있으나 길에도 있지 않았다'는 것은 '하나'라는 생각도 없이 중생을 제도하는 분을 말합니다. 예를 들어, 문수보살은 언제나 집안일[理]을 담당하지만, 바깥일[事]에도 어둡지 않고, 보현보살은 언제나 바깥일을 담당하지만 집안일에도 어둡지 않은 것과 같습니다. 깨달음과 실천의 조화인 중도(中道)를 드러내고 있습니다.

# 삼구
(三句)

임제선사께서 법상에 오르자, 한 스님이 물었다.

"어떤 것이 제일구입니까?"

임제선사께서 대답하셨다.

"삼요(三要)의 도장[印]을 찍었으나 붉은 글씨는 그 간격이 좁아서 숨어 있으니, 주객이 나누어지려는 것을 용납하지 않는다."

그 스님이 또 물었다.

"어떤 것이 제이구입니까?"

임제선사께서 대답하셨다.

"묘해[文殊]가 어찌 무착선사의 물음을 용납하겠는가마는 방편상 어찌 뛰어난 근기[無着]를 저버릴 수 있으랴."

그 스님이 또 물었다.

"어떤 것이 제삼구입니까?"

임제선사께서 대답하셨다.

"무대 위의 꼭두각시 조종하는 것을 잘 보아라. 밀었다 당겼다 하는 것이 모두 그 속에 사람이 있어서 하는 것이다."

上堂 僧問 如何是第一句 師云 三要印開 朱點側 未容擬議主賓 分 問 如何是第二句 師云 妙解豈容無著問 漚和爭負截流機 問 如何是 第三句 師云 看取棚頭弄傀儡 抽牽都來裏有人

**| 강설(講說) |**

일구(第一句) 즉 제일의 소식, 제일의 도리는 입을 떼면 그르치는 자리입니다. 제이구(第二句) 즉 제이의 소식, 제이의 도리는 말로 설명할 수 없으니까 주장자를 내보이거나 '할'을 하는 경지입니다. 제삼구(第三句) 즉 제삼의 소식, 제삼의 도리는 방편상 말로서 설명하는 자리입니다.

종이에 도장을 찍어 떼기 전에는 아직 주(主)와 객(客)이 나눠지지 않았습니다. 종이에서 도장을 뗐을 때 도장은 주인이 되고 붉게 찍힌 것은 객[賓]이 됩니다. 찍어서 아직 떼기 전에는 주와 객이 나누어지기 전이라는 것은 한 생각이 일어나기 이전이라는 뜻입니다. 진리[主]가 밖으로 표현되면 주·객(主客)이 나누어져서 우리[賓]가 이

해할 수도 있습니다. 그러나 한 생각이 일어나기 전의 자리는 이해할
수도 없고 이해될 수도 없습니다. 진리 그 자체를 보여줄 뿐, 이해하
려고 하는 것을 용납하지 않습니다. 주·객이 나누어지기 이전 소식
을 알아듣는다면 부처와 조사의 스승도 될 수 있다는 말은 이런 이치
에서 나온 말입니다.

제이구(第二句)의 내용을 살펴보면, 주인의 자리에 있는 근본지
(根本智)의 입장에서는 분별정식(分別情識)인 객(客)의 입장을 용납
할 수가 없으나, 대근기의 범부에게는 무분별(無分別)의 근본지(根本
智)의 입장에서 나아가 분별(分別)의 후득지(後得智)라는 방편을 사
용하여 구제할 수가 있다는 것입니다.

제삼구(第三句)에서 '꼭두각시 조종하는 것'이란 배 고프면 밥 먹
고 때 되면 일어나는 것이 겉으로는 몸뚱이가 하지만 그 몸뚱이를 조
정하는 그 무엇이 있다는 뜻입니다. 이 단계는 사량분별로 이해되는
단계이므로 자기 자신도 주제할 수 없습니다. 눈에 보이는 것은 모두
꼭두각시의 움직임 뿐이지만, 그 꼭두각시는 스스로가 움직일 수 있
는 것이 아니라 그것의 움직임은 무대 뒤에 숨어서 보이지 않는 사람
에 의한 것입니다. 제삼구의 내용처럼, 꼭두각시의 움직임 뒤에는 줄
로 조종하는 사람이 있다는 비유를 들어 뜻과 이치를 통해 깨달음의
원리를 설명하고 있는 것입니다. 그러나 의리(義理)로써 분별하고 이
해하는 것은 범부의 분별지(分別智)를 초월하여 무분별(無分別)의
근본지(根本智)로 나아가는 것이 아니라, 오히려 더욱 분별지(分別

智)에 집착하는 결과만 낳을 우려가 있습니다.

　'묘해(妙解)'는 문수(文殊)의 지혜인 근본지(根本智)를 가리킵니다. '묘해가 무착(無着)의 물음을 용납지 않는다'는 것은 중국 오대산의 문수 신앙과 연관된 이야기로, 중국 화엄사(華嚴寺)의 무착이 당(唐) 대력(大曆) 2년(767)에 오대산에 올라 문수의 화현(化現)을 만나 이야기를 나누었다는 일화를 배경으로 하고 있습니다. 이때 무착과 문수가 주고받았다는 문답은『전등록』,『벽암록』,『송고승전』등에도 실려 있는데,『조당집』에서 그 내용을 보면 다음과 같습니다.


　　무착화상이 오대산에 당도해 문수보살이 화현한 절을 찾아서 문수보살과 함께 차를 마시는데 문수보살이 찻잔을 들어올리며 물었다.

　　"남방(南方)에도 이런 것이 있습니까?

　　"없습니다."

　　"항상 무엇으로 차를 마십니까?"

　　무착화상이 대답하지 못했다.

# 삼현 · 삼요
(三玄三要)

임제선사께서 또 말씀하셨다.

"한 구절의 말에 반드시 삼현문이 갖춰져 있고, 일현문에 반드시 삼요가 갖춰져 있어서 방편도 있고 작용도 있다.

그대들 모든 사람들은 이것을 어떻게 이해하는가?"

하시고는 법상에서 내려 오셨다.

師又云 一句語 須具三玄門 一玄門 須具三要 有權有用 汝等諸人 作麽生會 下座

**┃ 강설(講說) ┃**

삼현삼요(三玄三要)란 임제선사께서 중생의 근기를 보고 제도하는 방편입니다.

　삼현(三玄)은 체중현(體中玄)·구중현(句中玄)·현중현(玄中玄)을 말합니다. 체중현(體中玄)은 말 속에 조금의 꾸밈도 없이 사물의 있는 그대로의 진상(眞相)을 드러내고 있는 구(句)를 가리킵니다. 구중현(句中玄)은 분별정식(分別情識)과 관계 없는 진실한 말로서 언어에 구애됨 없이 충분히 그 현오(玄娛)를 깨달을 수 있는 구(句)를 가리킵니다. 그리고 현중현(玄中玄)은 모든 상대적 논리(論理)와 언어의 질곡을 벗어난 현묘(玄妙)한 구(句)를 가리키는데, 용중현(用中玄)이라고도 합니다. 현중현은 말 그 자체로서의 진실입니다. 재(齋)를 지낼 때 보통스님 백 명보다 도를 지닌 스님 한 명이 낫다 하는 것은 진실한 한마디에 대한 집중력을 의미합니다.

　삼요(三要)는 제일요(第一要)·제이요(第二要)·제삼요(第三要)인데, 분양선소(汾陽善沼)선사에 의하면 제일요(第一要)는 분별과 조작이 없는 언어를 말합니다. 제이요(第二要)는 천 명의 성인(聖人)이 그대로 현요(玄要)에 들어가는 것이라고 합니다. 그리고 제삼요(第三要)는 언어를 끊어버린 것이라 합니다. 삼현삼요(三玄三要)의 해석은 이 외에도 여러 가지가 있습니다.

2
/
시중(示衆)

# 사료간
## (四料揀)

임제선사께서 저녁법문[晚參]에서 대중에게 말씀하셨다.

"어느 때는 사람[주관]을 빼앗고 경계[객관]를 빼앗지 않으며,

어느 때는 경계를 빼앗고 사람을 빼앗지 않으며,

어느 때는 사람과 경계를 함께 빼앗고,

어느 때는 사람과 경계를 모두 빼앗지 않는다."

그때 한 스님이 여쭈었다.

"어떤 것이 사람을 빼앗고 경계를 빼앗지 않는 것입니까?"

임제선사께서 말씀하셨다.

"봄날의 따스한 햇볕이 떠오르니 땅에 비단을 편 듯 하고, 어린아이의 늘어뜨린 머리카락은 명주실처럼 희구나."

스님이 또 물었다.

"어떤 것이 경계를 빼앗고 사람을 빼앗지 않는 것입니까?"

임제선사께서 말씀하셨다.

"왕의 명령이 이미 떨어지니 천하에 두루 시행되고, 변방을 지키는 장수는 전쟁을 할 일이 없어졌다."

그 스님이 또 물었다.

"어떤 것이 사람과 경계를 함께 빼앗는 것입니까?"

임제선사께서 말씀하셨다.

"병주(幷州)와 분주(汾州)는 소식을 끊고 각기 한 지방을 차지하였다."

스님이 또 물었다.

"어떤 것이 사람과 경계를 모두 빼앗지 않는 것입니까?"

임제선사께서 말씀하셨다.

"왕은 보배 궁전에 오르고 시골노인은 태평가를 부른다."

師晚參 示衆云 有時 奪人不奪境 有時 奪境不奪人 有時 人境 俱奪 有時 人境俱不奪 時 有僧問 如何是奪人不奪境 師云 煦 日 發生鋪地錦 孾孩垂髮白如絲 僧云 如何是奪境不奪人 師云 王令 已行天下徧 將軍塞外絶煙塵 僧云 如何是人境 兩俱奪 師

云 幷汾絶信 獨處一方 僧云 如何是人境 俱不奪 師云 王登寶
殿 野老謳歌

**| 강설(講說) |**

시중(示衆)은 여러 수행자들에게 공개적으로 내리는 설법을 말합
니다.

네 가지 표준 즉, 사료간(四料簡)이란 임제선사께서 학인들을 제접
할 때 쓰는 네 가지 방법을 말합니다.

여기서 '사람'은 주관적인 의식 주체를 말하며, '경계'는 객관적인
의식대상을 말합니다. 경계를 빼앗는다는 말은 인식의 경계를 벗어
남을 말하며, 사람을 빼앗는다는 말은 그 사람의 정식(情識), 알음알
이, 분별 등을 부수는 것입니다.

사료간의 첫째는 선지식이 찾아오는 학인의 입장은 부정하고 모든
경계는 그대로 두면서 그를 깨우치는 방법입니다.

둘째는 경계는 부정하고 학인은 그대로 두면서 그를 깨우치는 방
법입니다.

셋째는 학인도 경계도 다 부정해 버리고 그를 깨우치는 방법입니
다.

넷째는 학인도 경계도 다 인정하면서 그를 깨우치는 방법입니다.

서산 대사는 『선가귀감』에서 사료간에 대해 이렇게 말하고 있습니
다.

"사람을 빼앗고 경계를 빼앗지 않는 것은 하등 근기의 사람을 다루는 법이고, 경계를 빼앗고 사람을 빼앗지 않는 것은 중등 근기의 사람을 다루는 법이고, 사람과 경계를 함께 빼앗는 것은 상등 근기의 사람을 다루는 법이고, 사람과 경계를 모두 빼앗지 않는 것은 격(格: 틀) 밖의 사람을 다루는 법이다."

# 생사에 물들지 않는다

임제선사께서 이어서 말씀하셨다.

"요즘 불교를 공부하는 수행자로서 무엇보다 중요한 것은 참되고 바른 견해[眞正見解]를 구하는 일이다. 만약 참되고 바른 견해만 얻는다면 나고 죽음에 물들지 않고 가고 머무름에 자유로워 수승함을 구하지 않아도 수승함이 저절로 온다."

"도를 배우는 벗들이여! 예부터 선지식들은 모두가 그들만의 특별한 교화의 방법이 있었다. 예컨대 산승(山僧)이 사람들에게 지시하고 가르치는 것은 다만 그대들이 다른 사람의 미혹을 받지 않는 것이다. 작용하게 되면 곧 작용할 뿐이다. 더 이상 머뭇거리거나 의심하지 말라.

요즘 공부하는 사람들이 그렇게 되지 못하는 것은 그 병이 어디에 있는가? 병은 스스로를 믿지 않는 데 있다. 그대들이 만약 스스로를 믿지 못하면 곧 바쁘게 돌아다니면서 일체 경계에 끌려 다닌다. 수만 가지 경계에 자신을 빼앗겨 자유롭지 못할 것이다."

師乃云 今時學佛法者 且要求眞正見解 若得眞正見解 生死不染 去住自由 不要求殊勝 殊勝 自至 道流 祇如自古先德 皆有出人 底路 如山僧指示人處 祇要你不受人惑 要用便用 更莫遲疑 如 今學者不得 病在甚處 病在不自信處 你若自信不及 卽便忙忙地 徇一切境轉 被他萬境回換不得自由

**┃ 강설(講說) ┃**

"무소의 뿔처럼 혼자서 가라"는 부처님 법문이 있습니다. 이는 항상 마음자리를 보고가라는 뜻입니다. 참되고 바른 견해란 연기·인과법이 아니고 하나의 마음자리를 보는 정안(正眼)을 의미합니다.

수행자는 불보살의 명호에도 끄달려가면 안됩니다. 아미타불을 염하면 극락에는 갈 수 있으나 하근기입니다. 대상이 없는 염불을 해야만 사후 세계에서도 바로 수행할 수 있는 공간으로 들어갈 수 있는 것입니다.

오늘날 간화선이 아니면 인정하지 않는 경향이 있는데, 각자 자신의 근기에 맞는 수행을 해야 합니다. 화두의심이 일어나지 않는 화두는 의미가 없습니다. 혜능스님처럼 '응무소주 이생기심' 한마디에 과거 현재 미래가 다 열려버리는 근기도 있습니다만….

 '바쁘게 돌아다닌다'는 말은 바깥경계에 끄달려 다닌다는 것입니다. 그래서 임제선사는 "작용하게 되면 곧 작용할 뿐이다. 더 이상 머뭇거리거나 의심하지 말라."고 경책하셨습니다. 밥 먹고 옷 입고 잠자고 하는 그 자체가 있는 그대로 완전무결하니 더 이상 의심하거나 찾을 필요가 없다는 법문입니다. 지금 보고 듣는 당체(當體)가 참부처(무위진인)라는, 진리에 대해 더 이상 의심해서는 안됩니다. 자신의 본래성품을 믿지 못한다면 어떤 수행을 아무리 오래 한들 한걸음도 나아가지 못하기 때문입니다.

# 일 없는 사람

"그대들이 만약 능히 생각생각에 찾아 헤매는 마음[馳求心]을 쉴 수 있다면 곧 할아버지인 부처님[祖佛]과 더불어 다름이 없느니라.

그대들이 할아버지인 부처님을 알고자 하는가?

다만 내 앞에서 법문을 듣고 있는 그 사람이다.

공부하는 사람들의 믿음이 철저하지 못하고 곧 자신 밖을 향해 내달리면서 구하고자 하기 때문이다. 그렇게 해서 설사 밖에서 구하여 얻는다 하더라도 모두가 훌륭한 문자일 뿐이다. 마침내 살아있는 할아버지의 뜻은 얻지 못할 것이다.

착각하지 말라. 여러 선덕(禪德)들이여! 지금 이런 이치를 만나지 못하면 만겁천생을 삼계에 윤회하여 좋아하는 경계에 이끌려 다니느라 나귀나 소의 뱃속에 태어날 것이다."

도를 배우는 여러 벗들이여! 산승의 견해에 의지한다면 그대들도 석가와 더불어 다름이 없다. 오늘 여러 가지로 작용하는 곳에 모자라는 것이 무엇인가? 여섯 갈래(眼·耳·鼻·舌·身·意)의 신령스런 빛이 잠시도 쉰 적이 없다. 만약 이와 같이 이해한다면 다만 한평생 일 없는 사람일 뿐이다[一生無事人].”

你若能歇得念念馳求心　便與祖佛不別　你欲得識祖佛麼　祇你面前聽法底是　學人　信不及　便向外馳求　設求得者　皆是文字勝相終不得他活祖意　莫錯　諸禪德　此時　不遇　萬劫千生　輪廻三界徇好境掇去　驢牛肚裏生　道流　約山僧見處　與釋迦不別　今日多般用處　欠少什麼　六道神光　未曾間歇　若能如是見得　祇是一生無事人

## ┃ 강설(講說) ┃

　이 법문에서는 ‘일없이 한가한 도인[無事閑道人]’의 경지를 드러내고 있습니다. ‘무사(無事)’는 보통 평온하다, 일이 발생하지 않는다, 할 일이 없다, 문제가 없다, 건강하다 등의 뜻인데, 선에서의 의미는 그와 다릅니다. 임제선사는 “구하는 마음을 쉬면 바로 무사”라고 했듯이, ‘밖을 향해 구하는 마음(치구심)’이 없는 것을 ‘무사’라고 합니다. ‘무사’는 적정(寂靜)의 경지이며 본래 진실한 자기(眞己)로 돌아가서 평안한 마음상태인 것입니다.

사실, '치구심'을 없애는 것이 부처(본래 순수한 자기)가 되기 위한 가장 중요한 전제조건입니다. 사람은 태어나면서 본래부터 완전한 불성을 갖추고 있음에도, 그것을 잊고 자기 밖에서 부처나 조사나 도를 구하고자 애쓰기에 더욱 갈망은 커질 수 밖에 없습니다. 그래서 임제선사는 "무사(無事)가 바로 귀인이다. 밖으로 구하지 말라. 다만 조작하지만 말라"고 했던 것이다. "부처와 조사는 바로 무사인(無事人)"이라는 임제 선사의 말을 깊이 믿고서 깨달음을 구하고, 원하고, 바라면서 잠시도 쉬지 못하는 망상과 분별심을 쉬어야 비로소 참된 수행의 길로 들어섰다고 볼 수 있습니다.

　법문에서 임제스님이 닦을 것이 없다고 한 것은 '하나의 도리' 차원에서 말씀하는 것입니다. 물론 근기가 수승하지 않은 분들은 단계단계로 밟아가야 할 것입니다. 선(禪)은 선방에서 벽 보고 앉아있는 참선만을 말하는 것이 아닙니다. '하나의 마음자리'를 선이라 하는 것입니다. 관세음·지장·문수도량이 따로 있는 것이 아니란 말씀입니다. 관세음보살을 찾다가 지장보살을 찾으면 미안해지는 마음은 잘못된 생각입니다. 어디를 가든 '하나'임을 믿고 거기를 따르면 되는 것입니다.

# 본래의 자기를
# 밖에서 찾지 말라

"대덕이여! 삼계가 불안한 것이 마치 불타는 집과 같다. 이곳은 그대들이 오래 머물 곳이 못된다. 무상(無常)이라는 사람을 죽이는 귀신[殺鬼]이 한 찰나 사이에 귀한 사람, 천한 사람, 늙은이, 젊은이를 가리지 않는다.

그대들이 할아버지 부처님과 더불어 다르지 않고자 한다면 다만 밖으로 구하지 말라.

그대들의 한 생각 마음의 청정한 빛은 그대들 집안의 법신불(法身佛)이다.

그대들 한 생각 마음의 분별 없는 빛은 그대들 집안의 보신불(報身佛)이다.

그대들 한 생각 마음의 차별 없는 빛은 그대 집안의 화신불(化身

佛)이다.

　이 세 가지의 몸은 그대들이 지금 내 앞에서 법문을 듣고 있는 바로 그 사람이다. 다만 밖을 향해 헤매면서 찾지만 않으면 이런 공용(功用)이 있다.

　경학을 공부하는 사람에 의하면 이 세 가지 불신(佛身)을 취하여 궁극의 경지를 삼으나 산승의 견해로는 그렇지 않다. 세 가지 불신이란 이름과 말이며 또한 세 가지 의지인 것이다.

　옛사람이 말하기를 몸[佛身]이라고 하는 것은 이치에 의하여 세운 것이고, 국토는 바탕에 의거하여 논한 것이다. 법성신 법성토는 이 빛의 그림자인줄 분명히 알아야 한다.”


　大德 三界無安 猶如火宅 此不是你久停住處 無常殺鬼 一刹那間 不揀貴賤老少 你要與祖佛不別 但莫外求 你一念心上 淸淨光 是你屋裏法身佛 你一念心上 無分別光 是你屋裏報身佛 你一念心上 無差別光 是你屋裏化身佛 此三種身 是你卽今目前聽法底人 祇爲不向外馳求 有此功用 據經論家 取三種身 爲極則約山僧見處 不然 此三種身 是名言 亦是三種依 古人 云 身依義立 土據體論 法性身法性土 明知是光影


**| 강설(講說) |**
부처의 몸이 다양한 중생들을 제도하기 위하여 여러 모습으로 나타나는 것을 상징한 것이 삼신불(三身佛)입니다.

이 가운데, 비로자나불은 영원불변의 진리를 몸으로 삼고 있는 법신불(法身佛)을 의미합니다. 법신불은 영원히 변하지 않는 만유의 본체를 형상화한 부처로서 진리를 상징하므로 빛깔도 없고 형체도 없습니다.

노사나불은 수행에 의해 부처가 된 보신불(報身佛)을 뜻합니다. 즉 보살이 오랫동안 고행과 난행을 거쳐서 된 부처로서, 법장보살이 48대원(大願)을 세우고 정진하여 성불한 아미타불이 이에 속합니다.

석가모니불은 중생을 교화하기 위해 여러 가지 형상으로 변하는 화신불(化身佛)을 이르는 말입니다. 응신불은 법신불이나 보신불을 볼 수 없는 중생을 제도하기 위하여 직접 현세에 나타난 부처로서, 석가모니불이 대표적입니다.

그러나 임제선사는 이러한 삼신에 대해 "세 가지 불신(佛身)이란 이름과 말이며 또한 세 가지 의지"라고 단정하며, 삼신불을 '한 생각 마음의 빛'을 가지고 법문하고 있습니다.

# 돌아가 쉴 곳

"대덕이여! 그대들은 또한 그림자를 조종하는 사람을 확실히 알라. 이것이 모든 부처님의 근본이다. 그렇게 되면 모든 삶의 모습이 도를 닦는 이들의 돌아가 쉴 곳이다.

그대들의 사대[地·水·火·風]로 된 이 육신은 설법을 하거나 법을 들을 줄 알지 못한다. 비·위·간·담(脾胃肝膽)도 설법을 하거나 법을 들을 줄 알지 못한다. 허공도 설법을 하거나 법을 들을 줄 알지 못한다.

그렇다면 무엇이 설법을 하고 법을 들을 줄 아는가?

그것은 그대들 눈앞에 역력하고 뚜렷한 아무 형체도 없이 홀로 밝은 '이것'이 바로 설법을 하고 법을 들을 줄 안다. 만약 이와 같이 볼 줄 안다면 곧 할아버지 부처님과 더불어 다르지 않느니라.

다만 모든 시간 속에 전혀 간격이 없어서 눈으로 보는 것이 모두
다 그것이지만, 그러나 감정이 생겨서 지혜가 막히고 생각이 변하여
본바탕과는 달라졌기 때문이다. 그러므로 삼계에 윤회하여 가지가지
고통을 받게 된다.

만약 산승의 견해로 본다면 깊고 깊은 경지가 아닌 것이 없고 해탈
아닌 것이 없다."

大德　你且識取弄光影底人　是諸佛之本源　一切處　是道流　歸舍
處　是你四大色身　不解說法聽法　脾胃肝膽　不解說法聽法　虛空
不解說法聽法　是什麼　解說法聽法　是你目前歷歷底　勿一箇形段
孤明　是這箇　解說法聽法　若如是見得　便與祖佛不別　但一切時
中　更莫間斷　觸目皆是　祇爲情生智隔　想變體殊　所以　輪廻三界
受種種苦　若約山僧見處　無不甚深　無不解脫

**┃ 강설(講說) ┃**

임제스님은 "무엇이 설법을 하고 법을 들을 줄 아는가?" 라는 화두
를 던지며 물건 아닌 '한물건(一物)' 즉 '이것'에 대해 이렇게 자상하
게 일러주고 있습니다.

"허공도 법을 설하거나 법을 들을 줄 모른다. 다만 목전에 분명한,
형상 없이 홀로 밝은 '이것'이 법을 설하고 법을 들을 줄 안다."

성철스님은 「수도자에게 주는 글」에서 '한물건'을 이렇게 설하고

있습니다.

"한물건이 있으니 천지가 생기기 전에도 항상 있었고, 천지가 다 없어진 후에도 항상 있다. 천지가 천 번 생기고 만 번 부서져도 이 물건은 털끝만치도 변동 없이 항상 있다. 크기로 말하면 가없는 허공의 몇 억만 배가 되어 헤아릴 수 없이 크다. 그래서 이 물건의 크기를 큰 바다에 비유하면, 시방의 넓고 넓은 허공은 바다 가운데 있는 조그마한 물거품과 같다. 또 일월(日月) 보다 몇 억만 배나 더 밝은 광명으로써 항상 시방세계를 비추고 있다. 밝음과 어두움을 벗어나 이 절대적인 광명은 항상 우주 만물을 비추고 있는 것이다."

경전과 어록에는 이 '한물건'에 대한 이름들이 다양해서 불성, 진여, 자성, 일심, 보리, 열반, 원각, 대각, 마음, 본래면목, 무위진인 등으로 무수하게 불립니다. 하지만 모두 뭐라고 명명할 수 없어 부득이하여 이름 붙인 가명에 불과합니다. 때문에 남악혜양 스님은 "설사 한물건이라 하더라도 곧 맞지 않다(設似一物 卽不中)"고 말한 것입니다.

# 마음은 형상이 없다

"도를 배우는 벗들이여! 마음의 작용은 형상이 없어서 시방세계를 관통하고 있다. 눈에 있을 때는 보고, 귀에 있을 때는 들으며, 코에 있을 때는 냄새를 맡고, 입에 있을 때는 말을 하며, 손에 있을 때는 잡고, 발에 있을 때는 걸어다닌다.

본래 이 하나의 정밀하고 밝은 것[一精明·一心]이 나누어서 우리 몸의 여섯 가지 부분과 화합하였을 뿐이다. 한마음마저 없는 줄 알면 어디서든지 해탈이다.

산승의 이와 같은 이야기들은 그 뜻이 어디에 있는가.

다만 도를 배우는 사람들이 일체 치구심(馳求心)을 쉬지 못하고 저 옛사람들의 부질없는 동작과 언어와 가리키는 것들[機境]을 숭상하고 매달리기 때문이다.

도를 배우는 벗들이여! 산승의 견해를 취할 것 같으면 보신불과 화신불의 머리를 앉은 자리에서 끊는다. 십지보살[十地滿心]은 마치 식객과 같다. 등각·묘각은 죄인으로서 칼을 쓰고 족쇄를 찬 것이다. 아라한과 벽지불은 뒷간의 똥오줌과 같다. 보리와 열반은 당나귀를 매는 말뚝과 같다. 어째서 이러한가?

다만 도를 배우는 이들이 3 아승지 겁이 공(空)한 것임을 알지 못하기 때문에 이러한 장애가 있는 것이다. 만약 진정한 도인(道人)이라면 마침내 이와 같지 않다. 다만 인연을 따라서 구업(舊業)을 녹인다.

자유롭게 옷을 입고 가게 되면 가고 앉게 되면 앉아서 한 생각도 불과(佛果)를 바라지 않는다. 어째서 그러한가?

옛사람이 이르기를 '만약 업을 지어서 부처를 구하고자 한다면 부처가 오히려 생사의 큰 징조가 된다'고 하였다."


道流 心法 無形 通貫十方 在眼曰見 在耳曰聞 在鼻齅香 在口
談論 在手執捉 在足運奔 本是一精明 分爲六和合 一心 既無
隨處解脫 山僧 與麽說 意在什麽處 祇爲道流 一切馳求心 不能
歇 上他古人閑機境 道流 取山僧見處 坐斷報化佛頭 十地滿心
猶如客作兒 等妙二覺 擔枷鎖漢 羅漢辟支 猶如厠穢 菩提涅槃
如繫驢橛 何以如此 祇爲道流不達三祇劫空 所以有此障礙 若是
眞正道人 終不如是 但能隨緣消舊業 任運著衣裳 要行卽行 要

坐卽坐 無一念心希求佛果 緣何如此 古人 云 若欲作業求佛 佛
是生死大兆

## | 강설(講說) |

"눈에 있을 때는 보고, 귀에 있을 때는 들으며…" 이 부분은 앞의
"여섯 가지 찬란한 광명이 잠시도 그치지 않는다"는 구절에 대한 부
연설명이기도 합니다. 이것은 '하나의 정밀하고 밝은 것' 즉 일정명
(一精明)으로서 사람마다 본래 갖추고 있는 일심(一心)을 가리키는
가리키는 말이기도 합니다. 정명(精明)은 자성청정심(自性淸淨心)으
로, 본래부터 갖추어져 있던 오묘한 맑고 밝음을 의미합니다.

"눈에 있을 때는 보고…" 이 법문은 아직 인도에 있을 때의 달마대
사의 제자 바라제(波羅提)존자의 게송으로 전해지고 있습니다. 보조
국사는 『수심결』에서 일정명(一精明) 즉 불성, 참마음[眞心]에 대한
이해를 돕기 위해 『경덕전등록』에 나오는 이견왕과 바라제존자의 대
화를 소개하고 있습니다.

바라제존자가 불교에 대하여 부정적인 남천축의 이견왕을 교화하기
위하여 찾아가자 이견왕이 물었다.

"어떠한 것이 부처입니까?"

존자가 대답하기를 "견성을 하면 부처입니다."

"대사는 견성하셨습니까?"

"나는 불성을 보았습니다."

"성품이 어느 곳에 있습니까?"

"작용하는데 있습니다."

"무엇이 작용이기에 나는 지금 보지 못합니까?"

"지금도 작용을 하건마는 왕이 스스로 보지 못합니다."

왕이 묻기를, "그러면 나에게도 있습니까?"

존자 답하기를, "왕이 만일 작용을 하시면 불성 아님이 없거니와 왕이 만일 작용하지 않으시면 체(體)도 또한 보기가 어렵습니다."


이어지는 이견왕과의 대화에서 바라제존자는 우리의 육근을 통하여 불성이 출현하며, 아는 사람은 이를 불성이라 하지만 모르는 사람은 정혼(精魂)이라 한다고 깨우쳐주고 있습니다. 이른바 보고 듣고 말하고 냄새 맡고 움직이는 등의 육근 작용이 곧 불성의 작용이라는 말입니다. 불성은 곧 성품이요, 주인공이라고도 하는 '본래의 자기'이자 '본래마음'입니다. 본래마음이 별도로 있고 비본래적인 거짓 마음이 따로 있다는 게 아닙니다. 우리의 마음이 본래 그러한 것인데, 우리가 미혹되어 잘못 알고 있을 뿐인 것입니다.

❀ 십지만심(十地滿心)은 십지(十地)의 수행을 완성한 사람을 가리킵니다. 십지는 성불(成佛)의 과정을 열 단계로 나누어 설한 것으로서, 화엄경에서는 41위(位)에서 50위까지를 가리킵니다. 환희지(歡喜地)·이구지(離垢地)·발광지(發光地)·염혜지(焰慧智)·난승지(難勝地)·현전지(現前

地) · 원행지(遠行地) · 부동지(不動地) · 선혜지(善慧地) · 법운지(法雲地)가
그것입니다.

# 연야달다의
# 잃어버린 얼굴

"대덕이여! 시간을 아껴야 하거늘, 다만 옆길로만 분주히 돌아다니면서 선(禪)을 배우고 도(道)를 배운다고 하는구나. 이름과 글귀를 잘못 알고 부처를 구하고 조사를 구한다고 하는구나. 선지식을 찾아가서 생각으로만 헤아리는구나. 그렇게 잘못 알지 말라.

도를 배우는 벗들이여! 그대들에게 다만 일개 부모[根本]가 있다. 다시 무슨 물건을 구하는가? 그대들 스스로 돌이켜 보라.

옛사람이 이르기를 '연야달다(演若達多)가 머리를 잃어버렸다고 생각하다가 다시 구하는 마음이 쉰 그 순간에 아무런 일이 없어졌다'고 하였다.

대덕들이여! 평상 생활 그대로 이기를 바란다면 다른 모양을 짓지 말라.

좋고 나쁜 것을 알지 못하는 머리 깎은 노예들이 있다. 그들은 문득 귀신을 보고 도깨비를 보며, 동쪽을 가리키고 서쪽을 구분하며, 맑은 것이 좋으니, 비 오는 것이 좋으니 한다. 이와 같은 무리들은 모두 빚을 지고 염라대왕 앞에 가서 뜨거운 쇳덩이를 삼킬 날이 있을 것이다.

공연히 아무 탈 없는 집안의 남녀들에게 일종의 여우와 도깨비의 정령이 붙어 있다. 마치 멀쩡한 눈을 비벼서 괴상망측하게 허공에서 헛꽃을 보는 일과 같이 되었다.

이 눈멀고 어리석은 것들아. 밥값을 받을 날이 있을 것이다."

大德 時光 可惜 祇擬傍家波波地 學禪學道 認名認句 求佛求祖 求善知識意度 莫錯 道流 你祇有一箇父母 更求何物 你自返照看 古人 云 演若達多失却頭 求心歇處卽無事 大德 且要平常 莫作模樣 有一般不識好惡禿奴 便卽見神見鬼 指東劃西 好晴好雨 如是之流 盡須抵債 向閻老前 吞熱鐵丸有日 好人家男女 被這一般野狐精魅所著 便卽捏怪 瞎屢生 索飯錢有日在

**| 강설(講說) |**

능엄경에는 멀쩡한 자기 머리를 두고 머리를 찾아 헤매는 연야달다의 이야기가 등장합니다. 사람들은 자기가 본래 소유하고 있는 불성을 알지 못하고 늘 밖을 향해 끊임없이 구하고 있다는 예화입니다.

이 때문에 임제선사는 "그대여, 만약 염념에 치달리는 마음을 쉬면 곧바로 불조와 다름 없다"고 강조했던 것입니다.

깨달음을 얻어 '생사 해탈'이란 일대사를 해결한 사람을 '일 마친 사람' 즉, 요사인(了事人)이라 합니다. 『증도가』에 나오는 '절학무위 한도인(絶學無爲 閑道人)'처럼, 부처나 깨달음을 구하는 일도 없이 무심의 경지에서 일없는 생활을 하는 도인을 말합니다.

설두선사는 『벽암록』에서 "생사 대사의 일대사를 마친 납승은 한 사람이라도 좋다"고 말한 바 있습니다. 불법의 대의를 완전히 깨닫고 정법의 안목을 구족하여 무애자재한 지혜작용을 펼칠 수 있는 한 사람의 선승이라도 출현한다면 충분하다는 뜻입니다. 사실 한 사람이라도 그러한 인물을 구하기란 쉬운 일이 아니라는 의미이기도 합니다. '일 마친 사람'은 아상(我相)과 인상(人相), 주관과 객관, 자기와 부처 등 일체의 상대적인 차별경계를 초월하여 '시방의 세계와 하나 된 경지[萬法一如]'에서 평상심으로 사는 사람입니다.

세상 모든 것을 다 속여도 본래부처인 자기 마음은 속일 수가 없습니다. 중생계에는 인과가 엄연하기 때문에 지은 것은 반드시 돌아오게 되어 있습니다. '밥값을 받을 날'이 오기 전에 부지런히, 그 무엇에도 의지하지 않고, 속지 않고, 구하는 마음 없이 정진해야 합니다.

# 네 가지 조용(照用)

임제선사께서 대중들에게 말씀하셨다.

"나는 어느 때는 먼저 지혜로 비춰보고 뒤에 작용을 하며, 어느 때는 먼저 작용을 하고 나중에 비춰 본다. 어느 때는 비춤과 작용을 동시에 하며, 어느 때는 비춤과 작용이 동시가 아닐 때도 있다.

먼저 지혜로 비추고 뒤에 작용하는 것은 사람이 있는 데 해당된다. 먼저 작용을 하고 뒤에 비춰 보는 것은 법[대상]이 있는데 해당된다.

비춤과 작용이 동시인 경우에는 밭가는 농부의 소를 빼앗고, 굶주린 사람의 밥을 빼앗는 것처럼, 뼈를 두들겨 골수를 뽑아내고, 아픈 데다가 다시 바늘과 송곳으로 침을 꽂는 것이다.

비춤과 작용이 동시가 아닐 때는, 물음이 있으면 답이 있고 손님[객관]도 세우고 주인[주관]도 세운다. 물에 합하고 진흙에 합하여 근기에 맞춰서 사람들을 제접한다.

만약 뛰어난 사람이라면 법을 거량하기 전에 떨치고 일어나 곧 가버린다. 그래야 조금 비슷하다고 할 수 있다.”

示衆云 我有時 先照後用 有時 先用後照 有時 照用同時 有時 照用不同時 先照後用 有人在 先用後照 有法在 照用同時 駈耕夫之牛 奪飢人之食 敲骨取髓 痛下鍼錐 照用不同時 有問有答 立賓立主 合水和泥 應機接物 若是過量人 向未擧已前 撩起便行 猶較些子

**| 강설(講說) |**

근기에 따른 임제선사의 네 가지 방편인 '사조용(四照用)'에 대한 법문입니다. 수행자를 상대했을 때 깨우치고 법을 쓰는 경우에 네 가지 방법이 있다는 것입니다. 최상의 지혜를 일깨워 주려면 먼저 사람을 잘 관찰하는 지혜활동이 있어야 합니다. 다음으로 '할'을 하던지 '방'을 휘두르던지 하는 행동이 뒤따를 것입니다. 그런 경우를 '사람'이 있는데 해당한다고 합니다. 그 반대로 탈인(奪人) 탈경(奪境)의 경우는 부정하는 것으로 드러내고, 여기서는 긍정하는 방법으로 드러냅니다. 표현은 달라도 뜻은 같습니다. 사람이 있다, 법이 있다고 할 때 '사람'은 주체, '법'은 경계이며 대상입니다. 사람만 두기도 하고 법만 두기도 한다는 뜻입니다.

사조용 가운데 '비춤과 작용이 동시'[照用同時]인 경우에는 정신 차릴 여유가 없습니다. 조(照)와 용(用)을 동시에 쓰기 때문입니다. 말[喝]과 동시에 방망이가 떨어지는 경우 등이 그 예가 될 것입니다.

⊛ '뛰어난 사람'[過量人]은 범인의 경지를 뛰어넘은, 뛰어난 역량을 갖춘 사람을 말합니다. '발군(拔群), 절륜인(絶倫人)'이라고도 하는데, 깨달음의 경지에 사는 무위진인(無位眞人)을 가리킵니다.

# 일 없는 사람이 귀인이다

임제선사께서 대중들에게 말씀하셨다.

"도를 배우는 벗들이여! 참으로 중요한 것은 참되고 바른 견해[眞正見解]를 구해서 천하를 마음대로 다니면서 도깨비 귀신에게 홀리지 않는 것이다.

일이 없는 사람이 참으로 귀한 사람이다. 다만 억지로 조작하지 말라. 오직 평상의 생활 그대로 하라. 그대들이 밖을 향하고 옆집을 찾아 헤매면서 방법[脚手]을 찾아봐야 그르칠 뿐이다. 단지 부처를 구하려 하나 부처란 이름이며 글귀일 뿐이다.

그대들은 바깥을 향해서 허둥대고 찾으려 하는 그 사람을 아는가?

시방 삼세의 부처님과 조사님들이 세상에 오신 것은 오로지 법을 구하기 위함이다. 지금 여기에 참여하여 도를 배우는 사람들도 또한

다만 법을 구하기 위함이다. 그래서 법을 얻어야 끝낼 수 있다. 법을 얻지 못하면 여전히 지옥 · 아귀 · 축생 · 천도 · 아수라[또는 인도]의 다섯 갈래의 길에 떨어져 윤회하게 된다.

무엇이 법인가?

법이란 마음의 법이다. 마음의 법은 형상이 없어서 온 시방법계를 관통하고 있어서 눈앞에 그대로 작용하고 있다. 그런데 사람들이 그러한 사실을 철저하게 믿지 못하고서 다만 명칭을 오인하고 글귀를 오인해서 문자 속에서 구하고 있다. 불법을 생각으로 헤아려 이해하려고 하니 하늘과 땅의 차이로 멀리 달라져 버렸다."

師示衆云 道流 切要求取眞正見解 向天下橫行 免被這一般精魅惑亂 無事是貴人 但莫造作 祇是平常 你擬向外 傍家求過 覓脚手 錯了也 祇擬求佛 佛是名句 你還識馳求底麼 三世十方佛祖出來 也祇爲求法 如今參學道流 也祇爲求法 得法始了 未得 依前輪廻五道 云何是法 法者 是心法 心法 無形 通貫十方 目前現用 人信不及 便乃認名認句 向文字中求 意度佛法 天地縣殊

**│ 강설(講說) │**

'도깨비 귀신에게 홀린다'는 것은 자기를 망각하고 온갖 잡다한 고정관념과 지식과 알음알이, 제도 등에 휘둘려서 바른 소견 없이 이리저리 흔들리게 되는 것을 말합니다. 참되고 바른 견해를 취해서 이러한 귀신이나 도깨비의 놀이에 홀리지 않는 것이 수행입니다.

임제선사께서는 '일이 없는 사람이 참으로 귀한 사람이다.'라고 했는데, 왜 일이 없는 사람일까요? 심법(心法)은 본래부터 내가 가지고 있으니까 바깥으로 기웃거리며 찾을 물건이 아니기 때문입니다. 그러나 범부이든 수행자이든 밖으로 무언가를 찾고 구하는 것이 중생의 오래된 습관이어서 일 없는 사람은 참으로 드물다고 한 것입니다.

'법이란 마음의 법이다.'라고 하는 것은 법(法: 진리 또는 일체경계)이란 심법(心法: 마음법) 밖에 다른 것이 없다는 말씀입니다. 원효스님의 오도송에도 "마음이 일어나면 온갖 법이 일어나고[心生卽 種種法生] 마음이 사라지면 온갖 법도 멸하는 것[心滅卽 種種法滅], 삼계가 모두 마음이요 만법이 오직 인식이라[三界唯心 萬法唯識]. 마음 밖에 따로 법이 없으니 어찌 따로 진리를 구할 것인가[心外無法 胡用別求]"라는 게송이 있습니다.

성철스님은 돈오돈수(頓悟頓修)를 말씀하셨는데, 수행을 하되 수행한다는 생각이 없어야 한다고 했습니다. 수행한다는 생각이 있다면 아직 일이 있는 것입니다. 보조스님은 비록 돈오를 했다 하더라도 무시(無始)이래로 익혀온 습을 녹여야 하므로 끊임없이 닦아야 한다는 점에서 돈오점수(頓悟漸修)를 말씀하셨습니다. '무사(無事)'라고 하는 것은 닦는다는 생각도, 대상도 다 끊어진 공(空)이자 반야(般若)차원의 표현인 것입니다.

# 심지법
## (心地法)

"도를 배우는 벗들이여! 산승의 설법은 무슨 법을 설하는가.

심지법(心地法)을 설한다. 그래서 범부에게도 들어가고 성인에게도 들어가며, 깨끗한 곳에도 들어가고 더러운 곳에도 들어가며, 진제(眞諦)에도 들어가고 속제(俗諦)에도 들어간다.

중요한 것은 그대들의 진(眞)·속(俗)·범(凡)·성(聖)이 아니면서 모든 진·속·범·성으로 더불어 이름을 붙여 준다. 그러나 진·속·범·성이 이 사람[참사람, 心]에게 그런 이름을 붙일 수는 없다."

道流 山僧說法 說什麽法 說心地法 便能入凡入聖 入淨入穢 入
眞入俗 要且不是你眞俗凡聖 能與一切眞俗凡聖 安著名字 眞俗
凡聖 與此人安著名字不得

**| 강설(講說) |**

심지법문(心地法門)은 마음을 여는 법문을 말합니다.

남악회양선사가 "어떻게 마음을 써야만 모습 없는 삼매[無相三昧]에 부합하겠습니까?" 하는 질문에, 마조도일스님은 이렇게 대답하셨습니다.

"그대가 심지법문을 배움은 씨앗을 뿌리는 것과 같고, 내가 법요(法要: 진리의 요체)를 설함은 저 하늘이 비를 내려 적셔주는 것과도 같다. 그대의 인연이 맞았기 때문에 마침 도를 보게 된 것이다."

위에서 임제스님은 "모든 것이면서 모든 것이 아니다"라고 했습니다. 여기서 모든 것은 뭘 의미 할까요? 진제와 속제가 모두 이름뿐인 하나의 마음도리를 설한다는 것입니다. 사실이 아닌 것을 쫓는다면 허망한 삶, 반야심경의 전도된 삶인 것입니다.

법화경에 "관세음보살을 염하면 불에 들어가도 타지 않고 물에 들어가도 떠내려가지 않는다"고 했습니다. 그러나 본래의 마음자리를 모르고 관세음보살이라는 이름에 속으면 참뜻을 알 수가 없는 것입니다.

# 잡으면 그대로 쓸 뿐

"도를 배우는 벗들이여!

잡으면 그대로 쓸 뿐 다시 무슨 이름을 붙이지 말아야 한다. 그것을 일컬어 깊은 뜻[玄旨]이라고 한다.

나의 법문은 천하의 누구와도 같지 않다. 가령, 문수보살 보현보살이 바로 눈앞에서 각각 한 몸을 나타내어 법을 물으려고 막 '스님께 묻습니다.' 라고 하면 나는 벌써 알아버린다.

노승이 그저 편안히 앉아 있는데 어떤 수행자가 찾아와 나를 만날 때도 나는 다 알아차린다. 어째서 그런가?

그것은 나의 견해가 다른 사람들과 달라서 밖으로는 범부와 성인을 취하지 않고 안으로는 근본 자리에도 머무르지 않는다.

견해가 철저해서 다시는 의심하거나 잘못되지 않기 때문이다."

道流 把得便用 更不著名字 號之爲玄旨 山僧說法 與天下人別
祗如有箇文殊普賢 出來目前 各現一身問法 纔道咨和尙 我早辨
了也 老僧 穩坐 更有道流 來相見時 我盡辨了也 何以如此 祗
爲我見處別 外不取凡聖 內不住根本 見徹 更不疑謬

**┃ 강설(講說) ┃**

어떤 젊은 스님이 경허스님에게 물었습니다.

"스님, 어떻게 살아야 합니까. 무엇을 해야 합니까."

이에 경허스님은 이렇게 답했습니다.

"그대 마음 속에 일어나는 일이면 무엇이든지 하게. 착함이건 악함
이건 하고 싶은 일이면 무엇이든지 다 하게. 그러나 털끝만큼이라도
머뭇거린다든가 후회 같은 것이 있어서는 안되네. 망설임과 후회만
따르지 않는다면 무슨 짓이든지 다 하게. 바로 이것이 산다는 것일
세."

이 법문은 언뜻 보기에는 막행막식(莫行莫食) 해도 된다는 말로
보일 수도 있지만, '털끝만큼이라도 머뭇거린다든가 후회 없는' 삶을
살아야 하기에 막행막식은 있을 수 없습니다. 매순간 미래에 대한 망
설임도, 과거에 대한 후회도 없이 '지금 여기'에 깨어있는 삶을 살아
야 하니, 선과 악을 초월해서 무심행으로 살 수 밖에 없는 것입니다.
임제스님의 "잡으면 그대로 쓸 뿐 다시 무슨 이름을 붙이지 말아야
한다"는 법문도 맥락을 같이 하고 있습니다.

청담스님이 일본군에게 끌려가 고문을 당해도 전혀 약을 쓰지 않아서 인욕보살이라 알려졌다 합니다. 어느 법문에서 도를 깨달으면 꼬집어도 안 아프다고 했는데, 과연 안 아플까요? 이것은 마음을 쓸 때 *끄달려* 가지 말라는 차원에서 말씀 하신 것이고, *끄달림*이 있고 없고에 바로 성인과 중생의 차이가 있습니다.

임제스님은 오직 하나의 마음을 철저히 깨달아 여의지 않은 도리만 말씀하십니다. 오직 '하나'의 도리에 마음을 두고 있기에 알아차려서 *끄달려가지* 않는다는 말씀입니다.

# 수처작주 입처개진
## (隨處作主 立處皆眞)

임제선사께서 대중에게 말씀하셨다.

"도를 배우는 벗들이여! 불법은 애써 공을 들여 하는 것이 아니다. 그저 평상대로 아무 일 없는 것이다. 똥 싸고 오줌 누며, 옷 입고 밥 먹으며, 피곤하면 눕는 것이다. 어리석은 사람들은 나를 비웃겠지만 지혜로운 이는 알 것이다. 옛사람이 말하기를 '자신 밖을 향해서 공부하는 사람은 모두가 어리석고 고집스런 놈들이다.' 라고 하였다.

그대들이 어디를 가나 주인이 된다면 서 있는 곳마다 그대로가 모두 참된 것이 된다. 어떤 경계가 다가온다 하여도 끄달리지 않을 것이다. 설령 묵은 습기와 무간 지옥에 들어갈 다섯 가지 죄업이 있다 하더라도 저절로 해탈의 큰 바다로 변할 것이다.

요즈음 공부하는 이들은 모두들 법을 모른다. 마치 양이 코를 들이

대어 닿는 대로 입안으로 집어넣는 것처럼 종과 주인을 가리지 못하며, 손님인지 주인인지를 구분하지 못한다. 이와 같은 무리들은 삿된 마음으로 도에 들어왔다. 그러므로 이해득실과 시시비비의 번잡스런 일에 곧바로 빠져버리니 진정한 출가인이라고 이름 할 수 없다. 그야말로 바로 속된 사람[俗人]이다."

師示衆云 道流 佛法 無用功處 祇是平常無事 屙屎送尿 著衣喫飯 困來卽臥 愚人 笑我 智乃知焉 古人 云 向外作工夫 總是癡頑漢 你且隨處作主 立處皆眞 境來 回換不得 縱有從來習氣五無間業 自爲解脫大海 今時學者 總不識法 猶如觸鼻羊 逢著物 安在口裏 奴郎 不辨 賓主 不分 如是之流 邪心入道 鬧處卽入 不得名爲眞出家人 正是眞俗家人

**| 강설(講說) |**

이 법문에서는 '지시평상무사(祇是平常無事)' 즉 꾸밈이 없는 평상의 자유로움을 설하고 계십니다. 명판(明版)《전등록》에서 위부(魏府) 화엄장로(華嚴長老)는 "불법(佛法)은 나날의 생활 그 자체이다. 그대들의 행주좌와(行住坐臥), 보통의 다반사(茶飯事), 친구와 만나는 일들이 바로 불법 아닌 것이 없다"고 했는데, 이 역시 같은 법문입니다.

촉비양(觸鼻羊) 운운 한 것은, 염소는 시력이 약해 주로 코로 냄새를 맡아 사물을 식별하는데 코에 닿는 물건은 가리지 않고 입에 넣는 습관이 있음을 비유한 것입니다. 안목 없는 수행자가 옳고 그름을 가리지 못해 사도(邪道)에 빠지는 현실을 상징한 말씀입니다. 본래 대상이 따로 없는데 대상을 찾는 사람들을 고집스럽다 한 것입니다.

"어떤 경계가 다가온다 하여도 끄달리지 않을 것이다."하는 것은 임제스님의 경지에서 하는 말씀입니다. 그러나 하나의 마음자리를 체험하지 못한 해오(解悟)에 불과한 공부경지라면 더 애써야 합니다.

수처작주 휘호

삿된 마음으로 도에 들어온 사람들은 이해득실과 시시비비의 번잡스런 일에 곧바로 빠져버리니, 이러한 법문이 현실화될 수 없습니다. 그들은 법을 제대로 모르기 때문에 문자에 끄달려 시시비비할 수밖에 없기 때문입니다.

❀ 그 어떤 경계에도 진실로 끄달림이 없게 되었을 때, 비로소 "설령 묵

은 습기와 무간 지옥에 들어갈 다섯 가지 죄업이 있다 하더라도 저절로
해탈의 큰 바다로 변할 것이다."라는 법문이 성립 가능함을 간과해서는
안될 것입니다.

# 부처와 마군
# 모두 물리쳐라

"대저 출가한 사람은 모름지기 평상 그대로의 참되고 바른 안목을 잘 가려내야 한다. 그리하여 부처와 마군을 구분하고 참됨과 거짓을 구분하며 범부와 성인을 구분할 수 있어야 한다. 만일 이와 같이 가려낼 수 있다면 참된 출가라고 할 것이지만 부처와 마군을 구분하지 못한다면 그저 한 집에서 나와 또 다른 집으로 들어간 것에 불과하다. 이는 업을 짓는 중생이지 진정한 출가인이라고 말할 수 없다.

지금 한 개의 부처인 마군이 있어서 같은 몸이 되어 나눌 수 없는 것이 마치 물과 우유가 섞여 있는 것과 같다. 그러나 거위의 왕은 우유만 먹는다. 눈 밝은 도인이라면 마군과 부처를 함께 쳐버린다. 그대들이 만약 성인을 좋아하고 범부를 싫어한다면 생사의 바다에 떴다 잠겼다 할 것이다."

夫出家者 須辨得平常眞正見解 辨佛辨魔 辨眞辨僞 辨凡辨聖 若如是辨得 名眞出家

若魔佛 不辨 正是出一家入一家 喚作造業衆生 未得名爲眞出家 人 祇如今 有一箇佛魔 同體不分 如水乳合 鵝王 喫乳 如明眼 道流 魔佛 俱打 你若愛聖憎凡 生死海裏浮沈

## ┃ 강설(講說) ┃

마음에서 집착을 여의는 것이 진정한 출가이며, 여기에는 중생이라는 생각까지도 용납이 안 됩니다. 스님이든 불자이든 정진을 생명줄로 삼아야 합니다. 서옹스님의 '참사람[無位眞人] 운동'이 이 임제록을 바탕으로 한 것입니다. 스스로 깨쳤는가를 자문자답 해보면서, 이 어록으로 점검을 해보시기 바랍니다.

참다운 불공(佛供)은 바라는 마음 없이 베푸는 것입니다. 무엇을 얻기 위해 기도 하는 것은 불교가 아닌 외도의 그것입니다. 성철스님은 대중이 탁발을 해오면 인근에 가장 먹고 살기 어려운 이를 위해 베풀고 돌아오곤 하셨습니다. 물론 진실한 무주상보시는 아무런 기대심이 없더라도 무의식이나마 바라는 바를 실현시켜 주게 되는 것입니다. 우주 삼라만상이 다 부처 아닌 것이 없기에 이런 불가사의한 일이 일어나는 것입니다. 베푸는 만큼, 정진한 만큼 성취가 이루어지는 것이지 부처님께 기도를 하며 이루어 달라고 하여 현실로 나타나는 법은 없습니다. 부처님은 그 누구에도 차별심이 없습니다. 누구든 바른 마음으로 수행정진 해야만 위대한 마음의 힘을 쓸 수가 있습니다.

우유와 물은 이름일 뿐입니다. 중생의 견해로는 분별이 있지만, 도인은 좋은 것과 나쁜 것이 없습니다. 우리는 법을 쫓아야지 사람을 쫓아서는 안됩니다. 콩이 콩나물공장에서 콩나물이 되어 나와서 시멘트 바닥에 떨어지면 말라죽고, 떡 방앗간에 가면 콩가루가 되어 나옵니다. 인연이 중요한 것입니다. 불자님들은 선지식을 만나고자 발원을 해야 합니다.

🎴 '아왕끽유(鵝王喫乳)'는 거위의 왕은 우유만 먹는다는 뜻으로, 무엇이든 닥치는대로 삼키는 촉비양(觸鼻羊)의 반대말입니다. 거위 왕 비유는 《정법념처경(正法念處經)》에 나오는 이야기로서, 그릇에 물과 우유를 섞어서 놓아 두면 거위는 우유만 마시고 물은 남긴다는 것입니다. 이 고사는 《섭대승론석(攝大乘論釋)》과 《황벽어록(黃檗語錄)》에도 인용되어 있습니다.

# 부처도 없고 중생도 없다

"무엇이 부처인 마군입니까?"

"그대의 의심하는 그 한 생각이 바로 마군이다. 그대가 만약 만법이 본래 태어남이 없는 이치[萬法無生]를 통달하면 마음은 환영과 같아지리라. 다시는 한 티끌 한 법도 없어서 어딜 가나 청정하리니 이것이 부처다.

그러나 부처와 마군이란 깨끗함과 더러움의 두 가지 경계다. 산승의 견해에 의한다면 부처도 없고 중생도 없으며, 옛날도 없고 지금도 없어서 얻을 것은 바로 얻는다. 오랜 세월을 거치지 않는다.

닦을 것도 없고 깨칠 것도 없으며, 얻을 것도 없고 잃을 것도 없어서 모든 시간 속에서 더 이상 다른 법은 없다. 설사 이보다 더 나은 법이 있다 하더라도 나는 그것은 꿈같고 허깨비 같은 것이라고 말한다. 산승이 말하고자 하는 것은 모두 이것이다."

問 如何是佛魔 師云 你一念心疑處 是箇魔 你若達得萬法無生
心如幻化 更無一塵一法 處處淸淨 是佛 然 佛與魔 是染淨二境
約山僧見處 無佛無衆生 無古無今 得者便得 不歷時節 無修無
證 無得無失 一切時中 更無別法 設有一法過此者 我說如夢如
化 山僧所說 皆是

**│ 강설(講說) │**

　더러움과 깨끗함이 둘이 아니라는 염정일여(染淨一如)의 법을 밝
힌 대목입니다. "산승의 견해에 의한다면…"부터의 일단(一段)의 내
용을 종밀스님은 그의 저서 《선원제전집도서》에서 민절무기종(泯絕
無寄宗) 즉, 일체를 끊어버려서 그 어디에도 의지함이 없는 종파의
사상이라고 분류하고 있습니다.

　위 법문에 따르면 지옥이나 천당, 혹은 마군이 있다는 생각을 내면
윤회를 벗어 날 수가 없습니다. 삼라만상 모든 것이 본래 없는 것임
을 안다면 안심을 얻게 됩니다. "얻는다"는 것은, 하나의 도리를 알게
됨을 말합니다. 일상생활에서는 경계에 끄달릴 수 밖에 없으나 정진
할 때 만큼은 이 마음으로 하면 그 경지에 들어갈 수 있습니다. 법당
에 들어가서도 무심한 마음으로 정진하면 되는 것입니다.무슨 법문
을 들으면 부처님 가르킨 달을 봐야지 손가락만을 봐서는 안 되는 것

입니다. 사람도 한 번 미운 마음이 생기면 바꾸기가 어렵습니다. 과거의 업 때문이니, 그러려니 하는 것이 제일 좋은 방법입니다.

# 어디를 가나 막힘이 없다

"도를 배우는 벗들이여! 바로 지금 눈앞에서 호젓이 밝고 역력하게 듣고 있는 이 사람은 어디를 가나 막힘이 없고 시방세계를 꿰뚫어 삼계에 자유 자재한다. 온갖 차별된 경계에 들어가도 그 경계에 휘말리지 않는다. 한 찰나 사이에 법계를 뚫고 들어가 부처를 만나면 부처를 말하고, 조사를 만나면 조사를 말하며, 나한을 만나면 나한을 말하고, 아귀를 만나면 아귀를 말한다. 모든 국토를 다니며 중생들을 교화하지만 일찍이 일념을 떠난 적이 없다. 가는 곳마다 청정하여 그 빛이 시방법계에 사무쳐서 만법이 한결같다."

道流 卽今目前孤明歷歷地聽者 此人 處處不滯 通貫十方 三界
自在 入一切境差別 不能回換 一刹那間 透入法界 逢佛說佛 逢

祖說祖 逢羅漢說羅漢 逢餓鬼說餓鬼 向一切處 游履國土 敎化
衆生 未曾離一念 隨處淸淨 光透十方 萬法一如

**┃ 강설(講說) ┃**

이 법문에서 설한 마음은 성자의 수준에서나 할 수 있는 말이며,
우리는 아직 완벽하게 쓸 수 없는 마음입니다.

여기서 '유리국토(游履國土)'란 걸림 없이 모든 국토를 역방(歷方)
한다는 의미로서,《화엄경》'입법계품(入法界品)'에서 설해지는 선재
동자(善財童子)의 이야기를 전제로 하고 있습니다. 그리고 '미증이일
념(未曾離一念)' 즉, 일념(一念) 중에 시방을 편력한다는 사상은 법신
의 자재무애함을 기반으로 한 법문입니다.

시시각각 변하는 진공묘유의 마음은 성자의 세계에서는 묘할 것도
없습니다.

부처의 세계를 연꽃에 비유를 하지 않습니까? 진흙탕 속에서도 청
정하게 자라는 연꽃은, 뗏목을 타고 아름다운 경관을 그냥 흘러가듯
이 경계에 끄달리지 않는 삶을 말합니다. 이것 저것 참견하니 삶이
괴로운 것입니다. 부처님처럼 능력이 있어야 비로소 자유자재하게
살아갈 수 있는 것입니다. 우스운 얘기지만 소화제를 치료약이라 해
도 믿음이 가는 의사가 주는 약은 반야심경을 외우며 먹게 되는 것입
니다. 부처님과 조사스님에 대한 법문에 대한 절대적인 믿음이 아주
중요합니다. 조금도 분별이 없는 마음을 청정한 마음이라 합니다. 마

음을 항상 우주와 하나로 두고 정진하면 대자연도 하나의 생명체이기 때문에 우리를 돕기 마련입니다.

중국 당나라 때 지현(智顯)이란 스님이 있었습니다. 그는 계행이 청정하고 정혜(定慧: 선정과 지혜)를 잘 닦아서 대중 가운데 뛰어났습니다. 항상 자비스러워서 화를 내지 않으므로 대중 스님들은 그를 추천하여 간병일을 보게 하였습니다.

하루는 어디서 성질이 포악하고 아주 못생긴 환자가 왔는데 시키는 대로 듣지 않으면 마구 때리고 소란을 피웠습니다. 몸에는 문둥병이 만성이 되어 사방이 곪아 터지고 피와 고름이 흘러서 숨을 쉴 수 없는데도 항상 옆에 불러 앉혀 놓고 떠나지를 못하게 했습니다. 지현스님은 생각하기를 '이 사람의 병이 만성이 되어 신경질을 더욱 부리니 그를 더욱 어여삐여기고 어떻게든 낫도록 해주어야겠다' 하고 멀고 가까운 데를 가리지 않고 약만 있다면 가서 구해왔습니다. 때로는 죽을 쑤고, 약을 다려 그에게 갔다 바치면 이 노장은 밥 그릇을 팽개치거나 죽 그릇을 내던지거나, 또 약이 쓰다고 짜증을 내기도 했습니다. 그러나 지현스님은 뜨거운 죽 그릇이나 밥 그릇을 뒤집어 쓰고도 화 한번 내지 않고 극진히 간호하였는데, 그 간호 덕택이었던지 그렇게 중한 문둥병이 3개월만에 완치되었습니다.

그 괴팍한 노장도 사람인지라 떠나는 마당에 있어서는 지현스님을 극구 칭찬하며 말했습니다.

"가히 살아있는 보살이다. 복을 짓는 가운데는 간병보다 더 나은 것이 없는데 네가지 정성으로 간호하여 내 병이 이렇게 낳았으니 네 나이 마흔이 되면 나라의 국사로 뽑혀 천하의 존경을 받으리라. 만일 그때 천하 제일의 음식을 먹고 최고의 의복을 입어 황제와 나란히 봉연을 타고 돌아 다닌다고 허영심을 가진다면 크게 고통받는 일이 있으리라. 그때는 꼭 나를 찾아야 할 것이니 잊지 말아라."

그러나 지현스님은, "스님은 별 말씀을 다 하십니다. 저 같은 사람에게 나라의 국사는 다 무엇이며 천하일미가 무슨 상관이 있겠읍니까? 출가수도 하는 것은 견성 성불을 하여 무량중생을 제도코자 하는데 목적이 있는 것이니, 설사 그러한 지위가 제게 부여된다 하더라도 초근목과(草根木果)와 누더기를 떠나지 않겠습니다."

"허어, 그 사람 장담은… 이제 두고 보면 알게 아닌가."

"그렇다면 스님, 스님의 주소나 알아야 찾아가지 않겠읍니까?"

"나는 다룡산 두 소나무 아래 영지 옆에 산다. 그리로 오면 만날 수 있다."

"감사합니다. 만일 그런 일이 있으면 꼭 찾아 뵙겠습니다."

이렇게 다짐한 노장과 지현은 아쉬운 작별을 했습니다. 과연 지현스님은 40 세가 되어 천하총림의 추천으로 국사가 되었습니다. 지현 대사는 몇번이나 사양했으나 하는 수 없이 왕명을 받고 오달조사(悟達祖師)라는 호를 받으니, 금빛 찬란한 비단장삼에 금란 가사가 몸에 둘러지고 천하에 제일가는 음식이 입을 떠나지 않고 만조백관이 그의 앞에서는 꼼짝 달싹도 못하고, 또 왕은 항상 그를 자기와 똑 같은 봉연에 태우고 정치를 자문하니 세상에 그보다 더 높은 사람은 없었습니다. 오달조사도 자기도 모르는 사이에 어깨가 으쓱해졌습니다. 그래서 지난날의 계행은 간 곳이 없고 4십여년 동안 길들여온 오후불식도 하지 않았습니다

그런데 하루는 이상하게도 넓적다리가 쓰리고 아팠습니다. 만져보니 난데 없는 혹이 하나 났는데 시시각각으로 커져 사람의 머리만 하였습니다. 그런데 그 혹에는 머리도 나고 코도 있고 눈도 생겨 필시 사람의 얼굴과 꼭 같았습니다. 걸음을 걸으면 쓰리고 아파 견딜수가 없으므로 저절로 얼굴이 찡그려졌습니다. 항상 자비로운 상호를 떠나지 않았던 그가 국사가 되어 얼굴을 찌푸리고 험상궂은 상호로 만조백관을 대하게 되니 세상에 그 보다 더 괴롭고 아픈 일은 없었습니다. 좋다는 약은 다 써 보아도 낫지 않았습니다.

그런데 하루는 그 아픈 곳에서 사람 소리가 났습니다. 밤중이 되어 가만히 옷을 벗고 들여다 보니 어쩌면 그렇게도 사람의 얼굴과 같은 창(瘡)인지… 그래서 인면창(人面瘡)이라 부르게 되었습니다.

그리고 그 인면창이 말을 했다. "오달아 너만 그 좋은 음식을 먹지 말고 나도 좀 다오. 그리고 걸음을 걸을 때는 제발 조심조심 걸어 나를 좀 아프지 않게 해다오. 네가 다리를 절둑 거리지 않을려고 억지로 걸음을 걸을 때마다 나는 얼굴이 씻겨 아파 견딜 수가 없구나."

오달은 깜짝 놀라, "네가 도대체 누구인데 나를 이렇게 괴롭히는

거냐? 도대체 말이나 해 보아라." 하였습니다.

그러나 인면창은 입을 꼭 다물었습니다.

오달 조사는 왈칵 소름이 끼쳤고, 창피하여 견딜 수가 없었습니다.

그는 어느날 밤 몇 년 전에 일러 주시고 가던 그 노장스님이 생각났습니다.

"나는 다룡산 두 소나무 아래 영지 옆에 산다."

이 말이 생각이 나 오달 조사는 부귀고 영화고 다 팽개치고 야반도주를 하고 말았습니다. 다룡산 두 소나무 사이에 이르니 안개가 자욱히 끼었는데 어디서 이상한 풍경 소리가 들렸습니다. 가서 보니 한간 정자에 바로 그때 그 노장이 앉아서 말을 하는 것이었습니다.

"오늘 네 올 것을 기다리고 있었노라."

"스님, 이것 좀, 이것 좀 고쳐 주십시요. 이 놈이 나를 잡아 먹으려 합니다."

"그래, 내 이르지 않았더냐. 그것은 바로 너의 원수다. 어서 저 영지로 내려가 말끔히 씻어 버려라."

그 노장의 말을 듣고 오달 조사가 영지가 있는 곳으로 내려가자 인면창이 말했습니다.

"네가 나를 알겠느냐?"

"내가 어찌 너를 알 수 있겠느냐?"

"그럴 것이다. 그러나 나는 너를 잊지 않고 있었다. 나는 옛날 한 나라 경제(景帝)때 재상 착오(錯誤)다. 네가 오 나라의 재상인 원익

(袁盎)으로 있을 때 우리나라의 사신으로 왔다가 무슨 오해를 가졌던지 경제 임금께 참소하여 나를 무고히 죽게 하였다. 그런데 네가 세세생생 중이 되어 계행을 청정히 지니고 마음 닦기를 게을리 하지 않아 좀체 틈을 얻지 못하였더니 마침 네가 국사가 되어 계행이 해이해지고 수도에 구멍이 나 모든 선신이 너를 버리고 떠나가는 바람에 내 너를 괴롭히려고 인면창으로 변해 오늘에 이르렀다. 하지만 너는 불심이 장해 많은 사람을 구제해 온 까닭으로 오늘 저 스님의 은혜를 입어 병을 낮게 되었으니, 이 못은 해관수(解寬水)라는 신천(神泉)으로 한번 씻으면 만병이 퇴치되고 묵은 원한이 함께 풀어지는 까닭이다. 저 스님은 말세에 화주로 다룡산에 계시는 빈두로존자(賓頭盧尊者)이니 보통 사람이 아니니라. 이러한 성현의 가피를 입어 너와 내가 세세에 원수를 풀고 참 도를 구해 나아가게 되었으니 어찌 다행한 일이 아니냐. 그럼 잘 있거라!"

이렇게 말하고는 인면창은 감쪽같이 사라졌습니다.

오달국사는 그 동안에 해이해진 계행을 참회하고 그 물에 목욕 하니 병은 간 곳이 없고 몸은 날아갈듯 했습니다. 해관수에서 나와 아까 만났던 빈두로존자를 뵙고자 그곳을 찾았더니 소나무는 여전한데 정자와 사람은 간 곳이 없었습니다.

오달 조사는 이로부터 곧 나라에 사표를 쓰고 그곳에 안주하여 〈자비수참(慈悲水懺)〉을 짓고 아침 저녁으로 부지런히 참회하니 만 수행인에 본이 되고 시방제불의 찬탄한 바 되었던 것입니다.

이와 같이, 정진을 잘한다고 해서 전생의 업을 받지 않는 것은 아닙니다. 깨닫고 나서도 수행을 통해 탁한 기운을 정화시켜 나가는 것입니다.

# 본래 아무런 일이 없다

"도를 배우는 벗들이여! 대장부라면 본래 아무런 일이 없는 줄을 오늘에야 알 것이다. 다만 그대들은 믿음이 부족하여 생각생각 내달려 구하면서 자기 머리는 놓아두고 다른 머리를 찾느라 스스로 쉬지 못하는 것이다.

저 원교보살 돈교보살[圓頓菩薩]은 법계에 들어가 몸을 나타내어 정토에 있으며 범부를 싫어하고 성인을 좋아한다. 이런 무리는 취하고 버리는 마음을 잊지 못한다. 더럽다, 깨끗하다 하는 마음이 남아 있기 때문이다.

그러나 선종의 견해는 그렇지 않다. 바로 지금 이 순간이지 달리 다른 시절이 없다. 산승이 말하는 것은 모두가 병에 따라 그때그때 약을 쓰는 일회적인 처방일 뿐이다. 실다운 법이라고는 전혀 없다.

만약 이와 같이 볼 수만 있다면 참된 출가인이다. 하루에 만 냥의 황금을 쓸 수 있느니라."

道流 大丈夫兒 今日 方知本來無事 祇爲你信不及 念念馳求 捨
頭覓頭 自不能歇 如圓頓菩薩 入法界現身 向淨土中 厭凡忻聖
如此之流 取捨未忘 染淨心在 如禪宗見解 又且不然 直是現今
更無時節 山僧說處 皆是一期藥病相治 總無實法 若如是見得
是眞出家 日消萬兩黃金

**┃ 강설(講說) ┃**

'사두멱두(捨頭覓頭)' 즉, 자기 머리를 두고 밖으로 머리를 찾아다
닌다는 이야기는 나오는 야쥬냐닷타의 고사(故事)를 가리킵니다. 이
미 본래부터 깨달아 있는 불성을 간직한 수행자가 밖에서 불성을 찾
고 있는 형국입니다.

원돈보살(圓頓菩薩)은 대승불교 수행의 최고위에 도달한 성자(聖
者)를 가리킵니다. 하지만, 아직 '취사미망(取捨未忘)' 즉 "취하고 버
리는 마음을 잊지 못하고 있다"는 것입니다. 《증도가(證道歌)》에서
는, "망심(妄心)을 버리고 진리를 찾음이며, 버리고 찾는 마음, 거짓
을 이루게 된다. 학인(學人)이 이것을 요달하지 못하고 수행한다면
도적을 잘못 알아 아들이라고 하는 것과 같네." 라고 되어 있습니다.
'염정심재(染淨心在)'는 분별심이 아직 남아 있는 것을 말합니다.

약은 병을 치료하기 위한 것[藥病相治]입니다. 건강을 회복하면 약은 필요하지 않는데, 여기서 건강은 본래 무사(無事)함을 가리킵니다.

🕸 '일소만냥황금(日消萬兩黃金)'이란 매일 만금(萬金)의 공양을 받는다는 뜻입니다. 인도의 초기 불교교단에서 출가사문은 매일 걸식(乞食)을 하며 하루의 생활에 필요한 이상의 금전은 받아들일 수 없다는 엄한 계율이 있었습니다. 그러나 《근본설일체유부니타나(根本說一切有部尼陀那)》에는 "그대가 신심을 발해 출가하여 진실로 니르바나를 구하는 청정한 수행을 닦는다면, 이 사람이 입는 옷은 일억 원에 맞먹어야 할 것이다" 라는 부처님의 설법이 적혀 있습니다. 핵심은 진실한 신심에 있습니다. 다시 말하면, "진실한 신심이 없으면 한 숟가락의 밥을 먹어도 파계(破戒)인 것이다." 라는 가르침이 깔려 있습니다. 참된 신심을 바탕으로 한 거룩한 출가정신은 하루에 황금 만냥을 쓰는 삶과 같이 가치가 있다는 것입니다.

참된 출가란 무엇입니까? 참선을 통해 무념무심의 경지에 드는 것입니다. 그리하여 우주를 하나로 보고 동체대비심을 발하는 삶인 것입니다.

# 인가 받았다고 지껄이지 말아라

"도를 배우는 벗들이여! 그대들은 쉽사리 제방의 노사들에게 인가를 받아 가지고 '나는 선(禪)을 알고 도(道)를 안다'고 지껄이지 말아라. 설법이 폭포수처럼 말솜씨가 유창하다 하더라도 이는 모두 다 지옥 갈 업을 짓는 것이다.

만약 참되고 바르게 도를 배우는 이라면 세상의 허물을 찾지 않는다. 참되고 바른 견해를 구하는 일이 간절하고 급하다. 만약 참되고 바른 견해를 통달하여 뚜렷이 밝으면 비로소 일을 마쳤다고 할 수 있을 것이다."

道流 莫取次被諸方老師印破面門 道我解禪解道 辯似懸河 皆是
造地獄業 若是眞正學道人 不求世間過 切急要求眞正見解 若達

眞正見解圓明 方始了畢

**┃ 강설(講說) ┃**

아무리 선행을 베풀더라도 근본적인 깨침이 안 되면 환경에 따라 수시로 마음이 바뀌는 것입니다. 경허스님도 대강백으로서 불교를 안다고 자부했지만, 마을에 전염병이 들어 많은 사람들이 떼죽음을 당하는 현장을 목격한 후, 죽음의 공포를 느끼고 비로소 생사해탈을 위한 용맹정진을 해서 확철대오를 하게 됩니다. 이와 같이 정진과정에서 경계가 나타나면 수시로 스승의 점검을 받아봐야 합니다. 스스로 생각하되, 참되고 바른 견해를 통달하여 뚜렷이 밝지 않다면 인가(認可)를 받더라도 아무 소용이 없을 것입니다.

임제선사는 스승인 황벽스님이 인가한 뒤, 깨달음의 증표를 주려하자 시자를 불러 태워버리려고 하였습니다. '나는 선(禪)을 알고 도(道)를 안다'고 생각하는 순간, 거기에 주착(住着)하고 말아서 끝없이 초월하는 향상일로(向上一路)는 종언을 고하고 맙니다. 그 어디에도 머물지 않고 끝없이 정진하는 가풍 속에서 마침내 참되고 바른 견해를 통달하여 조사가 될 분수가 있게 됩니다.

# 어디에도 의지함이 없는 도인

[無依道人]

"무엇이 참되고 올바른 견해입니까?"

"그대들은 언제 어디서나 범부에도 들어가고 성인에도 들어가며 더러움에도 들어가고 깨끗함에도 들어간다. 모든 부처님 나라에도 들어가고 미륵의 누각에도 들어가며 비로자나불의 법계에도 들어가서 곳곳마다 국토를 나타내며 성·주·괴·공(成住壞空)을 한다.

부처님께서는 세간에 출현하셔서 큰 법륜을 굴리고 다시 열반에 드시지만 가고 오는 모양을 볼 수가 없다. 그 자리에서는 생사를 찾아도 마침내 찾을 길이 없다. 곧 무생(無生) 법계에 들어가 곳곳에서 국토를 노닌다. 화장세계에도 들어가 모든 법이 다 텅 비어 있어서 전혀 실다운 법이 없음을 모두 본다."

오직 법을 듣는 사람, 어디에도 의지함이 없는 도인이 모든 부처님의 어머니다. 그러므로 부처는 의지함이 없는 데서 생겨난다. 만약 의지함이 없음을 깨닫는다면 부처라는 것도 얻을 것이 없다. 만약 이와 같이 보게 된다면 이것이야말로 참되고 올바른 견해인 것이다."

問 如何是眞正見解 師云 你但一切入凡入聖 入染入淨 入諸佛國土 入彌勒樓閣 入毘盧遮那法界 處處皆現國土 成住壞空 佛出于世 轉大法輪 却入涅槃 不見有去來相貌 求其生死 了不可得 便入無生法界 處處游履國土 入華藏世界 盡見諸法空相 皆無實法 唯有聽法無依道人 是諸佛之母 所以 佛從無依生 若悟無依 佛亦無得 若如是見得 是眞正見解

## | 강설(講說) |

'입범입성(入凡入聖)' 즉, "범부에도 들어가고 성인에도 들어간다"는 것은《화엄경》입법계품(入法界品)의 내용을 기초로 한 법문입니다. 참된 견해를 깨달은 사람은 범부와 성인[凡聖]을 자기 일심(一心)의 현현이라고 본다는 뜻입니다.

석가모니부처님의 생애에서 일어난 주요한 사건을 팔상성도(八相成道)라고 부르는데, 여기서는 부처님의 오고 가심을 가유(假有)라고 봅니다.

무생법계(無生法界)는 본래부터 나고 죽음이 없는 불생불멸(不生不滅)의 세계 즉. 이(理)의 세계를 말합니다. 아울러 화장세계(華藏世

界)는 연화장세계(蓮華藏世界)의 약칭으로서 인과동시적(因果同時的)인 무생사(無生死)의 세계를 뜻합니다.

참되고 올바른 견해는 정견(正見)을 말합니다. 성철스님은 "눈 먼 사람이 눈 먼 사람을 어떻게 제도할 수 있겠는가?" 하였습니다. 《금강경오가해》에서 깨닫지 못한 사람이 법을 설해서는 안됩니다.

집착의 끈을 놓는 것이 수행입니다. 그리하여 그 무엇에도 의지함이 없는 도인이 되어야 생사와 오고감이 없는 마음자리에 계합하게 됩니다. 근기가 다양한 중생을 상대로 법을 설할 때는 집착함이 없는 법을 써야 할 것입니다.

# 찾을수록 멀어진다

"도를 배우는 사람들이 그것을 알지 못하고 명칭과 글귀에 집착하여 범부니 성인이니 하는 이름에 구애되므로 도안[道眼]이 막혀 분명히 알지 못하는 것이다. 다만 저 십이분교(十二分敎)도 모두 이치를 보여주기 위한 설법인데 공부하는 사람들이 이를 알지 못하고 겉으로 드러난 명칭이나 글귀에서 알음알이를 낸다. 이것은 모두 무엇에 의지하고 기댄 것이라서 인과에 떨어지며 삼계에서 생사에 윤회함을 면하지 못할 것이다.

그대들이 만약 나고 죽음과 가고 머무름을 벗어나 자유롭기를 바란다면 지금 법문을 듣는 그 사람을 알도록 하여라. 이 사람은 형체도 없고 모양도 없으며, 뿌리도 없고 바탕도 없으며 머무는 곳도 없다. 활발발하게 살아 움직이고, 수만 가지 상황에 맞추어 펼친다. 그러나 그와 같은 작용에도 정해진 곳이 없다. 그러므로 찾을수록 더욱 멀어지고 구할수록 더욱 어긋난다. 그것을 일러 비밀이라고 부르는 것이다."

學人 不了 爲執名句 被他凡聖名礙 所以 障其道眼 不得分明
祇如十二分敎 皆是表顯之說 學者不會 便向表顯名句上生解 皆
是依倚 落在因果 未免 三界生死 你若欲得生死去住脫著自由
卽今識取聽法底人 無形無相 無根無本 無住處 活鱍鱍地 應是
萬種施設 用處祇是無處 所以 覓著轉遠 求之轉乖 號之爲祕密

## ┃ 강설(講說) ┃

이 법문에서 도안(道眼)이란 누구나 본래 갖추고 있는 진정한 참된 견해를 말하는데, 눈을 뜨지 못한 상태에서 보는 경은 알음알이만 키우고 아무 이익이 없습니다.

'활발발지(活潑潑地)'는 물고기가 파득파득 뛰는 모습으로, 청법저인(聽法底人: 법문 듣는 그 사람) 즉 자성의 자재함을 나타냅니다. 물론 '법문 듣는 그 사람'을 마음으로 표현하면 알아듣기는 더 좋을듯 합니다.

구하고자 하는 마음, 조금이라도 집착이 묻어있는 마음으로 하는 정진은 진리와는 더욱 멀어지는 길입니다. 그래서 최후의 집착인 깨달음이나 열반에 대해서도 찾고 구하는 생각을 내어서는 안됩니다.

늘 한결같은 원력으로 구함 없이 무소구행(無所求行)을 실천해야 닦는 바 없이 닦는 무수지수(無修之修)가 가능하게 됩니다.

❀ 비가 오고 바람이 분다고 하늘을 향해 어쩔 것입니까? 그냥 인연으로 받아들이면 되는 것입니다. 모든 경이 하나의 마음자리에서 나온 것이므로 눈을 뜨고 보면 다 통하는 것입니다.

# 인생의 덧없음

"도를 배우는 벗들이여! 그대들은 이 꿈 같고 허깨비 같은 몸뚱이를 잘못 알지 말라. 머지않아 머뭇거리는 사이에 곧 덧없음[無常]으로 돌아갈 것이다. 그대들은 이 세계 속에서 무엇을 찾아 해탈을 하겠느냐?

그저 밥 한술 찾아먹고 누더기를 꿰매며 시간을 보내는구나. 무엇보다 중요한 것은 선지식을 찾아 참문(參問)하는 일이다. 그럭저럭 즐거운 일이나 쫓아 지내지 말라. 시간을 아껴라. 순간순간 덧없이 흘러가서 크게 보면 지·수·화·풍이 흩어지는 것이고, 미세하게는 생·주·이·멸(生住異滅)의 네 가지 변화에 쫓기고 있다.

도를 배우는 벗들이여! 지금으로서 가장 중요한 것은 네 가지 지수화풍과 생주이멸의 형상 없는 경계[四種無相境]를 잘 알아서 그 경계에 휘말리지 않도록 하는 일이다."

道流 你莫認著箇夢幻伴子 暹晚中間 便歸無常 你向此世界中
覓箇什麼物作解脫 覓取一口飯喫 補毳過時 且要訪尋知識 莫因
循逐樂 光陰 可惜 念念無常 麤則被地水火風 細則被生住異滅
四相所逼 道流 今時 且要識取四種無相境 免被境擺撲

## | 강설(講說) |

중생의 삶은 허망한 육신을 먹여 살리느라 연극 같은 인생에 속아
귀중한 세월을 낭비하고 있는 형국입니다.

그러나 정신을 차려 제대로 발심한 후 선지식을 참문해 바른 수행
을 한다면 '사종무상경(四種無相境)'에 들 수도 있습니다. '사종무상
경'이란 일념(一念) 중에 4상(四相: 地水火風)을 초월한 세계에 들어
감을 가리킵니다.

고인들은 "도를 닦을 때는 한 생 안 태어난 셈 쳐야 한다"고 했습
니다. 한 분의 도인이 탄생한다면 천년이 지나도 빛이 사라지지 않는
것입니다. 도를 제대로 닦으려면 무상한 몸을 믿어서는 안됩니다.

보통 나이 든 분들이 "삭신이 아프다"고들 하는데 '삭신'이 아니고
사실은 '색신(色身)'입니다. 색신의 생주이멸은 대상을 쫓는 삶입니
다. 아주 오래 전 광음의 중생계는 빛을 음식으로 삼아 물질이 구성
되어도 탁하지 않았다고 합니다. 무게가 없으니 비행도 자재할 수 있

고 생각대로 움직였는데, 탁한 음식을 먹음으로써 남녀의 구분이 생기고 자식이 생기므로 해서 욕심이 생겨 수명이 단축된 것 이라고 합니다. 금강경의 "발(發) 아뇩다라삼먁삼보리[무상정등정각]"를 생각해 보십시오. 중생놀음을 마치기 위해서는 발심이 전제되어야 합니다.

❀ '몽환반자(夢幻伴子)'란 꿈이나 환상에 의지한 것과 같은 허망한 육신을 말합니다. '멱취일구반끽(覓取一口飯喫)'이란 한 그릇의 밥을 찾아먹거나 옷을 주워입으면서 시간을 보내고 있다는 뜻입니다.

# 네 가지 형상 없는 경계

"무엇이 네 가지 형상 없는 경계[四種無相境]입니까?"

"그대들의 한 생각 의심하는 마음이 흙이 되어 가로 막으며, 한 생각 애착하는 마음이 물이 되어 빠지게 하며, 한 생각 성내는 마음이 불이 되어 타게 하며, 한 생각 기뻐하는 마음이 바람이 되어 흔들리게 하는 것이다. 만약 이렇게 알아낼 수 있다면 경계에 끄달리지 않고 가는 곳마다 경계를 활용 할 것이다.

동쪽에서 나타났다가 서쪽으로 사라지고, 남쪽에서 나타났다가 북쪽에서 사라지고, 가운데서 나타났다가 가장자리에서 사라지고, 가장자리에서 나타났다가 가운데서 사라진다. 땅을 밟듯 물을 밟고, 물을 밟듯 땅을 밟는다.

어째서 그런가? 사대육신(四大肉身)은 꿈과 같고 허깨비 같은 줄 통달하였기 때문이다."

問 如何是四種無相境 師云 你一念心疑 被地來礙 你一念心愛
被水來溺 你一念心瞋 被火來燒 你一念心喜 被風來飄 若能如
是辨得 不被境轉 處處用境 東涌西沒 南涌北沒 中涌邊沒 邊涌
中沒 履水如地 履地如水 緣何如此 爲達四大如夢如幻故

**❘ 강설(講說) ❘**

경계를 자재하게 사용하는 경지를 육종진동(六種震動)과 십팔신
변(十八神變)의 표현을 빌어서 설명한 부분입니다. 법문을 볼 때 임
제스님은 육신을 자유자재로 쓰는 경지에 있었음을 알 수 있습니다.

임제스님은 의심하는 한 생각이 생기면 그 의심이 본래 마음을 어
둡게 하는 것이라 말합니다. 예를 들어 애욕에 빠지면 애욕이 물이
되어 거기에 빠지게 된다는 것입니다. 의심하는 한 생각 때문에 업력
에 빠지는데, 이럴 수록 해탈이 점점 어려워지는 것입니다. 사람들이
화를 낼 때 독소 물질이 분비되면서 뇌혈관이 파괴된다고 하는 것도
업력에 지배당하는 한 예가 될 것입니다. 지, 수, 화, 풍이란 이름에
집착하지 않으면 물 따로, 흙 따로가 아니므로 비행 자재 등 온갖 신
통이 가능할 수 있다는 것입니다.

❀ 이 법문에서는 지수화풍(地水火風)의 4상(四相)을 의(疑) · 애(愛) · 진
(瞋) · 희(喜)의 네 가지 정념(情念)에 비유하고 있습니다. 용수보살의 《대

지도론(大智度論)》에는 "지(地)는 견중(堅重)의 상(相), 수(水)는 냉습(冷濕)의 상, 화(火)는 열조(熱照)의 상, 풍(風)은 경동(輕動)의 상"이라고 되어 있습니다.

경(境)은 객관 대상(對象)을 말합니다. '불피경전(不被境轉)'이란 외부의 경계에 이끌리거나 휩쓸리지 않고 자유로움을 말합니다.

# 그대가 살아있는 문수다

"도를 배우는 벗들이여! 지금 법문을 듣고 있는 것은 그대들의 사대육신이 아니지만 그대들의 사대육신을 능숙하게 활용할 줄 안다. 만약 이와 같이 볼 수만 있다면 가고 머무름에 자유자재가 될 것이다. 나의 견해에 의하면 아무것도 꺼려할 것이 없는 이치다.

그대들이 성인을 좋아하지만 성인이란 성인이라는 이름일 뿐이다. 어떤 수행하는 이들은 모두 오대산에 가서 문수보살을 친견하려 한다. 그러나 그것은 벌써 틀린 일이다. 오대산에는 문수가 없다. 문수를 알고 싶은가? 다만 그대들의 눈앞에서 작용하는 그것, 처음과 끝이 다르지 않고 어딜 가든지 의심할 것 없는 그것이 바로 살아 있는 문수다.

그대들의 한 생각 차별 없는 빛이 어디에나 두루 비치는 것이 진짜 보현보살이고, 그대들의 한 생각 마음이 스스로 결박을 풀 줄 알아서 어딜 가나 해탈하는 그것이 바로 관음보살의 삼매법(觀音三昧法)이다.

　서로 주인도 되고 벗도 되어 나올 때는 한꺼번에 나오니 하나가 셋이고 셋이 하나다. 이와 같이 알 수 있다면 비로소 경전에 설해져 있는 가르침을 잘 보는 것이다."

　道流 你祇今聽法者 不是你四大 能用你四大 若能如是見得 便乃去住自由 約山僧見處 勿嫌底法 你若愛聖 聖者 聖之名 有一般學人 向五臺山裏求文殊 早錯了也 五臺山 無文殊 你欲識文殊麼 祇你目前用處 始終不異 處處不疑 此箇是活文殊 你一念心無差別光 處處總是眞普賢 你一念心自能解縛 隨處解脫 此是觀音三昧法 互爲主伴 出則一時出 一卽三三卽一 如是解得 始好看敎

**┃ 강설(講說) ┃**

　문수보살이 상주한다는 오대산(五臺山)은 중국 산서성(山西省)에 위치해 있습니다. 당대(唐代)에는 화엄사상의 유행에 따라《화엄경》에서 설해있는 문수보살의 영장(靈場)이 이 산의 동북방 청량산(淸涼山)에 있다는 성지신앙(聖地信仰)이 비롯되었다고 전해집니다.

　우리나라에서는 강원도 평창군 진부면에 위치한 오대산이 중국의 오대산처럼 '문수보살이 상주하는 성지'로 알려져 있습니다. 신라 신문왕의 아들인 효명 왕자가 오대산에 들어와 차를 달여 문수보살에게 공양을 올리다가 서라벌로 돌아와 왕위에 올라 효소왕이 되었다고 합니다. 그는 재위 4년때인 696년에 지금의 상원사터에 '진여원(眞如阮)'을 창건하여 문수보살상(문수동자좌상)을 봉안했고 20년 후에는 동종(국보 제36호)을 조성했습니다. 한강의 발원지인 '우통수'가 인근에 위치하기도 한 상원사는 문수보살의 가피(加被) 영험이 전하는 기도도량으로 이름이 높습니다. 조선시대 세조가 문수보살을 친견하고 진여원을 중창하고 문수보살상을 조성해 원찰(願刹)로 삼은 이야기와 효명 왕자의 설화는 지금도 생생하게 대중들에게 회자되고 있습니다.

그러나 문수보살 또한 지혜의 상징으로 이름 붙인 것에 지나지 않습니다. 일체를 하나의 마음으로 보고 쓸 수 있을 때 그대가 바로 문수입니다. 임제스님은 이와 같은 간경의 바른 눈을 갖추지 못하고 경을 읽는 것은 무의미하다며, 안목을 갖추기 전의 간경간교(看經看敎)는 바로 업을 짓는 것이라고 강조했습니다. "지금 법문을 듣고 있는" 형상 없는 사람(自性)을 깨달을 때 비로소 경(經)과 논(論)을 볼 자격이 생긴다는 것입니다.

의상대사의 법성계에 "일미진중함시방(一微塵中含十方)"이란 말씀이 나오듯이, 한 티끌도 우주의 주인인 것입니다. 주종(主從)관계에서는 절대로 평화가 있을 수 없습니다. 근본자리에서는 모두가 '체

(體)'차원의 실상입니다. 그러나 나누어서 삼신불을 말할 때 달리 설명할 뿐입니다. 실상인 법신(法身)을 하늘에 존재하는 달이라 할 때, 보신(報身)은 그 작용인 달빛이요, 형상인 화신(化身)은 물에 비친 달이나 '달이라는 말'이 해당될 수 있습니다. 그러나 이 삼신은 본래 하나여서 삼위일체(三位一體)라고 하는 것입니다.

# 중요한 것은
# 스스로를 믿는 것

임제선사께서 대중에게 말씀하셨다.

"오늘날 도를 배우는 사람들에게 무엇보다 중요한 것은 스스로를 믿는 것이다. 밖으로는 찾지 말라. 모두 다 저 부질없는 경계들을 받들어서 도무지 삿된 것과 바른 것을 구분하지 못하고 있다. 예컨대 조사니 부처니 하는 것은 모두 다 교학의 자취 가운데 일이다. 어떤 사람이 한 마디 말을 거론했을 때 혹 그 말의 뜻이 은연중에 나온 것이라면 곧 바로 의심을 내어 이리저리 온갖 생각을 다해 보며 천지를 뒤진다. 또 옆 사람을 찾아가 물으며 몹시 바빠서 정신없이 서둔다.

대장부라면 이렇게 주인이니 도적이니, 옳거니 그르거니, 색(色)이니 재물(財)이니 하며 쓸데없는 이야기로 세월을 보내지 말라. 산승의 이곳에는 승속을 논하지 않고 다만 찾아오는 사람이 있으면 모두

다 알아내 버리고 만다. 그들이 어디서 오던 간에 그들은 다만 소리나 명칭이나 문자나 글귀만 가지고 있을 뿐이다. 그것은 모두가 꿈이나 허깨비이다."

師 示衆云 如今學道人 且要自信 莫向外覓 總上他閑塵境 都不辨邪正 祇如有祖有佛 皆是敎迹中事 有人 拈起一句子語 或隱顯中出 便卽疑生 照天照地 傍家尋問 也太忙然 大丈夫兒 莫祇麼論主論賊 論是論非 論色論財 論說閑話過日 山僧此間 不論僧俗 但有來者 盡識得伊 任伊向甚處出來 但有聲名文句 皆是夢幻

**│ 강설(講說) │**

임제스님은 스스로를 믿는 '자신(自信)'에 대해 법문하고 계십니다. 《마조어록》에서는 "그대들의 마음이 바로 부처이며, 이 마음이 바로 부처임을 스스로 굳게 믿으라"고 보다 구체적으로 기술되어 있습니다. 선(禪)에서도 염불과 같이 믿음[信]을 매우 강조하고 있는 것입니다.

선(禪)을 제대로 닦기 위해서는 온갖 지식과 분별심을 버려야 합니다. 오늘날 각가지 수행법이 난무하고 어느 것이 최고니 하는 말들은 모두 한국불교가 그만큼 정체성이 없다는 반증이기도 합니다. 전통불교와 달리 오히려 신흥불교인 원불교는 불상을 모시지 않고 하

나의 도리를 상징하는 일원상(一圓相)에서 시작합니다. 교육수준 역
시 조계종을 능가하고 있는 것이 현실입니다.

# 물에 비친 달처럼

"다시 경계를 부리는 사람들을 보니 여기에는 모든 부처님의 깊은 뜻이 드러나 있다. 부처님의 경지는 '나는 부처의 경지다' 라고 스스로 말하는 것이 아니다. 도리어 의지함이 없는 이 도인이 경계를 타고 나타난다.

만약 어떤 사람이 와서 내게 부처가 되는 길을 묻는다면 나는 즉시 청정한 경지에 맞추어서 응대해준다. 어떤 사람이 내게 보살을 묻는다면 나는 곧 자비의 경지에 맞추어서 응대해준다. 또 어떤 사람이 보리를 묻는다면 나는 곧 깨끗하고 오묘한 경지에 맞추어서 응대해준다. 또 어떤 사람이 열반을 묻는다면 나는 곧 고요한 경지에 맞추어서 응대해 준다. 경계는 수만 가지로 차별하지만 사람은 차별이 없다. 그러므로 사람에 응하여 형상을 나타내는 것은 마치 물속에 비친 달과 같다."

却見乘境底人 是諸佛之玄旨 佛境 不能自稱我是佛境 還是這箇
無依道人 乘境出來 若有人 出來 問我求佛 我卽應淸淨境出 有
人 問我菩薩 我卽應慈悲境出 有人 問我菩提 我卽應淨妙境出
有人 問我涅槃 我卽應寂靜境出 境卽萬般差別 人卽不別 所以
應物現形 如水中月

**| 강설(講說) |**

'승경저인(乘境底人)'은 적극적으로 경계(境界)나 명구(名句)를 사
용하는 사람을 말합니다.

'아즉응청정경출(我卽應淸淨境出)'은 여래(如來)의 몸으로써 제도
할 자는 여래의 모습[자성청정의 경지]를 나타낸다는 뜻입니다. 여
기서 '응(應)'은 상응(相應) 또는 감응(感應)이란 뜻으로 상대방의 바
람에 맞추는 것을 말합니다.

컵의 물에는 컵에 알맞게 달이 비치고 흐르는 물에는 흐르는 물에
알맞게 달이 비칩니다. 그러나 그것은 모두 화신(化身)일 뿐입니다.
중생을 교화하기 위해 그런 형식을 취할 뿐이며, 그것은 모두 환영에
불과합니다. 참사람은 결코 그런 경계가 아니라는 것입니다.

누군가 "관세음보살의 천수천안을 일러보십시오." 하고 물었을때,
그것은 단지 이름일 뿐이니 입을 떼면 그르치고 맙니다.

어떤 스님이 경을 열심히 읽고 있는데 누가 묻기를 "스님, 지금 무슨 경을 읽고 있습니까?" 하니, "유마경을 읽고 있습니다." 하고 대답합니다. 그러자 "그거 말고 진짜 경을 일러 보시오." 하고 되묻습니다. 부처님은 일생 동안 마음을 설하신 것이니 이 또한 입을 떼면 그르치고 맙니다.

어떤 스님이 "불법의 대의가 무엇입니까?" 하니, "할!"을 했다가 얻어맞았습니다. 어찌하면 맞지 않겠습니까? 이럴 때는 말 대신 감사 차원의 인사를 해야 합니다.

이와 같이 스승이나 학인은 그때 그때 근기에 맞는 방편을 써야 하는 것입니다.

# 지금 바로 작용하는
# '이것'을 믿어라

"도를 배우는 벗들이여! 그대들이 만약 여법(如法)하고자 한다면 반드시 대장부라야 비로소 할 수 있다. 시들시들하고 나약하게 흐느적거려서는 안 된다. 깨어진 그릇에는 제호(醍醐)같은 좋은 음식을 담을 수 없기 때문이다. 예컨대 큰 그릇이라면 다른 사람의 미혹을 받지 않고 어딜 가나 주인이 되어 그가 선 자리 그대로가 모두 참다운 삶이 된다.

다만 찾아오는 사람이 있더라도 모두 받아들이지 말라. 그대들이 한 생각 의심하면 곧 마(魔)가 마음속으로 들어온다. 만약 보살이라도 의심을 내면 생사의 마군이 그 틈을 얻게 된다. 다만 생각을 쉬기만 하면 된다. 다시 바깥으로 구하지 말라. 사람이 다가오면 오는 대로 곧 비춰보라.

그대들이 지금 바로 작용하는 이것을 믿기만 하면 아무런 일이 없다. 그대들의 한 생각 마음이 삼계를 만들어내고 인연을 따라 경계에 끄달려서 육진경계로 나누어진다. 그대들이 지금 응하여 쓰는 그곳에서 무슨 모자람이 있겠는가? 한 찰나 사이에 깨끗한 국토에도 들어가고 더러운 국토에도 들어가며, 미륵의 누각에도 들어가고 삼안국토(三眼國土)에도 들어가서 곳곳을 다니지만 오직 텅 빈 이름뿐이다."

道流 你若欲得如法 直須是大丈夫兒 始得 若萎萎隨隨地 則不得也 夫如䑛瓤嘎之器 不堪貯醍醐 如大器者 直要不受人惑 隨處作主 立處皆眞 但有來者 皆不得受 你一念疑 卽魔入心 如菩薩 疑時 生死魔得便 但能息念 更莫外求 物來卽照
你但信現今用底 一箇事也無 你一念心生三界 隨緣被境 分爲六塵 你如今應用處 欠少什麼 一刹那間 便入淨入穢 入彌勒樓閣 入三眼國土 處處游履 唯見空名

| 강설(講說) |

'여법하다'는 것은 경계가 본래 없다, 형상이 있든 없든 본래 하나라는 뜻입니다. 마(魔)라는 것은 말이나 형상에 끄달리는 것을 말합니다. 아무리 좋은 가르침이라도 형상에 끄달리는, 그릇이 아닌 사람에게는 절대 전해서는 안 되는 것입니다. 큰 그릇은 다른 사람의 미

혹을 받지 않고 어딜 가나 주인이 되는 사람을 말합니다. 이런 사람은 언제 어디서나 진실을 실현하는 힘이 있습니다.

티벳에서는 오직 경과 "옴 마니 반 메훔" 진언 소리가 끊이지 않는다고 합니다. 대장경 외우는 대회를 3년마다 1주일씩 진행하여 통과가 되면 위대한 학승으로 인정을 받는다고 합니다. 그러다보니 사찰 인근의 풀이나 나무가 모두 염불의 맑은 에너지에 영향을 받아 약초로 변해있다고 합니다.

🏵 '위위수수지(萎萎隨隨地)'는 나무나 풀이 시들어서 기운이 없이 축 처진 모습을 뜻합니다. 여기서는 인혹(人惑)을 받아 주체성이 없는 것을 상징하고 있습니다. 《전등록》 '약산(藥山)의 장(章)'에는 도오(道悟)스님이 약산스님에게 "화상은 어떻게 살아오셨습니까?" 하고 묻자, "나는 뒤틀리고 여위었지만 그런대로 살아왔네" 라고 대답하는 구절이 실려 있습니다.

# 마음 밖에 법이 없다

"무엇이 삼안국토입니까?"

"나는 그대들과 함께 청정하고 미묘한 국토에 들어가 청정한 옷을 입고 법신불을 설한다. 또 차별 없는 국토에 들어가 차별 없는 옷을 입고 보신불을 설한다. 또 해탈국토에 들어가 광명의 옷을 입고 화신불을 설한다. 이 삼안국토란 모두가 무엇에 의지하여 변화하는 것이다.

교학자(敎學者)들은 법신을 근본으로 하고 보신과 화신을 그 작용이라 하지만 산승이 보기에는 법신도 설법을 할 줄 모른다. 그러므로 옛사람이 말하기를 '몸이란 의미에 입각하여 말하고, 국토란 본체에 근거해서 논한다'고 하였다. 이렇게 법성신과 법성토는 건립되어진 법이고 무엇에 의지해야만 통하는 국토임을 분명히 알 수 있다. 빈주먹과 누런 잎사귀로 어린아이들을 속이는 것이다. 찔레가시와 마른 뼈다귀에서 무슨 국물을 찾겠는가?

마음 밖에는 법이 없고 마음 안에서도 얻을 바가 없는데 무엇을 찾겠는가?"

問 如何是三眼國土 師云 我共你入淨妙國土中 著淸淨衣 說法身佛 又入無差別國土中 著無差別衣 說報身佛 又入解脫國土中 著光明衣 說化身佛 此三眼國土 皆是依變 約經論家 取法身爲根本 報化二身爲用 山僧見處 法身卽不解說法 所以 古人 云身依義立 土據體論 法性身 法性土 明知是建立之法 依通國土 空拳黃葉 用誑小兒 蒺藜菱刺 枯骨上 覓什麽汁 心外無法 內亦不可得 求什麽物

**┃ 강설(講說) ┃**

삼안국토(三眼國土)는 본래《화엄경》'입법계품'에서 설해지는 선현비구(善現比丘)의 정토(淨土)입니다.《화엄합론(華嚴合論)》에서는 법안(法眼)·지안(智眼)·혜안(慧眼)의 세 가지를 들고 있으나 해석자에 따라 설명이 일정하지는 않습니다. 삼안(三眼)을 삼신(三身)으로 해석하고 있는 임제스님은 '삼안국토'는 따로 멀리서 구할 것이 아니라 지금 나와 함께 이야기를 나누는 그대들과 함께 있는 바로 이곳이라고 강조하고 있습니다.

정묘(淨妙)는 《관무량수경(觀無量壽經)》에서 설해지는 정토의 이름입니다. 청정의(淸淨衣)는 법신(法身)의 청정성(淸淨性)을 옷에 비유한 것입니다. 이와 같은 은유법은 조주(趙州)선사의 "보리 · 열반 · 진여 · 불성은 모두가 몸에 걸친 의복"이라는 법문에서도 보입니다.

우리가 사는 티끌세계를 예토(穢土)라 하고, 일심의 세계를 정토(淨土)라고 합니다. 이 하나의 마음을 쓸 수 있는 경계를 법신불이라 합니다. 진여당체(眞如當體)를 우리가 느끼지 못하지만, 진여당체와 둘이 아닌 대자연이 다 설법을 하고 있습니다. 우리가 영어를 못할때 손짓 발짓으로 통함은 보신불 차원의 경지입니다. 하지만 법신은 이심전심으로 통합니다. 결국 예토와 정토는 실질적으로 따로 있는 국토가 아닙니다. 일심을 증득해 하나의 도리로 통할 때 예토가 바로 정토가 되는 것입니다.

㊟ '공권황엽(空拳黃葉)' 즉, 빈주먹과 노란 종이돈은 어린아이를 달래기 위한 방법을 가리키며, 대장경을 비롯한 교학적인 방편을 지칭하기도 합니다. 부처님께서는 49년간 어리석은 중생을 달래며 깨우치기 위해 8만 4천 방편의 문을 여셨다는 비유입니다.

# 수행도 업 짓는 일

"그대들이 제방에서 닦을 것도 있고 깨칠 것도 있다고 말하는데 착각하지 말라. 설령 닦아서 얻는 것이 있다 하더라도 그것은 모두가 생사의 업이다. 그대들은 육도만행을 빠짐없이 닦는다고 하지만 내가 보기에는 모두 업 짓는 일이다. 그러므로 부처를 구하고 법을 구하는 것은 지옥의 업을 짓는 것이고, 보살을 구하는 것도 업을 짓는 것이며, 경을 보거나 가르침을 듣는 것도 또한 업을 짓는 것이다.

부처와 조사는 바로 일 없는 사람이다. 그러므로 부처와 조사에게는 억지가 있고 조작이 있는 유루유위(有漏有爲)와 조작 없이 저절로 그러한 무루무위(無漏無爲)가 다 청정한 업이 된다.

어떤 눈 먼 중들이 밥을 배불리 먹고 나서 곧 좌선하거나 관법을 하되 생각이 새어나가는 것을 꽉 붙들어 달아나지 못하게 한다. 또 시끄러운 것을 싫어하고 조용한 것만을 찾는데 이것은 다 외도의 법이다. 조사께서 말씀하시기를, '그대들이 만약 마음을 안주시켜 고요함을 보고, 마음을 일으켜 밖으로 관조하며, 마음을 가다듬어 안으로 맑히며, 마음을 한 곳으로 모아 정(定)에 든다면 이러한 것들은 모두가 조작이다.' 라고 하셨다.

그대들은 지금 이렇게 법문을 듣는 그 사람을 어떻게 닦고, 어떻게 증득하며, 어떻게 장엄하려 하는가? 그것은 닦을 물건이 아니며 장엄할 수 있는 물건도 아니다. 만약 그것을 장엄할 수 있다면 무엇이든지 다 장엄할 수 있을 것이니 그대들은 잘못 알지 말라."

你諸方 言道 有修有證 莫錯 設有修得者 皆是生死業 你言六度
萬行 齊修 我見皆是造業 求佛求法 卽是造地獄業 求菩薩 亦是
造業 看經看敎 亦是造業 佛與祖師 是無事人 所以 有漏有爲
無漏無爲 爲淸淨業 有一般瞎禿子 飽喫飯了 便坐禪觀行 把捉
念漏 不令放起 厭喧求靜 是外道法 祖師云 你若住心看靜 擧心
外照 攝心內澄 凝心入定 如是之流 皆是造作 是你如今與麼聽
法底人 作麼生擬修他證他莊嚴他 渠且不是修底物 不是莊嚴得
底物 若敎他莊嚴 一切物 卽莊嚴得 你且莫錯

**❚ 강설(講說) ❚**

'육도만행(六度萬行)'은 불도수행(佛道修行)의 조건으로서의 육바라밀을 말합니다. 보시(布施)·지계(持戒)·인욕(忍辱)·정진(精進)·선정(禪定)·지혜(智慧)·만행(萬行)은 대승보살이 닦는 모든 수행방편을 뜻합니다.

"어떤 눈 먼 중들이 밥을 배불리 먹고 나서 곧 좌선하거나 관법을 하되… 마음을 한 곳으로 모아 정(定)에 든다"는 '주심간정(住心看靜)' 이하의 구절은 하택신회(荷澤神會, 670~762)의 유명한 북종선(北宗禪) 비판의 구절이기도 합니다. 임제스님의 전통인 남종선은 마음을 어떻게 하려는 일체의 인위적인 수행법을 조작(操作)으로 간주하고 배척합니다.

이러한 관점에서 임제스님께서는 '마음을 어디에 두어야 하는지'를 말씀하고 계십니다. 실상에 대한 바른 이해가 되어야 올바른 수행을 할 수가 있기 때문입니다. 사실, 지금 우리가 하는 불교는 전부 마음 밖에서 하고 있다 해도 과언이 아닙니다. 무언가 얻으려고 하는 행위는 이미 수행이 아닙니다. 위빠사나와 아바타 수행 역시 근본적인 수행으로 보기가 어렵습니다. 흙탕물을 가만히 두면 가라앉으나 손을 집어넣으면 금새 흐려지듯이, 근본을 확실히 깨달아야 해결 되는 것이지 일시적으로 편안한 것은 참된 수행이 아니라는 것입니다.

진여실상은 본래 있는 것이므로 닦을 것도 얻을 것도 없는 것이라, 저절로 하나가 되는 것입니다. 깨쳤다는 생각을 일으켜도 깨친 것이 아닌 것입니다. 참으로 궁금해서 답답해져야 분심이 일어나고 발심이 되는 것입니다.

반야를 깨닫지 못하면 어떤 육바라밀을 닦아도 모두가 업이 됩니다. 예를 들어, 자원봉사와 같은 선업을 많이 지어놓으면 수행에 오히려 장애가 됩니다. 금생에는 복 짓느라, 다음 생에는 복 받느라 정신이 없습니다. 우리가 본래 부처이지만 부처의 삶을 살지 못하는 건 집착 때문입니다. 무엇이든 구하는 생각을 갖고 하면 다 업이 됩니다. 일 없는 사람[無事人]은 마음에 대상이 따로 없는 사람입니다. "배 고프면 밥 먹고 졸리면 잔다"고 하는 무심의 경지에 사는 분들이 선사들입니다.

저는 전생에 수행자로서 오직 깨닫고자 하는 마음으로 토굴에 혼자 살면서 경도 안 보고 부처님도 모시지 않고 정진만 했기에 사람들에게 베푼 게 없었습니다. 그래서 매년 정초에 노인정과 부녀회에 공양을 하고 경로잔치를 18년간 해오고 있습니다. 혜은사 대웅전을 짓기 전에는 매월 신도들과 함께 전국 유명사찰을 돌며 떡 공양을 했습니다. 아마도 그 공덕으로 불사를 할 수 있었던 것 같습니다.

위에서 임제스님이 좌선에 집착하는 것을 도가 아니라 하고, 행주좌와의 모양과 여러 경계에 집착하는 것은 바른 수행이 아니라고 했습니다. 남악회양 선사가 마조스님이 좌선에 집착하는 것을 벽돌 가는 법문으로 깨뜨렸듯이 일체의 조작하는 행위는 선(禪)이 아닙니다. 신라시대의 원효스님과 그의 스승 대안스님도 형식적인 수행에 대해서는 철저히 반대를 했습니다. 그래서 수좌들은 반드시 임제어록을 봐야 하는 것입니다. 어록을 보고 점검하고 끊임없이 보임을 해

야 합니다. 마음을 집중시키는 화두, 염불 등의 방편마저도 임제스님
의 경지에서는 대상이 있는 것이라 볼 수 있습니다. 내가 실상(實相)
을 깨쳤는가를 알기 위해서는 반드시 어록을 보고 스스로 점검을 해
봐야 하는 것입니다.

# 사자후에
# 뇌가 찢어진다

"도를 배우는 벗들이여! 그대들은 어떤 노스님들의 설법을 듣고 그것이 참된 도라고 여긴다. 이러한 선지식은 불가사의하다고 하면서 '나는 범부의 마음이니 감히 그 노스님의 뜻을 헤아려 볼 수 없다.'고 한다.

이 눈멀고 어리석은 사람아! 그대들의 일생을 이러한 견해에 사로잡혀 멀쩡한 두 눈을 막아버리고 산다. 추워서 벌벌 떠는 모습이 마치 빙판 위를 걸어가는 당나귀 새끼 같구나. 그리고 말하기를 '나는 감히 선지식을 비방하지 못한다. 입으로 짓는 업이 두렵다.' 고 하니라.

도를 배우는 벗들이여! 큰 선지식이라야 비로소 부처와 조사를 비방할 수 있고 천하의 선지식들을 옳다 그르다 할 수 있다. 그리고 경·율·논 삼장(三藏)의 가르침을 배척할 수도 있으며, 어린애 같은 모든 무리들을 꾸짖을 수 있다. 거슬리고 순종하는 경계 속에서 사람을 찾을 수 있다. 그러므로 나는 12년 동안 업의 성품을 찾았는데 겨자씨만큼도 찾을 수 없었다.

만약 새색시 같은 선사라면 절에서 쫓겨나서 밥을 얻어먹지 못할까 두렵고 불안해한다. 그러나 예로부터 뛰어난 선배는 가는 곳마다 사람들이 믿지 않아 쫓겨났다. 그리고 나중에야 비로소 귀한 사람인 줄 알았다. 만약 가는 곳마다 사람들이 인정해 준다면, 이런 사람이 무슨 쓸모가 있겠는가.

그러므로 한 번의 사자후에 여우의 머리통이 찢어지는 것이다."

道流 你取這一般老師口裏語 爲是眞道 是善知識 不思議 我是
凡夫心 不敢測度他老宿 瞎屢生 你一生 祇作這箇見解 辜負這
一雙眼 冷噤噤地 如凍凌上驢駒相似 我不敢毁善知識 怕生口業
道流 夫大善知識 始敢毁佛毁祖 是非天下 排斥三藏教 罵辱諸
小兒 向逆順中覓人 所以 我扵十二年中 求一箇業性 如芥子許
不可得 若似新婦子禪師 便卽怕趁出院 不與飯喫 不安不樂 自
古先輩 到處人不信 被趁出 始知是貴 若到處人盡肯 堪作什麽
所以 師子一吼 野干 腦裂

## | 강설(講說) |

부처님이 깨달은 실상의 내용은 반야심경에서 잘 설해져 있습니다. 이 반야심경은 남방불교에서도 꼭 외웁니다. 반야심경의 "물질과 정신의 작용이 다 공하다" 하는 이 순간에 우리가 깨닫는 것입니다. "아제 아제 바라아제 바라승아제"를 "(피안으로) 건너가자! 건너가자!"라고 번역하기 보다는 "정진하자, 정진하자!"로 바꾸면 더 좋을 듯 합니다. 위의 임제스님 법문을 보고 듣고도 못 알아듣는다면, 어렵다 말고 분심을 내어 발심을 하고 정진 또 정진해야 할 것입니다.

"뛰어난 선배"처럼 마음을 늘 한자리에 두고 있는 사람과 현실 속에서 시시비비하는 사람들과는 다를 수밖에 없습니다. 그래서 어리석은 다수의 중생 속에서 무애행을 하는 원효스님과 경허스님 같은 도인들은 따돌림을 당하게 되는 것이지요. 도를 깨달은 사람들만이 부처님이나 조사를 비방 하더라도, 무위법으로 차별 없이 쓸 수 있음을 사람들은 잘 모릅니다. 그분들에게는 경율론이 필요 없어지는 것입니다. 목적지에 도달하면 수단을 버리는 것처럼 말입니다. 물론 임제스님 역시 깨닫기 전에 6년동안 경율론 삼장을 배웠습니다. 그후 '나'가 없음을 깨닫게 된 것입니다.

# 평상심이 도다

"도를 배우는 벗들이여! 제방의 선지식들이 말하기를 도를 닦을 것이 있고 법을 깨칠 것이 있다고 하는데, 그대들은 무슨 법을 깨치며 무슨 도를 닦는다고 말하는가? 그대들이 지금 쓰고 있는 것에서 무슨 모자람이 있으며, 어떤 점을 닦고 보완한다는 것인가?

못난 후학들이 잘 모르고 이들 여우와 도깨비들을 믿어서 그들의 말과 행동을 받아들인다. 그리고는 다른 사람들까지 얽어매어 말하기를 '이치와 행이 서로 부합하고 삼업(三業)을 잘 보호하고 지켜야만 비로소 성불할 수 있다'고 한다. 이와 같이 말하는 자들은 봄날의 가랑비처럼 많다.

옛 사람이 이르기를 '길에서 도를 아는 사람을 만나거든, 무엇보다 도에 대해서 말하지 말라'고 하였다. 그러므로 말하기를 '만약 누구라도 도를 닦으면 도는 행해지지 않고 도리어 수만 가지 삿된 경계들이 다투어 생겨난다. 지혜의 칼을 뽑아들면 아무 것도 없다. 밝은 것이 나타나기 전에 어두운 것이 밝아진다.'고 하였다.

그러므로 또 옛사람이 말하기를, '평상의 마음이 바로 도(道)다'라고 한 것이다."

임제선사상(임제사)

道流 諸方 說有道可修 有法
可證 你說證何法修何道 你今
用處 欠少什麼物 修補何處 後生小阿師 不會 便卽信這般野狐
精魅 許他說事 繫縛他人 言道 理行 相應 護惜三業 始得成佛
如此說者 如春細雨 古人 云 路逢達道人 第一莫向道 所以 言
若人 修道 道不行 萬般邪境 競頭生 智劍 出來 無一物 明頭未
顯暗頭明 所以 古人 云 平常心 是道

**┃ 강설(講說) ┃**

"평상심이 도다" 할 때의 평상심은 집착이 없는 마음입니다. 임제 스님도 깨닫기 전에는 도를 닦는 것이라 여겨서 선방에서 꼼짝 않고 좌선을 했습니다. 그러나 지금 깨닫지 못한 수행자의 입장에서는 닦아야 합니다. 요즘 세상에서는 이치나 이론으로만 실상(實相)을 알리는 사람들이 너무도 많은 것 같습니다. 이론으로만 알고 정진하지 않는 것은 도깨비입니다. 간화선을 해야만 인정해주는 조계종의 현 풍토는 문제가 있습니다. 간화선 이전의 조사선, 언하에 대오하는 임제선의 가풍으로 돌아갈 필요가 있습니다.

# 그 마음 그대로
# 살아있는 할아버지다

"대덕이여! 무엇을 찾느냐? 지금 바로 눈앞에 법문을 듣는 그 사람, 아무것도 의지하지 않은 무의도인(無依道人)은 너무도 분명하고 결코 부족한 것이 없다.

그대들이 만약 할아버지 부처님[祖佛]과 다르지 않기를 바란다면 다만 이와 같이 보면 된다. 의심하여 그르치지 말라. 그대들의 순간순간의 마음이 다르지 않음을 이름하여 살아있는 할아버지[活祖]라 한다.

마음이 만약 다르면 성품과 형상이 다르게 되지만 마음이 다르지 않기 때문에 성품과 형상이 다르지 않다"

大德 覓什麼物 現今目前 聽法無依道人 歷歷地分明 未曾欠少

你若欲得與祖佛不別 但如是見 不用疑誤 你心心不異 名之活祖
心若有異 則性相 別 心不異故 卽性與相不別

**| 강설(講說) |**

조사스님과 같은 대덕은 '하나' 차원의 마음자리 곧 부처나 우주와
같은 성품을 쓰는 분들입니다. 그러나 중생들은 주관과 객관, 옳고
그름, 선과 악 등 이분법적 사고에 젖어있습니다. 부처님이나 조사님
처럼 마음을 쓰기 위해서는 지금 갖고 있는 하나의 마음자리만 확실
히 믿으면 됩니다. 무시(無始)로 익혀온 습관을 끊는 일이 쉽지가 않
습니다. 그래서 평상심 그대로 살아가는 무위행(無爲行)으로 남은 습
기를 제해가는 보임을 해야 하는 것입니다.

# 구함이 있으면 괴롭다

"무엇이 순간순간의 마음이 다르지 않은 경계입니까?"

"그대들이 물으려 하는 순간 벌써 달라져 버린 것이니 성품과 형상이 각각으로 나누어졌다. 도를 배우는 벗들이여! 착각하지 말라.

세간이나 출세간의 모든 법은 다 자성이 없으며, 또한 생멸의 성품도 없다. 그저 허망한 이름뿐이며 그 이름을 쓴 글자도 또한 텅 빈 것이다. 그대들은 이처럼 그 부질없는 이름을 진실한 것으로 알고 있으니 매우 잘못된 것이다. 설사 그러한 것들이 있다 하더라도 모두가 의지해서 변화한 경계들이다. 이른바 보리의 의지와 열반의 의지와 해탈의 의지와 세 가지 불신의 의지와 경계와 지혜의 의지와 보살의 의지와 부처의 의지 등이다.

그대들은 의지하여 변한 국토에서 무엇을 찾고 있느냐? 3승 12분교마저도 모두가 똥을 닦아낸 휴지다. 부처란 허깨비로 나타난 몸이며, 조사란 늙은 비구인데 그대들은 어머니가 낳아 주신 진짜의 몸이 있지 않는가.

그대들이 만약 부처를 구하면 부처라는 마군(魔群)에게 붙잡히고, 조사를 구하면 조사라는 마군에게 묶이게 된다. 그대들은 만약 구하는 것이 있으면 모두가 고통이니 아무 일 없느니만 못하느니라."

問 如何是心心不異處 師云 你擬問 早異了也 性相 各分 道流
莫錯 世出世諸法 皆無自性 亦無生性 但有空名 名字亦空 你祇
應認他閑名爲實 大錯了也 設有 皆是依變之境 有箇菩提依 涅
槃依 解脫依 三身依 境智依 菩薩依 佛依 你向依變國土中 覓
什麼物 乃至 三乘十二分教 皆是拭不淨故紙 佛是幻化身 祖是
老比丘 你還是娘生已否 你若求佛 即被佛魔攝 你若求祖 即被
祖魔縛 你若有求皆苦 不如無事

**┃ 강설(講說) ┃**

임제스님이 황벽스님에 세 번 법을 물으러 갔다가 세 번 방망이로 맞았다는 '삼도피타(三度被打)'의 그 순간, 아픈 사람과 아픔을 아는 사람이 둘이 아닌 상태가 바로 심심불이(心心不異)의 상태입니다. '삼도피타(三度被打)' 때 "왜 아프냐?", "왜 아프게 때리느냐?"고 하면 벌써 둘로 나눠져 버립니다.

"그대는 오히려 어머니가 낳아 주신 몸이 아닌가?" 하는 이 구절은 부처도 조사도 결국 우리들과 조금도 다름없는 인간이며, 어머니가 낳아 주신 몸으로 살다가 죽어간 사람들이라는 뜻입니다. 즉, 깨달음을 부처나 조사에게서 구하는 것은 참된 자신을 잊어버린다는 의미를 담고 있습니다.

보리, 열반, 해탈, 법신, 보신, 화신 모두가 경계에 따라 붙여진 이름일 뿐입니다. 원효스님이 깨달은 부분을 보아도 모든 것이 마음에 달려 있음을 알 수 있습니다. 여기서 이 '마음'은 분별하고 망상하는 '생각'이 아닌 '본래자리의 마음', 일심(一心)을 의미합니다.

❀ "모든 법은 다 자성이 없다"는 '개무자성(皆無自性)' 운운 한 것은 모든 존재에는 그 자체의 본질[自性]도 없으며, 무자성 그것으로부터 생겨나는 일도 없음을 말하고 있습니다. 원래 부처님의 가르침은 당시 인도의 철학적 견해를 초월한 것입니다. 또한 모든 형이상학적 맹신(盲信)을 거부한 것으로서 존재의 근원적 법칙을 파악하여 인간존재의 핵심에 깊은 지혜를 심어 주는 것이었습니다. 초기 불교의 정신을 계승한 용수보살은 공(空)의 사상을 확립, 불교의 근본정신은 언어나 개념의 그물로 짜여진 차별지의 세계에 있지 않다는 것을 명확히 했습니다. 마조(馬祖), 백장(百丈), 황벽(黃檗), 임제(臨濟)선사로 이어지는 홍주종(洪州宗)의 선종이 무엇보다도 구체적인 즉금(卽今; 바로 지금)의 인간을 강조하고 있는 것은 부처님의 참정신을 회복하기 위한 하나의 종교운동이었던 셈입니다.

# 형상 없음이
# 진실한 형상이다

"어떤 비구가 있어서 학인들을 향해 말하기를 '부처님은 최고의 궁극적인 경지이니 삼대 아승지겁 동안 수행하여 그 결과가 다 채워져서 비로소 도를 이룬 것이다.' 라고 한다.

도를 배우는 벗들이여! 그대들이 만약 부처를 최고의 궁극적인 경지라 한다면 어찌하여 부처님께서 80년 후에 쿠시나가라 성의 사라쌍수 사이에서 옆으로 누워 돌아가셨는가? 그리고 부처님은 지금 어디에 계시는가?

우리들의 생사와 다르지 않다는 것을 분명히 알리라. 그대들은 32상과 80종호가 부처님이라고 하는데, 그렇다면 전륜성왕도 마땅히 여래이어야 할 것이다. 그것은 환영이고 허깨비임을 분명히 알리라.

옛사람이 이르기를 '여래가 갖추신 몸의 모습은 세상의 인정을 따른 것이다. 사람들이 아무것도 없다는 단견을 갖게 될까봐 염려하시어 방편으로 세운 헛된 이름이다. 32상은 거짓 이름이고 80종호도 헛소리다. 몸이란 깨달음의 본체가 아니며, 형상 없음이 진실한 형상이다' 라 하였다."

有一般禿比丘 向學人道 佛是究竟 於三大阿僧祇劫 修行果滿 方始成道 道流 你若道佛是究竟 緣什麼 八十年後 向拘尸羅城 雙林樹間 側臥而死去 佛今何在 明知 與我生死不別 你言 三十二相八十種好 是佛 轉輪聖王 應是如來 明知是幻化 古人 云 如來舉身相 爲順世間情 恐人生斷見 權且立虛名 假言三十二 八十也空聲 有身 非覺體 無相 乃眞形

**┃ 강설(講說) ┃**

32상 80종호 과거생에 복을 지어 현생에 구족하신 모습입니다.

남방불교는 경전 위주의 불교이며, 북방불교는 경전을 똥 닦은 휴지 취급을 합니다. 그러다 보니 사실상 대화가 안됩니다.

"부처님은 지금 어디에 계시는가?" 하는 것은 용(用) 차원에서 묻는 질문입니다. 부처는 불생불멸인데 어디로 갈 것인가? 이 질문은 육신을 부처로 착각할까봐 임제스님이 노파심에서 한 말입니다. 육신에는 생사가 따르지만, 법신에는 생멸이 따로 없습니다.

🀰 '삼대아승지겁(三大阿僧祇劫)'에서 '겁(劫)'은 무한히 긴 시간을 말합

니다. 소승불교(小乘佛敎)에서는 성불(成佛)하기까지 많은 수행 시간이 필요하다고 설하는데, 그럴 때 등장하는 무한한 시간의 단위입니다.

32상 80종호(三十二相 八十種好)는 위대한 인물이 갖는 신체적 특징을 말합니다. 고대 인도에서는 이와 같은 모습을 갖고 있는 사람은 출가하면 무상(無上)의 각자(覺者)가 되며, 세간에서는 전륜성왕(轉輪聖王)이 된다는 믿음이 있었습니다.

# 땅으로 걸어 다니는 신통
[地行神通]

"그대들이 '부처님께서는 육신통이 있으시니 참으로 불가사의하다' 고 하는데, 여러 천신들과 신선과 아수라와 힘센 귀신들도 역시 신통이 있다. 이들도 마땅히 부처님이겠구나.

도를 배우는 벗들이여! 착각하지 말라. 아수라들이 제석천신들과 싸우다 지게 되면 팔만 사천의 권속들을 거느리고 연근 뿌리의 구멍 속으로 들어가 숨는다 하니, 이들도 성인이라 해야 하지 않겠는가. 내가 예를 든 것은 모두가 업의 신통이거나 의지한 신통들이다.

대저 부처님의 육신통이란 그런 것이 아니다. 물질의 경계에 들어가지만 물질의 미혹을 받지 않고, 소리의 경계에 들어가지만 소리의 미혹을 받지 않으며, 냄새의 경계에 들어가지만 냄새의 미혹을 받지 않고, 맛의 경계에 들어가지만 맛의 미혹을 받지 않는다. 감촉의 경계에 들어가지만 감촉에 미혹을 받지 않고, 법의 경계에 들어가지만 법의 경계의 미혹을 받지 않는다.

그러므로 색·성·향·미·촉·법, 이 여섯 가지가 모두 텅 비었음을 통달하고 있다. 어디에도 매이지 않는 무의도인을 속박할 수 없다. 비록 오온의 번뇌로 이루어진 몸이지만 바로 이것이 땅으로 걸어다니는 신통[地行神通]이니라."

你道 佛有六通 是不可思議 一切諸天 神仙阿修羅 大力鬼 亦有神通 應是佛否 道流 莫錯 祇如阿修羅 與天帝釋戰 戰敗 領八萬四千眷屬 入 藕絲孔中藏 莫是聖否 如山僧所擧 皆是業通依通 夫如佛六通者 不然 入色界不被色惑 入聲界不被聲惑 入香界不被香惑 入味界不被味惑 入觸界不被觸惑 入法界不被法惑 所以 達六種色聲香味觸法 皆是空相 不能繫縛此無依道人 雖是五蘊漏質 便是地行神通

**┃ 강설(講說) ┃**

육통(六通)이란 인간의 신비한 초능력에 관한 여섯 가지 분류방법입니다. 곧, 신족통(神足通)은 어느 장소든 자유로이 왕래할 수 있는 초능력, 천이통(天耳通)은 어느 곳의 소리든 들을 수 있는 초능력, 타심통(他心通)은 다른 사람의 생각을 꿰뚫어 이해하는 초능력, 숙명통(宿命通)은 전생의 운명을 아는 초능력, 천안통(天眼通)은 내세를 투시하여 보는 초능력, 누진통(漏盡通)은 번뇌를 완전히 소멸시켜 수 있는 능력을 말합니다. 제5통(第五通)까지는 제천신선(諸天神仙)도 얻을 수 있지만 제6 누진통은 붓다와 같은 완전한 각자(覺者)에게만 가능하다고 합니다.

일제강점기에 백양사 만암스님 열반하자 그 영정을 대처승이 모시고 있었다고 합니다. 한암스님이 영정을 모셔가려 해도 허락하지 않자 발가벗고 눈 속에서 정진하여 이기는 이가 모시기로 하여 모셔갔다는 설화처럼 삼매의 경지에서는 눈 속에서도 땀을 흘리게 되는 것입니다.

성철스님의 열반송에 "일생동안 남녀의 무리를 속여 그 죄업이 수미산을 이룬다"는 법문이 있습니다. 또 스님께서 대중 상대로 법문하시길 "너희들이 탐진치를 다 끊었다 하더라도 경계에 끄달린다면 말이나 소의 태중을 벗어나지 못한다. 또한 "탐진치를 다 끊고 육진경계를 다 벗어나 경계에 끄달리지 않더라도 '말'이나 '소'의 태중을 벗어날 수 없다"고 했습니다. 이를 이해하지 못하면 성철스님 법문은 절대로 알 수가 없습니다. 진여실상차원에는 '죄, 수미산, 소, 말, 태중'이란 말 또한 이름에 불과합니다. 유마거사의 "중생이 아프면 나도 아프다"란 법문 또한 '하나'차원의 가르침입니다.

성철스님은 본래 그 자리는 오고 감이 없는 것인데 당신의 친견을 위해 방편상이나마 많은 사람들이 3천배를 하고… 하는 일련의 일들이 모두 본래 없는 일이기에 속였다고 한 것입니다. 수행을 많이 하신 분조차 "남녀의 무리를 속여 죄를 많이 지어 지옥에 떨어졌다"고 설명한다면 어떻게 되겠습니까. 수없이 많은 남녀들이 사실이 아닌 것을 쫓음으로 오히려 성철스님의 허물이 됐다는 숨은 뜻을 모르고 있습니다. 따라서 성철스님의 게송은 '남녀의 무리를 제도해야 하나 제도 못한 것이 한이 된다.'는 의미를 담고 있습니다. 그리고 '둥근 수레'는 스님의 견처를 '하나'의 도리로 밝힌 것이며, '푸른 산'은 시원한 걸림 없는 해탈의 경지를 노래한 것입니다.

❀ 한편, 업통(業通)은 전세의 업에 의해서 얻은 신통력을 말합니다. 의통(依通)은 주술약품(呪術藥品)에 의해서 얻은 신통을 가리킵니다. 승조(僧肇)법사의 《보장론(寶藏論)》 '이미체정품(離微體淨品)'에는 도통(道通)·신통(神通)·의통(依通)·보통(報通)·요통(妖通)의 5통(五通)을 설하기도 합니다. 그러나 이러한 신통력의 분류는 편의상 나눈 것일 뿐입니다. 대승불교에서는 도(道), 신통 아닌 것이 없습니다.

# 만법이 의식이다

"도를 배우는 벗들이여! 참 부처는 형상이 없고 참된 법은 모양이 없다. 그대들은 그와 같은 변화로 나타난 허깨비에서 이런 모양을 짓고 저런 모양을 짓는구나. 설사 그런 것을 구하여 얻는다 하더라도 모두 여우의 혼령들이며 결코 참된 부처가 아니다. 이는 바로 외도의 견해인 것이다.

진정으로 도를 배우는 사람이라면 부처마저도 취하지 않으며 보살과 나한도 취하지 않고 삼계의 뛰어난 경계도 취하지 않을 것이다. 멀리 홀로 벗어나 사물에 전혀 구애되지 않는다.

하늘과 땅이 뒤집힌다 해도 나는 더 이상 의혹하지 않는다. 시방세계의 모든 부처님이 앞에 나타난다 하여도 한 생각도 기쁜 마음이 없다. 삼악도의 지옥(三塗地獄)이 갑자기 나타난다 하여도 한 생각도 두려운 마음이 없다. 어째서 그런가.

나는 모든 법은 공한 모습이라 변화하면 곧 있고 변화하지 않으면 없는 것으로 본다. 삼계는 오직 마음이고 만법은 오직 의식이기 때문이다. 그러므로 '꿈이요 환상이요 헛꽃인 것을 무엇 하려 수고로이 붙드려는가.' 라고 하였다."


道流 眞佛 無形 眞法 無相 你祇麼幻化上頭 作模作樣 設求得者 皆是野狐精魅 幷不是眞佛 是外道見解 夫如眞學道人 幷不取佛 不取菩薩羅漢 不取三界殊勝 逈然獨脫 不與物拘 乾坤 倒覆 我更不疑 十方諸佛 現前 無一念心喜 三塗地獄 頓現 無一念心怖 緣何如此 我見 諸法 空相 變卽有 不變卽無 三界唯心 萬法唯識 所以 夢幻空花 何勞把捉


**| 강설(講說) |**

'진불무형(眞佛無形)' 등의 말씀은 참된 부처는 일체의 한정(限定)을 끊었다, 초월했다는 말씀입니다. '평상인(平常人)'은 자신의 본분견처(本分見處)를 말하며 '지금 바로 설법을 듣고 있는 사람[卽今聽法底人]'인데, '무형무상무근무본(無形無相無根無本)'이라고 하는 것입니다.

'삼계유심 만법유식(三界唯心 萬法唯識)' 즉, '삼계는 오직 마음이며 소연(所緣)은 오직 식(識)의 소현(所現)이다.' 하는 것은 불교의 대의이기도 합니다. 참 부처나 법은 형상을 초월한 것입니다. 인연에 의해 나타난 것은 다 허깨비입니다. 진정한 도인들은 깨달았다고 말하지 않습니다. 삼계를 뛰어났다는 생각도 놔야 합니다.

서로 지극한 마음을 살아가는 홀어머니와 아들이 있었습니다.

어느날, 어머니가 아들에게 "출가하여 먼저 가신 아버지를 왕생극락 시키고 박복한 나를 좀 제도해달라"고 하며 출가시켰습니다. 2년 후, 어머니가 아들을 찾아가 보았더니 마당이나 쓸며 한가하게 놀며 지내고 있는 게 아닙니까.

옛날에는 행자생활을 5년씩 하는지라 어머니는 아들의 뺨을 치며 꾸짖자 효자인 아들은 어떻게 하면 어머니 소원을 들어 드릴까 연구를 하다 범패의식을 잘 하는 스님을 찾아가 10년을 배웠습니다. 그후 큰 재(齋)가 있자 어머니를 초대하여 가사 장삼을 수하고 꼬깔을 쓰고 춤을 추었는데, 그 모양새에 어머니는 "네 놈이 무당짓거리를 하려고 왔느냐" 하며 때리는 것이었습니다.

아들은 이번에는 대강백을 찾아가 10년 동안 공부하여 대교과를 마치고 강사가 되어 자신이 생기자 어머니를 다시 초대합니다. 지팡이를 짚고 온 연로한 어머니가 대중들을 모아놓고 강의하는 아들의 모습을 보고 "이놈아! 가르치려면 세속에서 할 일이지!" 하며 지팡이로 후려치고 가버립니다.

결국 아들은 직지인심(直指人心)하여 마음을 밝히는 것이 진정한 공부로구나 하고 제자들에게 "3년동안 나를 찾지 말라." 당부하고 동굴에 들어가 참선을 합니다. 1년 후 어머니가 다시 오셔서 아들을 찾자 제자들이 "스승께서는 공부하러 산에 들어가셨다"고 하자, 어머니는 아들을 찾기 위해 몇 달동안 산속을 헤맵니다

어머니는 어느날 산속을 헤매다 발자국을 보고 느낌이 와서 아들임을 직감하고 발자국 따라 가 보니 동굴이 보이는데, 아들은 머리를 산발하고… 어머니는 "내가 아들을 저렇게 만들었구나!" 하며 끌어안고 통곡을 합니다. 이때 삼매에 들어있던 아들이 통곡소리에 눈을 뜬 순간, 도(道)를 깨칩니다. 그리고 이때 아들의 눈빛을 본 어머니 역시, 그 자리에서 깨치게 됩니다. 이것이 진정한 공부인 것입니다.

# 불에 들어가도 타지 않고

"오직 도를 배우는 벗들의 눈앞에 법을 듣고 있는 사람이 있다. 그 사람은 불에 들어가도 타지 않고 물에 들어가도 빠지지 않으며, 삼악도의 지옥에 들어가도 마치 정원을 구경하며 노는 듯하고, 아귀 축생에 들어가도 그 업보를 받지 않는다. 어째서 그런가하면 꺼려할 것이 아무것도 없는 법이기 때문이다.

그대들이 만약 성인은 좋아하고 범부를 싫어한다면 생사의 바다에 떴다 잠겼다 할 것이다. 번뇌는 마음을 말미암아서 생겨나는 것이니 마음이 없다면 번뇌가 어찌 사람을 구속하겠는가?

분별하여 모양을 취하느라 헛수고하지 않으면 저절로 잠깐 사이에 도를 얻을 것이다. 그대들이 분주하게 옆 사람에게 배워서 얻으려 한다면 삼 아승지 겁 동안 애를 써도 결국은 생사로 돌아가고 말 것이다. 아무런 일 없이 총림의 선상 구석에서 두 다리를 틀고 앉아 있느 니만 못하리라."

唯有道流 目前現今聽法底人 入火不燒 入水不溺 入三塗地獄 如遊園觀 入餓鬼畜生 而不受報 緣何如此 無嫌底法 你若愛聖 憎凡 生死海裏沈浮 煩惱 由心故有 無心 煩惱何拘 不勞分別取 相 自然得道須臾 你擬傍家波波地學得 於三祇劫中 終歸生死 不如無事 向叢林中 牀角頭交脚坐

## | 강설(講說) |

총림(叢林)은 선승(禪僧)들이 모여 수도하는 승당(僧堂)을 말합니다. 중국 선종사에서 선종의 본격적인 총림은 백장(百丈, 749~814) 선사에 의해서 개척되었으며, 그의 사후 중국 각지에 선승들의 정주 수도원(定住修道院)이 활발하게 설립되었습니다.《백장청규(百丈淸規)》는 선종의 총림 규범으로 유명합니다.

원효스님은 선승이 아니었습니다. '일체유심조'의 도리를 깨치고 당나라 유학을 포기하고 저자거리에 들어가 중생들에게 아미타불을 염하게 했습니다. 십념왕생(十念往生) 즉, 임종시에 아미타불을 10번 염하면 극락왕생 한다는 의미를 제대로 알아야 합니다. 여기서 '십 념(十念)'이란 '아미타불 한 생각이 꽉 차면' 이러한 뜻입니다. 생사 심, 분별하는 마음, 일체의 상을 내려놓고 아미타불을 염하라는 의미입니다. 이것은 생각만으로는 안 되고 업을 맑히는 수행을 함께 해야 합니다. 찾고 구하는 집착을 내려놓아야 합니다. 그래서 "마음을 쉬어라!" 하는 것입니다.

# 주인과 손님

"도를 배우는 벗들이여! 예컨대 여러 곳에서 학인이 찾아왔을 때 주인과 손님이 인사를 나눈 뒤 학인이 대뜸 한마디를 던져 앞에 있는 선지식을 알아보려고 한다. 이를테면 학인으로부터 한 가지 시험하는 말을 끄집어내어 선지식을 향해서 입씨름하는 말을 던져, '보십시오! 스님께서는 이걸 아십니까?' 라는 질문을 당하게 된다.

그 때 선지식이 만약 시험하는 말이라는 것을 알면 그 말을 잡아서 곧바로 학인을 구덩이에 던져버린다. 그때 학인은 곧 태도를 고치고 평상의 자세로 돌아간 뒤 곧 선지식의 가르침을 찾는다. 그러면 선지식은 여전히 그를 부정해버린다.

학인이 말하기를 '참으로 지혜로우십니다. 큰 선지식이십니다.' 라고 한다. 그 선지식은 곧 '이 녀석은 도대체 좋고 나쁜 것도 모르는

구나' 라고 한다.

또 선지식이 하나의 시험하는 말을 학인 앞에 내놓고 희롱하면, 그 학인이 알아차리고 하나하나 주제를 지어서 경계에 미혹함을 받지 않는다.

다시 선지식이 곧 진심을 조금 드러내 보이면 학인은 곧바로 "할!" 하고 고함을 친다.

선지식이 다시 여러 가지 차별된 말로 시험해 보는데, 학인이 '좋고 나쁜 것도 모르는구나. 이 늙은 중아.' 하면 선지식은 찬탄하기를, '진정으로 도를 배우는 벗이로다.' 라고 한다."


道流 如諸方有學人來 主客 相見了 便有一句子語 辨前頭善知
識 被學人拈出箇機權語路 向善知識口角頭攛過 看你識不識 你
若識得是境 把得 便抛向坑子裏 學人 便卽尋常 然後 便索善知
識語 依前奪之 學人 云 上智哉 是大善知識 卽云 你大不識好
惡 如善知識 把出箇境塊子 向學人面前弄 前人辨得 下下作主
不受境惑 善知識 便卽現半身 學人 便喝 善知識 又入一體差別
語路中擺撲 學人 云 不識好惡 老禿奴 善知識 歎曰 眞正道流


**┃ 강설(講說) ┃**

'주객상견(主客相見)' 이하의 법문은 선지식과 제자가 문답 상량(商量)하는 네 가지의 경우를 설하고 있습니다. 이를 임제의 사빈주

(四賓主)라고 하는데, 사빈주 역시, '사료간'과 함께 임제종에서 학인을 교화하는데 쓰는 법입니다.

먼저, 빈중빈(賓中賓)은 미중미(迷中迷)라고도 하는데, 학인이 어리석어서 스승의 교화를 받으면서도 알아차릴 수 없는 경우입니다.

빈중주(賓中主)는 학인의 견처가 스승보다 우수하여, 스승이 학인에게 심경(心境)이 간파되는 경우입니다.

주중빈(主中賓)은 스승에게 학인을 교화할만한 역량이 없는 경우입니다.

주중주(主中主)는 스승이 자기로서 갖출 역량을 제대로 구비한 경우를 말합니다.

『종문무고』에는 사빈주를 화두로 한 문답이 등장하기도 합니다.

원오스님이 오조스님에게 임제스님의 사빈주가 무엇인지 가르쳐 달라고 하자, 이렇게 대답했습니다.

"하나의 격식일 뿐이다."

"이 무슨 부질없는 일입니까?"

"이것은 말 앞에서 서로 먼저 타려고 치고 받는 것과 같아서, 넘어지면 만사 끝장이다."

공부하는 사람은 항상 진리에 대한 의심이 있어야 합니다.

"개에게 불성이 있습니까?"

이는 용(用)차원에서 하는 질문입니다. 여러분은 이미 알음알이로 문제를 다 알기 때문에 의심이 안 생기는 것입니다.

(잔을 들어 보이며) "일러보아라!"

할 때 이것은 '체(體)'차원에서 묻는 것이니 입을 떼면 그르칩니다.

"컵이 어디서 왔느냐?"

고 '용'차원에서 물으면, 모르니까 답을 못합니다.

임제스님의 질문은 '체'차원에서의 물음입니다. 주객이 서로 만난다 하는 것은 본래 하나임을 입증하는 것이기도 합니다. 질문하는자, 답을 하는 자가 본래 둘이 아니라는 것입니다.

학인이 스승을 시험하려 할 때 오히려 스승은 그것을 알아차리고 "일러보라는 그놈을 일러봐라!" 하면 공부를 안 한 학인은 말을 못합니다. 여기서 스승은 잘못된 학인의 마음을 읽을 수 있어야 합니다.

언젠가 대불련 학생이 도봉산의 노스님 법문을 듣는데, 한 손바닥으로 손뼉 치는 도리를 일러봐라 했습니다. 그후 한 학생이 며칠 뒤찾아오자 노스님이 다시 "도리를 일러보라" 하자, 학생이 노스님 뺨을 쳤더니, 노스님이 "옳다, 옳다!" 했다고 하죠. 근데 옳긴 뭐가 옳아요. 손바닥에 집착하면 안 되죠.

영화 '달마야 놀자'에서 스승이 제자들에게 밑 빠진 독에 물을 채우라 하자나요. 스님들은 답을 못하는데 건달들은 그 독을 들고 물에들어 가자나요. 건달들이 더 낫다는 거죠. 말에 집착하면 안됩니다. 선문답에서는 고정관념대로 응대하면 절대로 답이 안 나옵니다.

공부를 제대로 하려면 분별을 내어 소극적으로 접근해서는 안 되고 알든 모르든 적극적으로 해야 하는 것입니다. 진정으로 도를 찾는 이들에게는 스승과 제자가 따로 없으므로 "늙고 머리 깎은 중"이라는 표현 또한 이름에 불과하므로 문제될 것이 전혀 없습니다.

"달마가 서쪽에서 온 까닭은 무엇입니까?"

하는 질문에 "뜰 앞의 잣나무!"라 하든, "손에 든 안경!"이든 다 맞습니다. 물과 얼음이 이름만 다르고 다 같은 것이듯이, 아는 자에게는 다를 것이 없습니다.

간화선에서 참 의심이 돈발(頓發)되면 7일이면 깨친다고 했습니다. 그런데 이런 경우는 수승한 근기이고, 요즘 같은 하근기 중생이 많은 말세에는 염불선이 오히려 나을 수가 있습니다.

❀ 여기서 '빈'은 학인, '주'는 스승을 말합니다. 스승과 학인이 문답할 때, 때로는 스승의 견처(見處)가 우수하고, 혹은 학인의 견처가 스승보다 우수한 경우 등이 있을 것입니다. 이 관계를 네 가지로 나눈 것이 사빈주입니다.

# 귀신과 도깨비들

"제방의 여러 선지식들은 삿된 것과 바른 것을 구분하지 못한다. 그래서 학인이 찾아와서 보리와 열반과 삼신(三身)과 경계와 지혜 등을 묻는다.

눈 먼 노사는 그에게 해설을 해주다가 학인으로부터 꾸짖고 힐난함을 받게 되면 곧바로 몽둥이로 후려치면서 '이 예의와 법도도 모르는 놈아!' 라고 한다. 그것은 스스로 그대들 선지식들이 안목이 없기 때문이다. 그 학인에게 화를 내어서는 안 되는 것이다.

좋고 나쁜 것을 모르는 중들이 있어서 동쪽을 가리키다 서쪽을 가리키고, 맑은 날을 좋아하다가 비 오는 날을 좋아하며, 등롱(燈籠)과 노주(露柱)를 좋아한다.

그대들은 잘 보아라! 눈썹에 털이 몇 개가 남아 있는가? 이 일에는 기연(機緣)이 갖추어져 있는데 학인들은 알지 못하고 곧 미쳐버리는 것이다. 이런 무리들은 모조리 여우나 귀신 도깨비들이다.

그 좋은 학인들에게 '이 눈 멀고 머리 깎은 늙은이가 온 천하 사람들을 미혹하고 어지럽게 만드는 구나' 라는 비웃는 말을 듣게 되는 것이다."

如諸方善知識 不辨邪正 學人 來問 菩提 涅槃 三身 境智 瞎老
師 便與他解說 被他學人罵著 便把棒打他言無禮度 自是你善知
識無眼 不得瞋他 有一般不識好惡禿奴 即指東劃西 好晴好雨
好燈籠露柱 你看 眉毛有幾莖 這箇具機緣 學人 不會 便即心狂
如是之流 總是野狐精魅魍魎 被他好學人 嗑嗑微笑 言瞎老禿奴
惑亂他天下人

**| 강설(講說) |**

등롱(燈籠)은 등불을 켜서 어둠을 밝히는 기구를 말하는데, 경전을 상징합니다. 노주(露柱)는 법당의 드러난 둥근 기둥을 가리킵니다. 범부나 성인과 같은 차별심이 없는 사물 그 자체의 본분을 드러내는 하나의 상징입니다.

삿된 것과 바른 것은 무엇일까요?

공부하는 마음자세로 수행자는 오직 '하나'의 마음자리만 바로 알면 됩니다. 그 외에 마음 밖에서 구하는 어떤 것도 삿된 것입니다.

성철스님과 청담스님은 10년 년배 차이나 친구처럼 지내셨다 합니다. 두 분은 기복불교에서 선불교로의 불교정화에 늘 마음을 두고 계셨는데, 어느날 성철스님이 청담스님에게 스님 절부터 정화해야겠다며 도선사 불단과 신중단을 제외하고 산신각 등의 장엄물을 법당에서 내어다 불태워 버렸다고 합니다. 이 일로 2년동안이나 신도들이 도선사를 찾지 않았다 합니다. 이처럼 정화에는 아픔이 따르는 것입니다.

# 도안(道眼)이 분명해져야

"도를 배우는 벗들이여! 출가한 사람은 무엇보다 도를 배우는 것이 중요하다. 나는 지난날 계율에 마음을 두기도 하였고, 경론을 연구하기도 하였다. 나중에서야 그것들이 세간을 구제하는 약이며 겉으로 드러내어 표현하는 것인 줄을 알았다. 드디어 몽땅 다 버려버리고 도에 대해서 묻고 선을 참구하였다.

그런 뒤에 큰 선지식을 만나 뵙고 나서야 마침내 도안(道眼)이 분명해져서, 비로소 천하의 노화상들이 삿된지 바른지를 알아볼 수 있었다. 이것은 어머니에게서 태어나면서부터 바로 안 것이 아니다. 깊이 연구하고 갈고 닦아서 어느 날 아침에 스스로 살펴볼 수 있게 된 것이다."

道流 出家兒 且要學道 祇如山僧 往日 曾向毘尼中留心 亦曾於
經論尋討 後方知是濟世藥 表顯之說 遂乃一時抛却 即訪道參禪
後遇大善知識 方乃道眼 分明 始識得天下老和尚 知其邪正 不
是娘生下便會 還是體究練磨 一朝自省

**❙ 강설(講說) ❙**

'도안분명(道眼分明)'이란 삶의 진상(眞相)을 투철히 응시하는 안
목(眼目), 깨달음의 눈을 말합니다. 먼저 눈을 뜨는 것이 구도의 핵심
입니다.

어떤 대선지식인도 모친의 태내(胎內)에서부터 도안(道眼)이 분명
했던 것은 아닙니다. 각고의 정진수행(精進修行)의 결과, 일거(一擧)
에 삶의 진상을 깨달았다는 뜻입니다. 위 법문에서 '일조자성(一朝自
省)'이란 수행(修行)의 장단(長短)을 가리키는 것이 아니라 깨달음과
진위(眞僞)를 분명히 밝힌 것을 말합니다.

'제세약(濟世藥)'이란 세간의 고통을 잊게 하는 일시적인 약, 즉 계
율과 경론과 같은 방편(方便)을 말합니다.

깨닫기 전과 깨닫고 나서의 생각은 분명 달라지게 됩니다. '하나'
의 도리를 깨닫는다는 것은 '견성(見性)'을 하여 실상을 체험한 것이
지만, 아직 경계에 끄달려가기 때문에 '성불(成佛)'은 아닙니다. 진
정한 견성성불은 6신통을 구족한 부처님의 경지임을 알아야 합니다.
안목이 열려도 보임수행을 잘 해야 합니다. 중국의 선사들은 안목이

열린 후에도 산속에 숨어 20년은 보임수행을 하기 때문에 찾아오는
학인들의 근기를 다 볼 수 있는 것입니다.

경허스님은 20대 후반에 깨닫고 서산 해변의 작은 마을에서 보임
수행을 할 때 큰 부자집인 김진사댁에 가면 시주도 많고 하여 드나
들었는데, 어느날 셋째 딸에게 한눈에 반해 도인임에도 정신을 못 차
렸습니다. 딸 또한 경허스님에게 이심전심으로 업에 이끌렸던 것입
니다. 탁발 갈 때마다 눈짓으로 정을 나누는데 결국 어머니가 눈치를
채게 됩니다. 어머니가 뒤를 밟아보니 존경하는 경허 큰스님을 만나
고 있으니 딸을 설득해 이웃마을 부잣집에 시집을 보내게 됩니다. 경
허스님이 생각 끝에 그 집 머슴살이를 하며, 기회만 보다가 둘이 사
랑을 하게 됩니다. 남편이 알고 나서 죽지 않을만큼 경허스님을 때렸
고, 다른 머슴이 보고 10일간 치료를 받은 후 떠나게 됩니다. 이는 도
를 깨쳐도 업은 작용한다는 사실을 보여주는 실화입니다.

# 부처를 만나면
# 부처를 죽여라

"도를 배우는 벗들이여! 법다운 견해를 터득하려면 남에게 미혹 당하지 말고 안에서나 밖에서나 마주치는 대로 곧바로 죽여라. 부처를 만나면 부처를 죽이고, 조사를 만나면 조사를 죽이고, 아라한을 만나면 아라한을 죽이고, 부모를 만나면 부모를 죽이고, 친속을 만나면 친속을 죽여라. 그래야 비로소 해탈하여 사물에 구애되지 않고 투철히 벗어나서 자유 자재하게 된다.

제방에서 도를 배우는 벗들은 말이나 형상에 의지하지 않고 내 앞에 나온 자는 하나도 없었다. 산승은 여기에서 처음부터 그들을 쳐버린다. 손에서 나오면 손으로 치고, 입에서 나오면 입으로 치며, 눈에서 나오면 눈으로 쳐버린다.

다만 홀로 벗어나서 나온 사람은 한 사람도 없고, 모두가 옛날 사람들의 부질없는 지식이나 언어나 행위들을 숭상하고 받드는 것이었다."

道流 你欲得如法見解 但莫受人惑 向裏向外 逢著便殺 逢佛殺佛 逢祖殺祖 逢羅漢殺羅漢 逢父母殺父母 逢親眷殺親眷 始得解脫 不與物拘 透脫自在 如諸方學道流 未有不依物出來底 山僧向此間 從頭打 手上出來 手上打 口裏出來 口裏打 眼裏出來 眼裏打 未有一箇獨脫出來底 皆是上他古人閑幾境

**| 강설(講說) |**

우리가 정진할 때만은 마음에 분별이 없어야 합니다. 정진할 때 내 마음에서 일어나는 번뇌나 생각은 다 삿된 것이기 때문에 놓아버려야지, 생각에 끄달려가면 안됩니다. 모든 형상은 다 마음에서 만든 것이므로 죽여라 하는 것입니다. 내적으로 일어나는 일이기에 '아버지'를 무명의 업으로 보고 죽이라 한 것입니다. 어머니, 아버지 또한 이름이기 때문에 거기에 속지 말라는 것이지 절대 살인을 하라는 말이 아님은 물론입니다. 다른 종교의 "만약에 다른 신을 믿는 사람이 있으면 남편이라도 돌로 쳐죽여라, 아들이라도 쳐죽여라."하는 말과는 차원이 다른 법문인 것입니다.

"다만 홀로 벗어났다"는 것은 '하나[一心]'차원의 경지를 말합니다. 일체의 망상과 경계로부터 걸림과 집착이 없는 대자유의 경지입니다.

🧬 '투탈자재(透脫自在)'란 인혹(人惑)의 껍질을 벗어나 자유자재한 대자유의 경지를 말합니다.

# 너는 무엇이 부족한가

"산승은 남에게 줄 법이 하나도 없다. 다만 병에 따라 치료를 해주고 묶여있는 것을 풀어줄 뿐이다.

그대들 제방의 도를 배우는 벗들이여! 시험 삼아 사물에 전혀 의존하지 말고 나와 보아라. 나는 그대들과 법에 대해서 문답을 하고 싶구나. 내 그대들과 법을 논하고자 한다.

15년이 지나도록 누구 한 사람 없었다. 모두가 풀이나 나무 잎사귀나 대나무나 나무에 붙어사는 귀신들이다. 또 여우나 도깨비 같은 것들이다. 모두 똥 덩어리에 달라붙어 어지럽게 씹어 먹는 것들이다. 야 이 눈 먼 놈들아, 저 시방의 신도들이 신심으로 시주한 물건을 마구 쓰면서 '나는 출가한 사람이다' 라고 하여 이와 같은 견해를 짓고 있구나.

나는 그대들에게 분명히 말한다. 부처도 없고 법도 없고 닦을 것도 없고 깨칠 것도 없는데, 어쩌면 그렇게들 옆집으로만 다니면서 무슨 물건을 구하는가? 야, 이 눈 멀고 어리석은 자들아! 머리 위에 또 머리를 얹는구나. 너희에게 무엇이 부족하단 말인가?"

山僧 無一法與人 祇是治病解縛 你諸方道流 試不依物出來 我要共你商量 十年五歲 並無一人 皆是依艸附葉竹木精靈 野狐精魅 向一切糞塊上亂咬 瞎漢 枉消他十方信施 道我是出家兒 作如是見解 向你道 無佛無法 無修無證 祇與麽傍家 擬求什麽物 瞎漢 頭上安頭 是你欠少什麽

**┃ 강설(講說) ┃**

임제스님은 늘 우주를 하나의 마음으로 보고 법문을 설하며 사셨지만, 우리는 몸뚱아리 하나 지키기 위해 살림살이를 하고 있습니다. 남에게 줄 법이 없다는 것은 '하나'차원, 일심의 경지는 물질이 아니기에 주고 말고 할 것이 없다는 것입니다.

중생의 병 중에 가장 큰 병이 집착하는 병입니다. 가장 고치기 어려운 병이 욕심입니다. 중생은 나름대로의 희망과 욕심을 안고 살아가지만, 성인의 경지에서는 욕심이 있으면 못 삽니다. 중생들은 사상이나 문자에 집착하고 영가장애에 걸리기도 합니다.

내가 하는 어떤 일이든 다 인과에 걸려 들어갑니다. 출가나 재가자나 일체의 집착을 벗어던지고 진짜 발심을 해야 참다운 출가를 한 것입니다. 돼지는 전생에 시은(施恩)을 많이 받아 먹어서 구정물만 먹고도 살을 찌워 많은 인간들에게 되돌려주어야 하는 운명입니다. 이처럼 인과는 털끝만치도 속일 수 없다는 것입니다.

㊿ "내가 그대들에게 줄 새로운 가르침이란 아무것도 없다[無一法與 시]."는 법문은 《전등록》 '덕산(德山)의 장(章)'에서도 보입니다. 덕산스님 은 "나의 가르침에는 어구(語句)란 없다. 진실로 한 법(法)도 남에게 전해 줄 것이 없다.[我宗無語句 實無一法與]" 라고 설하고 있습니다. 본래 그 자 리에는 한물건[一物]도 없기에, 주고 받을 것은 더더욱 없는 것입니다. 그 러나 법(法)을 없다거나 있다거나 하는 것도 맞지는 않습니다.

# 삼계는 마음의 그림자

"도를 배우는 벗들이여! 그대들 눈앞에서 작용하는 이놈이 바로 할아버지 부처님과 다르지 않다. 왜 믿지 않고 밖에서 찾는가?

착각하지 말라. 밖에도 법이 없으며 안에도 또한 얻을 것이 없다. 그대들은 산승이 이렇게 말하는 것을 듣는 것보다는 모든 생각을 쉬어서 아무 일 없이 지내는 것이 차라리 낫다. 이미 일어난 것은 계속하지 말고, 아직 일어나지 않은 것은 일어나지 않도록 하여라. 이렇게 한다면 10년을 행각하는 것보다 더 나을 것이다. 내가 보기에는 그런 허다한 일은 없는 것이니 다만 평소대로 옷 입고 밥 먹으며 아무런 일없이 세월을 보내는 것뿐이다.

제방에서 온 그대들은 모두가 마음이 있다. 부처를 구하려고 하며, 법을 구하려고 하며, 해탈을 구하여 삼계를 벗어나려고 한다. 어리석

은 이들아! 그대들이 삼계를 벗어나서 어디로 가려고 하는가? 부처
와 조사란 보기 좋은 올가미로 만든 이름과 글귀일 뿐이다.

그대들은 삼계가 무엇인지 알고 싶은가? 지금 그대들이 법문을 듣
고 있는 그 마음을 떠나 있는 것이 아니다. 그대들의 한 생각 탐내는
마음이 욕계(欲界)이고, 한 생각 성내는 마음이 색계(色界)이며, 한
생각 어리석은 마음이 무색계(無色界)이니라.

이 삼계는 바로 그대들의 집 속에 있는 살림살이들인 것이다. 삼계
가 스스로 '내가 바로 이 삼계요' 라고 말하는 것이 아니다. 눈앞에서
아주 분명하게 만물을 비추어 보고 세계를 가늠하는 그 사람이 삼계
라고 이름을 붙인 것이다."


道流 是你目前用底 與祖佛不別 祇麼不信 便向外求 莫錯 向外
無法 內亦不可得 你取山僧口裏語 不如休歇無事去 已起者 莫
續 未起者 不要放起 便勝你十年行脚 約山僧見處 無如許多般
祇是平常 著衣喫飯 無事過時 你諸方來者 皆是有心 求佛 求法
求解脫 求出離三界 癡人 你要出三界 什麼處去 佛祖 是賞繫底
名句 你欲識三界麼 不離你今聽法底心地 你一念心貪 是欲界
你一念心瞋 是色界 你一念心癡 是無色界 是你屋裏家具子 三
界 不自道 我是三界 還是道流 目前靈靈地照燭萬般 酌度世界
底人 與三界安名

## ┃ 강설(講說) ┃

너무나 뚜렷하고 확실하며 신령스럽고 훌륭하여 온갖 것들을 하나도 놓치지 않고 모두 비추어 분별하는 그 사람[無位眞人, 性品]이 곧 이 말을 하고 말을 듣는 그 사람입니다.

욕계는 저마다 욕심이 가득한 우리가 사는 세상을 말합니다. 색계는 탐진치는 끊었지만 물질은 아직 존재하는 세계입니다. 무색계는 탐진치를 끊고 물질도 사라졌지만 마음이 남은 세계입니다. 무념상태가 되어야 이 3계를 벗어나게 됩니다.

임제스님 말씀처럼 마음이 우주의 주인임을 알면 더 이상 법문 들을 것이 없습니다. 티벳의 달라이 라마는 선(禪) 도리를 말씀하신다 합니다만, 남방불교는 경을 위주로 공부해서 단계가 있을 수밖에 없습니다. 하지만 조사선은 한번에 일체를 뛰어 넘어 여래의 자리에 들 수 있기에 세계적인 석학들도 한국의 조사선에 매력을 느낀다고 합니다.

"삼계가 본래 없다."고 하지만 우리는 아직 벗어나지 못했습니다. 하지만 마음공부 할때만은 '본래 없다'는 마음에서 해야 합니다. 삼계란 이름이요, 마음의 세계에서는 삼계가 따로 없습니다. 공부는 행주좌와 어묵동정 어디서 무엇을 하든, 화장실에서도 할 수 있어야 합니다. 따로 누군가 보고 있다고 생각한다면 공부인의 바른 자세가 아닙니다. 그런 것은 없습니다.

# 한 생각 마음 쉰 곳이
# 깨달음의 나무

"대덕이여! 사대로 되어있는 이 몸뚱이는 덧없는 것이다. 비장과 위와 간과 쓸개와 머리카락과 털과 손톱과 이빨마저도 오직 모든 것이 텅 비어있는 모양임을 보여줄 뿐이다.

그대들의 한 생각 마음이 쉰 곳을 보리수라 하고, 한 생각 마음이 쉬지 못하는 곳을 무명수라 한다. 무명은 머무는 곳이 없으며, 처음과 끝이 없다. 그러므로 그대들이 만약 순간순간의 마음이 쉬지 못한다면 곧 무명수 위에 올라가 곧바로 사생 육도(四生六道)에 들어가서 털이 나고 뿔이 달리는 짐승이 될 것이다.

그대들이 만약 쉬기만 하면 그대로가 곧 청정법신의 세계다. 그대들이 한 생각도 나지 않으면 곧 보리수에 올라 삼계에서 신통 변화하여 마음대로 화신의 몸을 나타내리라. 그래서 법의 기쁨과 선의 즐거

움[法喜禪悅]으로 몸의 광명이 저절로 빛날 것이다. 옷을 생각하면 비단 옷이 천 겹으로 걸쳐지고, 밥을 생각하면 백 가지 진수성찬이 그득히 차려지며, 다시는 뜻밖의 병이나 가난으로 오는 병에 걸리는 일도 없을 것이다.

보리는 어떤 주처가 없다. 그러므로 얻을 것도 없다."


大德 四大色身 是無常 乃至脾胃肝膽 髮毛爪齒 唯見諸法空相 你一念心歇得處 喚作菩提樹 你一念心不能歇得處 喚作無明樹 無明 無住處 無明 無始終 你若念念心歇不得 便上他無明樹 便 入六道四生 披毛戴角 你若歇得 便是淸淨身界 你一念不生 便 是上菩提樹 三界神通變化 意生化身 法喜禪悅 身光 自照 思衣 羅綺千重 思食 百味具足 更無橫病 菩提 無住處 是故 無得者


## ┃ 강설(講說) ┃

'무명수(無明樹)'는 보리수의 반대말입니다. 무명(無明)이란 인간의 근본적인 어리석음으로 원초적인 불안과 위기의 원인이기도 합니다.《대승기신론(大乘起信論)》에서는 "마음의 성품은 항상 무념(無念)인 까닭에 이름하여 불변(不變)이라고 한다. 일심의 법계[一心法界]를 요달(了達)하지 못하고 홀연히 생각이 일어나는 것을 무명(無明)이라고 한다."고 설해져 있습니다.

그러나 "무명은 머무는 곳이 없습니다.[無明無住處]" 번뇌란 실체가 없는 것이며, 고정되어 있지도 않습니다. 다시 말해, 파도는 물의 움직임일 뿐이라는 뜻입니다. 보리 역시 머무는 곳이 없습니다. 보리는 본래 갖춰 있는 것이지 새로 얻는 것이 아닙니다.

'큰스님'이란 크게 발심한 수행자를 말합니다. 여기서 벗어나면 범부일 따름입니다. 요즈음 일부 거사법회에서 불·법·승에 대한 삼귀의를 하지 않고 불·법에 대한 2귀의만 한다고들 합니다. 청정한 귀의는 부처인 내 본래자리로 돌아감을 말함이지, 스님들께 귀의한다는 뜻이 아닙니다. 남의 잘못을 탓하기 전에 자신을 돌아봐야 합니다.

숨쉬는 항아리는 물이 담겨도 물의 입자보다 항아리 입자가 더 작아 물이 새지 않는 것입니다. 육신도 전자현미경으로 비춰보면 땀구멍이 다 독립되어 있지만. 마음으로 비춰보면 물질이 아닙니다. 수행을 많이 하면 우리 몸의 에너지가 맑은 에너지로 바뀌게 됩니다. 탁한 것을 만지는 순간 좋은 에너지로 바뀝니다. 큰스님들의 글씨는 맑은 에너지가 계속 나와 주변을 정화시킵니다. 마음이 탁한 사람들에게서는 독이 나옵니다. 성인의 몸을 보면 오로라 현상이 있는데, 이는 맑은 에너지입니다. '아미타' 일념염불을 하면 금색 에너지가 나온다고 합니다. 금색에서 한 단계 뛰어넘으면 부처님 몸에서 나오는 백색 에너지가 나옵니다.

# 보고 듣는 이가 누구인가

"도를 배우는 벗들이여! 대장부가 또 무엇을 의심하는가? 눈앞에서 작용하는 이가 다시 또 누구인가? 잡히는 대로 쓰며 이름에 집착하지 않는 것이 심오한 뜻이다. 이와 같이 볼 수 있다면 싫어할 것이 없는 도리이다.

옛사람이 말하기를 '마음은 만 가지 경계를 따라 흘러가지만 흘러가는 그곳이 참으로 그윽하여라. 마음이 흘러가는 그곳을 따라 성품을 깨달으니 기쁨도 없고 근심도 없도다.' 라고 하였다."

道流 大丈夫漢 更疑箇什麼 目前用處 更是阿誰 把得便用 莫著
名字 號爲玄旨 與麼見得 勿嫌底法 古人 云 心隨萬境轉 轉處
實能幽 隨流認得性 無喜亦無憂

**| 강설(講說) |**

견성한 수행자라도 과거생의 업력은 남아있으므로 깨달은 그 자리에 마음을 두고 계속 정진을 하는 보임을 꼭 해야 합니다. 임제스님 역시 20년간 보임공부를 하셨습니다. 제바달다가 부처님에 대한 원한으로 부처님을 죽이려 하지만, 부처님은 제바달다를 포용하였습니다. 이러한 과정에는 심오한 뜻이 들어있습니다. 마음에 비춰보면 어떤 대상이든 사실이 아닌 도리를 이론으로는 알지만 실제로는 속고 마는데, 속지 않기 위해서는 오랜 시간의 보임으로 가능해지는 것입니다.

"마음은 만 가지 경계를 따라 흘러가지만 흘러가는 그곳이 참으로 그윽하여라." 이 법문은 업력에 이끌려 가지만 그 마음이 집착하지 않는다는 것입니다. 따라서 그 업력을 녹이지 않으면 안됩니다. 옛날 선사들은 안목이 열리면 시장으로 나가서 번잡함 속에서도 한 생각 놓치지 않을 수 있는가를 스스로 점검해 보았던 것입니다.

마음이 흘러가는 그곳을 따라 성품을 깨달으니 기쁨도 없고 근심도 없습니다. 마음 밖에 대상이 따로 없으니 기뻐할 것도 슬퍼할 것도 없다는 것입니다.

# 주인과 객의 탐색전

"도를 배우는 벗들이여! 선종의 견해로는 삶과 죽음이 돌고 도는 것이니, 참선을 하는 사람들은 매우 자세히 살펴야 한다.

주인과 손님이 서로 만나면 곧 말들을 주고받는데, 혹은 사람에게 맞추어서 모습을 나타내기도 하고, 혹은 전체작용(全體作用)을 하기도 하며, 혹은 기연과 방편으로 기뻐하거나 성내기도 하며, 혹은 몸을 반쯤 나타내 보이기도 하며, 혹은 사자를 타기도 하고, 혹은 코끼리를 타기도 한다.

만약 진정한 학인이 있어서 대뜸 '할'을 하여 아교풀을 담은 단지를 하나 내놓으면, 선지식은 그것이 경계[미끼]인 줄 모르고 곧 그 경계에서 이런 생각 저런 생각을 지어 낸다.

이것을 본 학인이 다시 '할'을 하여도 앞의 선지식은 이를 놓아버리려 하지 않는다. 이것은 의사도 고칠 수 없는 불치병이다. 이런 경우를 '객이 주인을 본다.' 라고 한다.

혹은 또 다른 경우는, 선지식이 아무 것도 내놓지 않고 학인이 물으면 묻는 대로 곧 빼앗아 버린다. 학인이 빼앗기고는 한사코 놓아버리려 하지 않으면 이것을 '주인이 객을 간파한다.' 라고 한다."


道流 如禪宗見解 死活 循然 參學之人 大須子細 如主客 相見
便有言論往來 或應物現形 或全體作用 或把機權喜怒 或現半身
或乘獅子 或乘象王 如有眞正學人 便喝 先拈出一箇膠盆子 善
知識 不辨是境 便上他境上 作模作樣 學人 便喝 前人 不肯放
此是膏盲之病 不堪醫 喚作客看主 或是善知識 不拈出物 隨學
人問處 卽奪 學人 被奪 抵死不放 此是主看客

## | 강설(講說) |

무위진인의 전체작용으로서 보여주고 눈으로 사물을 보듯이 무위진인의 전체작용을 환히 꿰뚫어 보는 거기에 활발발한 참된 삶이 있습니다. 전체작용은 '하나의 도리'를 무심으로 쓰는 것입니다. 안목이 있더라도 상대의 근기를 보지 못하면 학인에게 바로 지시를 해줄 수는 없습니다. 그래서 보임공부가 필요한 것입니다. 우리나라의 조계종을 선종이라 하지만 임제스님의 법문처럼 제대로 역할을 하고 있는지 의문스럽습니다. 선종이라고 무조건 인과를 부정해서는 안됩니다.

　관세음보살의 32화신을 말하는데 대승차원에서는 여러분들도 다 화신입니다. 여기서 화신은 방편을 쓰는 부분을 말합니다. 문수보살의 지혜와 보현보살의 덕행을 누구든 갖추고 있는데 우리는 제대로 쓸 수가 없는 것입니다.

　옛 선사들은 법거량을 할 때 목숨을 내놓고 하는 경우도 있습니다. 아나율 존자는 대중이 떠드는 것을 감시하느라 밤마다 잠을 안 자고 돌아다니다 부처님 법문할 때마다 졸았습니다. 나중에 그것이 원인이 되어 실명 후 부처님의 가르침으로 천안통이 열리는 설화가 있습니다. 선이 추구하는 세계에서는 '생사가 없는' 도리를 깨닫는 것이기에, 목숨에 연연하지 않을 수가 있습니다.

# 눈이 밝아야
# 간파할 수 있다

"혹은 어떤 학인이 하나의 청정한 경계를 선지식 앞에 내놓으면 선지식이 그것이 경계인 줄을 알아차리고 집어다가 구덩이 속에 던져버린다. 그래서 학인이 '참으로 훌륭한 선지식이십니다.' 라고 하면 선지식은 곧 '쯧쯧, 좋고 나쁜 것도 모르는 구나' 라고 한다. 그러면 학인이 절을 하는데 이것을 '주인이 주인을 간파한다.'고 한다.

또 어떤 학인이 목에 칼을 쓰고 발에 족쇄를 찬 채 선지식 앞에 나타나면, 선지식이 그 위에다 다시 칼과 족쇄를 한 겹 더 씌워버리는데도 학인이 기뻐하여 피차가 서로 분간하지 못하면, 이것을 '객이 객을 간파한다.'고 한다.

대덕들이여, 산승이 이와 같이 예를 든 것은 모두가 마군과 이단을 가려내서 삿된 것과 바른 것을 알게 하기 위함이다."

或有學人 應一箇清淨境 出善知識前 善知識 辨得是境 把得抛
向坑裏 學人 言 大好善知識 卽云 咄哉 不識好惡 學人 便禮拜
此 喚作主看主 或有學人 披枷帶鎖 出善知識前 善知識 更與
安一重枷鎖 學人 歡喜 彼此不辨 呼爲客看客 大德 山僧 如是
所擧 皆是辨魔揀異 知其邪正

## | 강설(講說) |

안목이 열린 사람만이 열린 사람을 알아 볼 수 있습니다.

실상(實相)은 입을 벌리면 그르치는 자리이니 집어치워 버립니다.
학인이 한 질문을 완전히 뒤집어 버리기도 합니다. 주인은 상대 학인
의 마음을 다 읽고 있습니다.

깨닫지 못한 사람은 깨닫지 못한 이를 못 알아봅니다. 임제스님의
경지에서는 마음에 대상과 경계가 생기면 다 삿된 것입니다.

# 형체도 없으면서
# 밝고 뚜렷한 '이것'

"도를 배우는 벗들이여! 진실한 마음을 내기는 매우 어려운 것이고 불법은 심오하지만 알고 보면 별것 아닌 당연한 일이다.

산승은 온종일 그들에게 설파해주지만 공부하는 이들은 도대체 마음을 쓰지 않는다. 천 번 만 번 밟고 다니면서도 도무지 깜깜하다. 아무런 형체도 없으면서 밝고 뚜렷한 이것을 학인들은 믿지 못하고 명자와 글귀 위에서 이해하려 한다. 나이가 오십이 넘도록 단지 송장을 짊어지고 밖으로만 다니는구나. 이렇게 짐을 지고 천하를 돌아다녔으니 짚신 값을 받을 날이 있으리라."

道流 寔情 大難 佛法 幽玄 解得 可可地 山僧 竟日 與他說破
學者總不在意 千徧萬徧 脚底踏過 黑沒焌地 無一箇形段 歷歷

孤明 學人 信不及 便向名句上生解 年登半百 祇管傍家負死屍
行 擔却擔子天下走 索草鞋錢有日在

## ┃ 강설(講說) ┃

성철스님은 초등학교 밖에 안 나왔으나 5개 국어를 하셨다고 합니
다. 이처럼 두뇌가 명석했던 성철스님은 머리를 깍기 전에 해인사 선
방에서 정진하여 3년만에 깨치게 됩니다. 성철스님에게는 출가 전에
낳은 따님이 있었습니다. 불필스님이 원망하는 맘으로 부친인 성철
스님을 찾아뵈니, "너는 영원한 행복을 찾겠느냐? 일시적인 행복을
찾겠느냐?" 하여 출가를 결심했다고 합니다.

이와 같이 부녀지간이 크게 발심하기가 쉽지 않습니다. "형체도 없
으면서 밝고 뚜렷한 이것"이 온갖 것으로 나타나니 심오하기도 합니
다. 하지만, 문자를 통해 무언가를 얻으려 하니 임제스님도 답답하셨
을 겁니다. 모든 것을 마음이 하는데도 마음을 모르니 얼마나 답답하
겠습니까. 한번 크게 깨달음을 얻어 증오(證悟)가 되면 결코 잊어버
리지 않는다고 합니다. 즉 윤회를 하여도 다시 바로 열린다고 하니,
이왕이면 확철대오를 해야 할 것입니다.

# 동정일여
(動靜一如)

"대덕들이여! 산승이 밖에는 법이 없다고 말하면 공부하는 이들이 알아듣지 못하고 곧 안으로 알음알이를 지어서 벽을 보고 앉아 혀를 입천장에 붙이고 가만히 움직이지 않고 있다. 그리고는 이것을 조사문중의 불법이라 여기는데 크게 잘못 아는 것이다. 그대들이 만약 움직임이 없는 청정한 경계를 옳다고 여긴다면 그대들은 저 무명(無明)을 주인으로 잘못 아는 것이다. 옛사람이 이르기를 '깊고 깊어 캄캄한 구덩이는 참으로 무섭고 두렵다.' 라고 하였는데, 이것을 두고 한 말이다.

그대들이 만약 움직이는 것을 오인해서 옳다고 한다면 온갖 초목들도 다 움직일 줄 아니 그것도 응당 도이리라. 그러므로 움직이는 것은 바람의 성질이고 움직이지 않는 것은 땅의 성질이다. 움직이는 것과 움직이지 않는 것이 모두 다 고정된 자성이 없다.

그대들이 만약 움직이는 곳에서 그것을 붙잡으려 하면 그것은 움직이지 않는 곳에 서 있다. 또 그대들이 만약 움직이지 않는 곳에서 그것을 붙잡으려 하면 그것은 움직이는 곳에 서 있다. 비유하자면 마치 물속에 있는 물고기가 물결을 치면서 뛰어오르는 것과 같다.

대덕들이여, 움직임과 움직이지 않음이 두 가지 경계이다. 의지함이 없는 도인[無依道人]이라야 움직임도 쓰고 움직이지 않음도 쓰느니라."


大德 山僧 說向外無法 學人 不會 便卽向裏作解 便卽倚壁坐
舌拄上齶 湛然不動 取此爲是祖門佛法也 大錯 是你若取不動
淸淨境 爲是 你卽認他無明爲郞主 古人 云 湛湛黑暗深坑 實可
怖畏 此之是也 你若認他動者 是 一切艸木 皆解動 應可是道也
所以 動者 是風大 不動者 是地大 動與不動 俱無自性 你若向
動處捉他 他向不動處立 你若向不動處捉他 他向動處立 譬如潛
泉魚 鼓波而自躍 大德 動與不動 是二種境 還是無依道人 用動
用不動


**ǀ 강설(講說) ǀ**

깨닫지 못한 이들은 근본무명(根本無明)을 본심(本心)으로 오인하는 경우가 많습니다. "움직임이 없는 청정한 경계"는 상당한 경지에 이르러 정신은 맑지만 공부가 활발발하게 된 것은 아닙니다. 즉, 적적(寂寂: 고요고요함)은 되어있지만 성성(惺惺: 또렷또렷함)은 되어 있지 않은 것입니다.

동(動), 부동(不動)도 모두 우리들의 업(業)의 움직임일 뿐이며, 결정적인 것은 아닙니다. 앉아있는 것만이 공부는 아닙니다. 고요하거나 시끄러운 두 경계에 끄달리지 않아야 합니다. 동정일여(動靜一如)가 안 되면 깨닫기가 어렵다. 성철스님의《백일법문》에 보면, 오매일여(悟寐一如)가 안 되면 깨치기 어렵다 하여 놓치지 않으려고 온 방과 화장실에까지 '오매일여'를 다 붙여 놓고 노력하니 되더라 이겁니다. 저는 개인적으로 혜은사에 '일여(一如)'한 공부가 가능하도록 재가자들이 수행할 수 있는 무문관을 만들어 보고 싶습니다. 공부하는 데 있어서는 해제와 결제가 따로 있어서는 안됩니다.

좌선만이 공부라는 것은 착각입니다. 모두 실체가 없는 이름일 뿐입니다. 참선은 고요히 마음자리를 비춰보며 쉬는 것입니다. 그러다 보니 혼침에 빠저 무기공(無記空)에 떨어질 수 있습니다.

⊛ 일본과 한국의 조동종에 있어서는 경계에 끄달려가기 쉬운 면이 있어 경계하는 측면이 많습니다. 움직이지 않는다는 생각도, 움직임을 다잡으려는 생각도 다 잘못된 것입니다. 오로지 쉬고 또 쉬어가야 합니다.

# 세 가지 근기로
# 판단한다

"제방의 학인들이 찾아오면 산승은 여기서 세 가지의 근기로 그들을 판단한다. 중하근기가 오면 나는 곧 경계만 빼앗고 그 법을 없애지 않는다. 혹 중상근기가 오면 나는 곧 경계와 법을 함께 빼앗는다. 만약 상상의 근기가 오면 나는 곧 경계와 법과 사람을 다 빼앗지 않는다. 만약 격을 벗어난 뛰어난 견해를 가진 사람이 오면 나는 여기서 곧 전체작용을 나타내어 근기를 따지지 않는다.

대덕들이여, 여기에 이르게 되면 공부하는 이가 한껏 힘을 써야 한다. 바람도 통하지 않고 전광석화까지도 곧 지나가 버린다. 학인이 만약 눈만 깜박여도 곧 교섭이 없어진다. 마음으로 헤아리려 하면 곧 틀리며 생각을 움직였다 하면 바로 어긋나 버린다. 그러나 아는 사람은 눈앞을 여의지 않을 것이다.

대덕들이여, 그대들은 바랑에 똥짐을 짊어지고 옆으로 내달리며 부처를 구하고 법을 구하는데, 지금 그렇게 구하는 바로 그 사람이 누구인지 그대들은 아는가?

활발발하게 작용하지만 그 뿌리가 없으니 움켜잡아도 모이지 않고 펼쳐도 흩어지지가 않는다. 구할수록 더욱 멀어지고, 구하지 않으면 도리어 눈앞에 있다. 신령스런 소리가 귓전에 들리는데 만약 이것을 사람들이 믿지 않는다면 백년 세월을 헛수고만 할 뿐이다."

如諸方學人來 山僧此間 作三種根器斷 如中下根器來 我便奪其
境 而不除其法 或中上根器來 我便境法 俱奪 如上上根器來 我
便法人 俱不奪 如有出格見解人 來 山僧此間 便全體作用 不
歷根器 大德 到這裏 學人著力處 不通風 石火電光 卽過了也
學人 若眼定動 卽沒交涉 擬心卽差 動念卽乖 有人解者 不離目
前 大德 你擔 鉢囊屎擔子 傍家走 求佛求法 卽今與麼馳求底
你還識渠麼 活鱍鱍地 祇是勿根株 擁不聚 撥不散 求著卽轉遠
不求 還在目前 靈音 屬耳 若人 不信 徒勞百年

**| 강설(講說) |**

임제스님은 틈을 비집고 들어갈 수 없는 전체작용의 정신상태를 말하고 있습니다. '그것'은 참으로 활발발하니 어디에도 뿌리 내리고 있는 것이 아닙니다. 즉 눈에 보이거나 만질 수 있는 물건이 아닙니다. 구할수록 더욱 멀어지고, 구하지 않으면 도리어 눈앞에 있으니 가늠하기가 힘든 물건 아닌 한물건입니다.

임제스님처럼 선지식들은 타심통(他心通)으로 학인들의 근기를 판단합니다. 우스개 소리로 '중근기'를 중이 될 자격을 가지고 있다고 말합니다. 그리고 부처님 말씀에 "하근기는 정법을 설하면 두려워한다"고 합니다. 상상의 근기는 일체를 다 초월하여 마음 밖에 대상이 따로 없습니다. 이런 상상 근기는 선(禪)으로 바로 들어간다고 합니다. 스승과 제자 모두 경계를 다 초월해야 이심전심이 됩니다.

수행자는 문자나 수행방식에 집착하거나 법이라는 생각마저도 내려놓아야 합니다. 만약 초견성을 했다면 이때부터 더욱 밀어붙여야 할 것입니다.

# 모두 놓아버려라

"도를 배우는 벗들이여! 한 찰나 사이에 연화장 세계에 들어가고 비로자나불의 국토에도 들어간다. 해탈국토에도 들어가고 신통국토에 들어가고 청정국토에도 들어간다. 법계에도 들어가며 깨끗한 곳에 들어가고 더러운 곳에 들어간다. 범부의 세계에 들어가고 성인의 세계에 들어가며, 아귀 · 축생의 세계에도 들어간다.

그러나 곳곳마다 찾고 또 찾아보아도 아무 곳에도 생사가 있음을 보지 못하고 허망한 이름만 있을 뿐이다. 환영이며 허깨비며 헛꽃인 것을 애써서 붙잡으려 하지 말고 이득과 손실과 옳고 그름을 일시에 모두다 놓아버려라."

道流 一刹那間 便入華藏世界 入毘盧遮那國土 入解脫國土 入

神通國土　入淸淨國土　入法界　入穢入淨　入凡入聖　入餓鬼畜生
處處討覓尋　皆不見有生有死　唯有空名　幻化空花　不勞把捉　得
失是非　一時放却

## ▌강설(講說) ▌

모두 다 놓아 버려야 시공을 초월한 반야의 세계에 노닐 수 있습니다. 한 찰나 사이에 이름 붙여놓은 모든 생각들을 놓아버리면 실상의 세계에 계합할 수 있습니다.

"환영이며 허깨비며 헛꽃인 것"은 본래 없는 것을 내가 만든 것에 불과합니다. 조사선의 입장에서는 억지로 화두를 들게 하여 "애써서 붙잡으려 하는" 오늘날의 화두는 한참 잘못된 것입니다. 임제선, 조사선의 근본정신을 회복해야 합니다.

# 선사의 계보

"도를 배우는 벗들이여! 산승의 불법은 확실하고 분명한 선문의 정통을 계승한 것이다. 위로부터 내려온 마곡화상과 단하화상(738~823)과 도일화상(709~788)과 여산화상과 석공화상은 한길로 조사선의 가풍을 천하에 두루 폈는데, 아무도 믿지 않고 모두들 비방만 하고 있다.

예컨대 도일화상이 법을 쓴 것은 매우 순수하여 잡티가 없었다. 그분으로부터 도를 배우던 3백에서 5백이나 되는 학인들은 모두 다 화상의 뜻을 보지 못하였다.

여산화상은 자재하고 참되고 바른 분이었다. 순으로 혹은 역으로 법을 쓰는 것을 학인들이 그 경계를 측량하지 못하고 모두 다 갈팡질팡 하였다.

단하화상은 구슬을 굴리는 솜씨가 자유자재하여 보였다 안 보였다 한다. 찾아오는 학인들마다 모두 꾸지람을 들었다.

마곡화상이 법을 쓰는 것은 그 쓰기가 소태나무와 같아서 모두들 가까이하지 못하였다.

또 석공화상이 법을 쓰는 것은 화살 끝에서 사람을 찾는 것이어서 오는 사람들이 모두 두려워하였던 것이다."


道流 山僧佛法 的的相承 從麻谷和尙 丹霞和尙 道一和尙 廬山 與石鞏和尙 一路行徧天下 無人信得 盡皆起謗 如道一和尙用處 純一無雜 學人三百五百 盡皆不見他意 如廬山和尙 自在眞正 順逆用處 學人不測涯際 悉皆忙然 如丹霞和尙 翫珠隱顯 學人 來者 皆悉被罵 如麻谷用處 苦如黃檗 皆近不得 如石鞏用處 向 箭頭上覓人 來者皆懼


**| 강설(講說) |**

마음에 걸림이 없어서 늘 자유롭고 행복한 이가 도인입니다. 도인이 도인을 알아보는 것입니다. 당시에 도인들의 심지법문을 알아듣는 이가 없었던 것은 선종의 초기여서 도인이 많지 않았기 때문입니다.

임제스님도 부처님의 법맥을 이었다고 강조할 정도로 선사들 역시 전통과 계보를 중요시하였습니다. 후대의 우리나라 고승들도 임제법

맥을 비문(碑文)에 기록해주길 원했을 정도입니다.

&#9881; '완주은현(翫珠隱顯)'은 손바닥 위의 구슬처럼 마음을 자재하게 쓰는

것을 말합니다.

# 형상에 속지 말라

"산승이 오늘날 법을 쓰는 것은 진정으로 만들기도 하고 부수기도 하며 가지고 놀기도 하고 신통변화를 부리기도 한다. 일체 경계에 들어가지만 가는 곳마다 아무 일이 없어서 경계가 나를 빼앗지 못한다.

누가 찾아와서 구하는 이가 있으면 나는 곧 바로 그를 알아보지만 그는 나를 알아보지 못한다. 그래서 내가 곧 몇 가지 옷을 입어 보이면 학인들은 알음알이를 내어 한결같이 나의 말 속으로 끌려 들어오고 많이 슬픈 일이다.

눈먼 중이나 안목 없는 사람들이 내가 입은 옷을 가지고 푸르거나 누르거나 붉거나 흰 것으로 오인하고 있다. 내가 옷을 벗어버리고 텅 빈 경계에 들어가면 학인은 한번 보고 기꺼운 생각을 낸다. 또 내가 다시 벗어버리면 마음 둘 바를 몰라 바쁘게 달아나면서 나에게 옷이 없다고 말한다. 내가 그들에게 '그대는 내가 옷을 입는 그 사람을 아는가?' 라고 물으면, 홀연히 머리를 돌려버리고 나를 잘못 알고 만다."

如山僧今日用處 眞正成壞 翫弄神變 入一切境 隨處無事 境不能換 但有來求者 我卽便出看渠 渠不識我 我便著數般衣 學人生解 一向入我言句 苦哉 瞎禿子無眼人 把我著底衣 認靑黃赤白 我脫却 入淸淨境中 學人 一見 便生忻欲 我又脫却 學人 失心 忙然狂走 言我無衣 我卽向渠道 你識我著衣底人否 忽你回頭 認我了也

**❙ 강설(講說) ❙**

옷 입은 방편에 속지 말라는 법문입니다. 오늘날 외도들이 성행하는 것은 방편을 쓰는 분이 없기 때문입니다. 자유자재로 방편을 쓰는 임제스님과 같은 선지식은 법이 크므로 두려울 것이 없고, 경계에 끄달려가지 않습니다.

어떤 인연이 오든 과거생의 업에 의한 것이므로 자연스럽게 받아들이되, 다만 집착 하지 않으면 됩니다.

선문답을 할 때 분별 · 학문적으로 설명하려 하거나 망설이면 답이 안 나옵니다. 무엇인가 구하고자 하면 간단명료하게 "놓아라!" 하는 것이 조사선입니다.

임제스님은 '마음'이라는 단어보다 '사람'이라는 표현을 자주 사용합니다.

# 보리의 옷과
# 열반의 옷

"대덕들이여! 그대들은 옷을 잘못 알지 말라. 옷은 제 스스로 움직일 수 없다. 사람이 능히 옷을 입을 수 있다. 청정한 옷이 있고, 생사가 없는 옷이 있으며 보리의 옷과 열반의 옷이 있으며, 조사의 옷과 부처의 옷도 있느니라. 대덕들이여! 다만 소리와 명칭과 문구 따위로만 있을 뿐 모든 것은 옷에 따라 변화하는 것들이다. 배꼽 아래 단전으로부터 울려 나와서 이빨이 딱딱 부딪쳐 그 글귀와 의미를 이루는 것이니, 이것은 분명히 환화(幻化)임을 알아야 한다.

대덕들이여! 밖으로 소리 내어 말을 하고 안으로 마음먹은 것을 표현하며 생각으로 헤아리는 것은 모두가 옷에 지나지 않는다. 그대들이 그렇게 걸치고 있는 옷을 오인하여 실다운 견해라고 여긴다면 한량없는 세월을 보내더라도 다만 옷에 대해서만 통달할 뿐이다. 삼계에 돌고 돌며 생사에 윤회하게 되니 차라리 아무 일 없는 것만 같지 못하니라. 서로 만나도 알아보지 못하고 함께 이야기해도 상대의 이름을 알지 못하는 격이다."

大德 你莫認衣 衣不能動 人能著衣 有箇淸淨衣 有箇無生衣 菩提衣 涅槃衣 有祖衣 有佛衣 大德 但有聲名文句 皆悉是衣變 從臍輪氣海中鼓激 牙齒敲磕 成其句義 明知是幻化 大德 外發聲語業 內表心所法 以思有 皆悉是衣 你祇麼認他著底衣爲實解 縱經塵劫 祇是衣通 三界循環 輪廻生死 不如無事 相逢不相識 共語不知名

**┃ 강설(講說) ┃**

옷이란 부처님 말씀과 같은 방편을 말합니다. 허망한 이름을 이리저리 붙여놓은 것으로, 이 세상 모든 것이 다 마음에서 일어난 것임을 밝히고 있습니다.

경이나 문자에 집착해서는 실상을 바로 볼 수 없습니다. 저도 문자를 배운 적이 한번도 없습니다. 눈 뜨고 보면 아무것도 아닌 것입니다. 모든 것이 서로 하나인데 따로 보고 알아보지 못합니다. 진여실상 차원에서는 너, 나가 따로 없습니다.

# 알음알이 때문에
# 깨닫지 못한다

"오늘날 학인들이 깨닫지 못하는 것은 대개 이름과 문자를 잘못 알아서 알음알이를 내기 때문이다. 큰 공책에 죽은 노인들의 말씀을 베껴 가지고 세 겹 다섯 겹 보자기에 싸서 다른 사람들이 보지 못하게 하고 그것을 오묘한 이치라 하며, 애지중지 하는데 아주 잘못된 일이다. 눈멀고 어리석은 바보들아! 그대들은 말라빠진 뼈다귀에서 무슨 국물을 찾고 있는가?

좋고 나쁜 것도 모르는 어떤 무리들이 있어서 경전을 자기 나름대로 이리저리 따져서 의미를 만들어낸다. 이것은 마치 똥 덩어리를 입속에 넣었다가 다시 뱉어서 다른 사람에게 먹여주는 것과도 같다. 또 속인들이 비밀한 말을 입에서 입으로 전하는 것과 같으니 일생을 헛되이 보내는 것이다. 그러면서 '나는 출가한 사람이다.' 라고 떠벌리지만 불법에 대해서 질문을 받으면 입을 꾹 다물고 한마디도 못한다. 멍하니 쳐다 보는 눈은 새까만 굴뚝같고 입은 서까래를 건 것 같구나. 이와 같은 무리들은 미륵부처님이 나오시더라도 다른 세계로 옮겨가서 지옥에 살면서 고통을 받을 것이다."

今時學人 不得 蓋爲認名字爲解 大策子上 抄死老漢語 三重五重 複子裏 不教人見 道是玄旨 以爲保重 大錯 瞎屢生 你向枯骨上 覓什麼汁 有一般不識好惡 向敎中 取意度商量 成於句義 如把屎塊子 向口裏含了 吐過與別人 猶如俗人 打傳口令相似 一生 虛過 也道我出家 被他問著佛法 便卽杜口無詞 眼似漆突 口如楄擔 如此之類 逢彌勒出世 移置他方世界 寄地獄受苦

**┃ 강설(講說) ┃**

동국역경원에서 반야심경을 한글로 번역했는데 교학자들이 한 것이라 아쉬운 부분이 적지 않습니다. 학자들은 한문은 잘 하나 심오한 뜻을 제대로 새길 수가 없기 때문에 안목이 열린 분들이 번역하는 것이 옳습니다.

# 참 부처는
# 형상이 없다

"대덕들이여! 그대들은 무엇을 구하느라고 바쁘게 제방을 쏘다니며 발바닥이 넓적하도록 걸어 다녔는가? 부처는 구할 수 없고, 도는 이룰 수 없으며, 법은 얻을 것이 없느니라. 밖으로 형상이 있는 부처를 구한다면 그대들과는 닮지 않은 것이다.

그대들의 본래 마음을 알고자 하는가?

함께 있는 것도 아니고 떠나 있는 것도 아니다.

도를 배우는 벗들이여! 참된 부처는 형상이 없고, 참된 도는 실체가 없으며, 참된 법은 모양이 없다. 이 세 가지 법이 섞이고 융통하여 한 곳에 화합한 것이니, 이러한 이치를 알지 못하는 것을 망망한 업식중생이라고 한다."

大德 你波波地往諸方 覓什麼物 踏你脚板闊 無佛可求 無道可
成 無法可得 外求有相佛 與汝不相似 欲識汝本心 非合亦非離
道流 眞佛 無形 眞道 無體 眞法 無相 三法 混融 和合一處 既
辨不得 喚作忙忙業識衆生

**┃ 강설(講說) ┃**

참된 부처와 도와 법은 구할 수도 없고 이룰 수도 없고 얻을 것도
없습니다. 참된 부처[眞佛]는 입을 뗄 수 없는 그 자리를 상징합니다.

삼라만상이 부처 아닌 것이 없으니, 부처는 어디에 있고 없는 게
아닙니다. 부처니 도니 법이니 하는 것도 이름과 설명이 다르면 또
헷갈리는 것이 학인입니다.

"마음의 부처는 내 마음에 있다."고들 표현하지만, 사실 마음에는
안과 밖이 따로 없습니다.

어느 분들은 정진할 때나 안할 때나 한 생각이 성성히 깨어 있어야
한다고 하지만 저는 달리 생각합니다. 눈을 뜨던 감던 간에 실상을
하나로 비춰볼 수 있는 눈이 열려야 하고 대상을 다 비춰 볼 수 있어
야 공부가 됐다고 할 수 있습니다. 그리 되면 타심통까지 열릴 수 있
다고 봅니다.

# 참 부처, 참된 법, 참된 삶

학인이 임제선사께 여쭈었다.

"무엇이 참 부처며, 참 법이며, 참된 도인지 바라옵건대 가르쳐 주십시오."

임제선사께서 대답하셨다.

"부처란 마음이 청정한 것이고, 법이란 마음이 밝은 것이며, 도란 어디에나 걸림이 없는 깨끗한 빛이다. 이 셋이 곧 하나이니 모두가 헛이름일 뿐, 실제로 있는 것은 아니다. 진정한 도를 지어가는 사람이라면 순간순간 마음에 틈새가 없어야 한다.

달마대사께서 인도에서 오신 것은 다만 남에게 속지 않는 사람을 찾기 위해서였다. 뒤에 2조를 만났는데 2조가 한마디 말에 곧 깨닫고 비로소 종전의 공부가 헛된 것이었음을 알게 되었던 것이었다.

오늘날 산승의 견해는 조사나 부처와 다르지 않다. 만약 제일구에서 깨달으면 할아버지 부처의 스승이 된다. 만약 제이구에서 깨달으면 인간과 천상계의 스승이 된다. 만약 제삼구에서 깨달으면 자기 자신마저도 구제하지 못할 것이다."

問 如何是眞佛眞法眞道 乞垂開示 師云 佛者 心淸淨 是 法者 心光明 是 道者 處處無礙淨光 是 三卽一 皆是空名 而無實有 如眞正作道人 念念心不間斷 自達磨大師 從西土來 祇是覓箇不 受人惑底人 後遇二祖 一言便了 始知從前虛用功夫 山僧今日見 處 與祖佛不別 若第一句中得 與祖佛爲師 若第二句中得 與人 天爲師 若第三句中得 自救不了

**┃ 강설(講說) ┃**

오직 '하나의 마음[一心]'인 도리만 깨달으면 됩니다.

달마스님이 처음에는 법을 전하기 위해 서두르셨지만, 양무제를 만난 후 아직은 때가 이르지 않음을 알고 소림굴에서 9년동안 면벽하며 제자를 기다리셨습니다. 2조 혜가스님은 유교와 도교 등 경학 공부를 많이 하셨던 분인데 눈 속에서 자기 팔뚝을 잘라 바치며 달마스님에게 도(道) 공부하기를 청했습니다. 이러한 입설단비(立雪斷臂)의 결심이라면 혜가스님처럼 누구나 다 도를 이룰 수 있을 것입니다.

달마-혜가도

조사선의 '체'는 입을 떼면 그르치는 자리이지만, '용'은 물과 얼음, 금과 금장신구처럼 이름만 다를 뿐 근원은 같은 것입니다. 모양이 없는 마음에서 작용으로 나타난 현상계는 육안으로 보면 너와 내가 다르지만, 마음자리에서는 하나입니다. 눈을 감고 보면 벽이 없어져 집안에 모든 것을 다 볼 수 있듯이 천지가 동근이요[天地同根], 만물이 일체[萬物一體]입니다.

"달마가 서쪽에서 온 뜻이 무엇이냐?"

할 때 달마는 본래 오고 감이 없으므로, '용'차원에서 물은 까닭에 "뜰 앞의 잣나무"라고 답을 한 것입니다.

조사선에서 '제1구'는 말이나 동작도 필요 없이 그냥 알아차리는 경지입니다. 그리고 '제2구'는 주장자를 들어보이거나 탁자를 치거나 하는 지혜작용을 통해 깨닫는 경지입니다. '제3구'는 말로서 설명을 해야 알아차리는 경지입니다.

# 마음과 몸이
# 부처와 다르지 않다

학인이 임제선사께 여쭈었다.

"달마대사께서 서쪽에서 오신 뜻은 무엇입니까?"

선사께서 답하셨다.

"만약 뜻이 있다면 자기 자신도 구제하지 못했을 것이다."

"이미 뜻이 없었다면 2조께서는 어떻게 법을 얻었습니까?"

"얻었다는 것은 얻지 못했다는 것이다."

"이미 만약 얻지 못했다면 어떤 것이 얻지 못했다는 뜻입니까?"

"그대들은 모든 곳을 향하여 치달려 구하는 마음을 쉬지 못하므로 달마조사께서 말씀하시기를, '애닯다. 장부들아! 머리가 있는데 또 머리를 찾는구나.' 하신 것이다. 그대들은 말끝에서 곧 스스로 자신의 본래 모습을 되돌아보라. 더 이상 다른 데서 찾지 말고 이 몸과

마음이 할아버지 부처와 다르지 않음을 알아서 당장에 아무 일 없게
되면 바야흐로 법을 얻었다고 하는 것이다."

問 如何是西來意 師云 若有意 自救不了 云 旣無意 云何二祖
得法 師云 得者 是不得 云 旣若不得 云何是不得底意 師云 爲
你向一切處 馳求心 不能歇
所以 祖師言 咄哉 丈夫 將頭覓頭 你言下 便自回光返照 更不
別求 知身心與祖佛不別 當下無事 方名得法

**| 강설(講說) |**

현상계는 실체가 없기 때문에 '마음의 그림자'라고 말합니다. 본래
얻을 것이 없기에, 생사가 없는 도리를 깨달았을 때 달마스님도 본래
오고 감이 없음을 알게 됩니다.

"달마스님이 서쪽에서 오신 뜻은 무엇입니까?"

하는 질문은 '용'차원의 물음이기에, "뜰 앞의 잣나무!"도 답이 되
는 것입니다.

문자에 끄달리거나 집착하면 속게 됩니다.

진리는 본래 주고 받는 것도 전해지는 것도 아니므로 '얻을 것이
없는 도리'를 깨달았다고 하는 것입니다. 그래서 반야심경에서도 "무
지역무득 이무소득고(無智亦無得 以無所得故: 지혜도 얻음도 없으니,
이로 인해 얻어지는 것 또한 없느니라." 라고 설하고 있습니다.

옛 스승들은 "바보가 되어라!" "아는 체 하지 못하고, 잘난 체 하지 못한다. 바보만 제대로 되면 도인이 다 되는 것이다!" 라고 했습니다. 말과 생각을 할 때 에너지 파동이 되어 멸하지 않고 우주 공간에 남기 때문에 한 생각, 말 한마디로 조심하라는 것입니다. 업은 결코 소멸하지 않는 것이기에 닦는 바 없이 닦는 수행을 통해 정화시킬 수 있을 뿐입니다.

마음 밖에서 구하는 수행은 모두 외도입니다. "우주의 주인은 바로 '나'인데 왜 밖에서 찾느냐?" 하는 것입니다. 밖으로 찾고 구하지 않게 될 때 비로소 스스로 할아버지 부처와 다르지 않음을 깨닫게 된다는 것입니다.

# 밥값을 갚아야 한다

"대덕들이여! 산승이 오늘 부득이 쓸데없는 더러운 소리를 많이 하고 있는데 그대들은 착각하지 말라. 내가 보기에는 실로 이처럼 허다한 도리는 없다. 작용하게 되면 곧 작용하고 작용하지 않으면 곧 쉰다.

다만 제방에서는 육도만행을 부처님의 법이라고 말하지만 나는 그것을 장엄하는 것이고 불사를 짓는 일이지 불법은 아니라고 말한다. 몸과 마음을 깨끗이 하는 재계를 지키고 계행을 가지며, 기름이 가득 찬 그릇을 들고 가도 출렁거리지 않게 조심스럽고 신중하게 행동하더라도 도를 보는 안목이 밝지 못하면 모두가 빚을 지지 않을 수 없으니 밥값을 갚을 날이 있을 것이다. 어째서 그러한가.

불도에 들어와서 이치를 통하지 못하면, 몸을 바꿔 신도들의 시주

빚을 갚아야 하기 때문이다. 그래서 장자가 81살이 되자 그의 집에 있는 나무에서 비로소 버섯이 나지 않았다는 이야기도 있는 것이다.”

大德 山僧今時 事不獲已 話度說出許多不才淨 你且莫錯 據我見處 實無許多般道理 要用便用 不用便休 祇如諸方 說六度萬行 以爲佛法 我道 是莊嚴門佛事門 非是佛法 乃至持齋持戒 擎油不泖 道眼不明 盡須抵債 索飯錢有日在 何故如此 入道不通理 復身還信施 長者八十一 其樹不生耳

**| 강설(講說) |**

인과는 일체 어긋남이 없습니다. 도를 깨닫고자 발심한 모든 분들, 오직 삼매(일행삼매, 일상삼매)경지에 들어가 있을 때가 제대로 수행하는 때임을 알아야 합니다. 그렇지 않다면 선업이든 악업이든 업을 지을 뿐입니다. 만약 이왕 업을 짓는다면 선업을 지어야 합니다. 남에게 베풀고 복을 지어야 수행도 할 수 있습니다. 물질적인 부분은 내가 물질적으로 베풀어야 돌아온다는 사실을 기억해야 합니다.

육도만행을 하며 육바라밀을 행하는 것은 복을 지으라는 것입니다. 내게 소중한 것을 남에게 줄 수 있는 마음을 내기란 쉽지 않습니다. 어머니의 마음처럼 자식에게 댓가 없이 베푸는 경우가 참다운 자비행입니다.

그러나 육도만행이나 육바라밀 역시 인과 안의 일입니다. 선업이든 악업이든 베푼만큼 되돌려 받아야 하는 것입니다. 수행도 하지 않고 무위도식하는 경우 모두 인과에 걸립니다. 소로 태어나 몸으로 갚아야 하고 고기까지 내줘야 합니다. 인과에 걸린다는 것은 묵은 빚, 즉 밥값을 갚는 일이기도 합니다. 깨달음은 마음 밖에 따로 대상을 두지 않는 경지에서 일어납니다. 도를 보는 안목이 깊어 주객이 멸한 자리에서 행하지만, 인과에 어둡지는 않습니다.

"장자가 81살이 되자 그의 집에 있는 나무에서 비로소 버섯이 나지 않았다는 이야기"는 선종의 제16조 라후라다존자의 일화입니다.

라후라다존자는 가비라국 사람이며, 성은 범마, 아버지의 이름은 정덕입니다. 용수존자의 법을 이어 받은 제15조 가나데바존자가 가비라국에 와서 교화 활동을 펼칠 때 라후라다의 아버지가 질문하기를, "청정한 분이시여! 우리 정원수에 맛좋은 버섯이 돋았는데 버섯을 따내도 그 즉시 또 자라납니다. 무슨 인연으로 이 버섯이 우리 정원수에 나며, 따내도 또 나는 것일까요?"

이에 가나데바존자가 대답합니다.

"옛적에 그대의 집안에서 한 비구스님을 공양하였는데 진리의 눈은 밝지 못하면서 헛되이 시주만을 받았다. 그래서 그 비구가 죽어 시은에 보답하기 위해 버섯이 된 것이다. 그대 나이 여든 한 살이 되면 나무에 버섯이 나지 않을 것이다."

이에 장자는 둘째 아들인 라후라다를 가나데바존자에게 보내어 출가케하였습니다. 가나데바존자의 밑에서 열심히 수행정진한 라후라

다존자는 마침내 깨달음을 얻게 되었습니다. 가나데바존자께서 전법게를 내리시기를,

　　사람에게 법을 전하는 뜻은
　　해탈의 이치를 설하기 위함일세
　　법에는 진실로 얻을 것이 없나니
　　끝도 없고 시작도 없다네.


　가나데바존자로 부터 법을 받은 후 라후라다존자는 사위성에 들어갔는데 그 성 안에는 금수라는 강이 흘렀습니다. 하루는 강의 중류에서 홀연히 다섯 부처님의 모습이 보였습니다. 급히 물길을 거슬러 올라가보니 강의 상류에 앉은 채로 깊은 선정에 들어 있는 수행자가 있었는데, 그의 이름을 물어보니 승가난제라고 했습니다.
　라후라다존자가 물었습니다.
　"몸이 선정에 들었는가, 마음이 선정에 들었는가?"
　"몸과 마음이 함께 들었습니다."
　"몸과 마음이 함께 들었다면 어찌 선정에 들고 나옴이 있는가."
　"비록 들고 나옴은 있으나 선정의 상은 결코 잃어버리지 않습니다."
　문답 후 승가난제가 출가를 발원하자, 라후라다존자는 "내게도 매이지 말고 자재하라."고 당부하며 그 자리에서 법을 전했습니다.

법에는 진실로 증득할 것이 없어서

취할 수도 버릴 수도 없다네

법은 또한 있고 없는 것이 아니니

어찌 안과 밖이 생기리.


존자는 게송을 마치고 조용히 열반에 들었다고 합니다.

# 도인은 자취가 없다

"외로운 산봉우리에 혼자 살며 아침 한 끼만 공양을 하고 눕지도 않고 앉아서 밤낮으로 도를 닦는다 하여도 모두 다 업을 짓는 사람들이다. 머리와 눈과 골수와 뇌를 보시하고, 나라와 성곽과 아내와 자식을 보시하고, 코끼리와 말과 일곱 가지 값진 보물들을 모조리 다 기꺼이 보시하더라도 이와 같은 견해는 모두가 몸과 마음을 괴롭히기 때문에 괴로운 과보를 다시 불러오는 것이다.

차라리 아무 일도 없이 순일하여 잡스런 것이 없는 것만 같지 못하니라. 또 십지에 오른 보살조차도 이 도인들의 자취를 찾을 수 없는 것이다. 그러므로 모든 천신들이 기뻐하고 지신들이 그의 발을 받들어 모시며, 시방의 모든 부처님들이 칭찬하지 않는 이가 없다.

어째서 그런가? 지금 법문을 듣고 있는 도인이 작용하는 그곳에는 아무런 자취가 없기 때문이다."

乃至孤峯獨宿 一食卯齋 長坐不臥 六時行道 皆是造業底人 乃
至頭目髓腦 國城妻子 象馬七珍 盡皆捨施 如是等見 皆是苦身
心故 還招苦果 不如無事 純一無雜 乃至十地滿心菩薩 皆求此
道流蹤跡 了不可得 所以 諸天 歡喜 地神 捧足 十方諸佛 無不
稱歎 緣何如此 爲今聽法道人 用處無蹤跡

**┃ 강설(講說) ┃**

임제스님의 이 법문은 '하나'를 쓸 수 있는 힘이 있기에 할 수 있는
표현입니다. 양무제는 문무백관을 상대로 금강경을 강의할 정도로
대단했지만, 문자 풀이만 한 것이라 공덕이 없었습니다. 그래서 달마
스님께 당신이 "절을 세우고 불교를 선양한 공덕이 얼마입니까?" 하
고 질문했을 때, 대사께서는 "공덕이 없다."고 답을 했던 것입니다.
깨닫지 못한 상태에서 경을 강의하고 절을 짓고 탑을 세우는 일들은
모두 마음의 그림자이기 때문에 선업은 될지언정 공덕이 없습니다.
깨닫고 한 행위가 바라밀이지 그전의 행들은 모두 업일뿐이기 때문
입니다.

청화스님은 47년간 일종식을 하며 장좌불와(長坐不臥) 하신 걸로
유명하셨습니다. 지성스님이 청화스님이 정말 장좌불와 하는지가 궁
금하여 문틈에 구멍을 뚫고 살피니 정말 하고 계시기에 자신도 해보

니 도저히 할 수가 없었다고 합니다. 성철스님도 장좌불와를 하셨는데, 이를 보고 춘성스님도 따라 해보니 1주일만에 이가 다 빠지더라는 것입니다.

그러나 이러한 유위행이 당장 공덕은 되지 못하지만 깨달음으로 나아가는 간접적인 조인(助因)이 됨을 잊어서는 안됩니다. 석가모니부처님은 새끼를 낳은 사자에게 몸을 보시한 인연으로 바로 도솔천에 올라가 성불하는데 무려 7겁을 앞당길 수 있었다고 합니다. 이것은 '나'라는 생각이 끊어진 무아, 무심에서 나온 행이기에 큰 공덕이 된 사례입니다.

미륵보살과 석가모니가 함께 수행하던 시절, 석가모니께서는 자비가 있었고, 미륵보살은 지혜가 수승했다고 전합니다. 석가모니부처님은 과거생에 많은 보살행을 펼쳤기에 미륵보살 보다 먼저 부처님이 되리란 수기를 받고 사바세계에 부처로 나투시게 된 것입니다. 부처님처럼 덕을 많이 베푼 분이 도를 깨달으면 제자들이 많이 따르고 힘을 쓰는 차원이 다릅니다. 반면, 지혜만 총명하고 덕이 부족한 사람은 제자들이 많이 따르지 않습니다. 우리 마음에 조금도 좋다, 나쁘다 하는 분별심이 없는 경지라야 비로소 해인삼매(海印三昧)의 힘을 쓸 수가 있다고 합니다. 불교대학 출신들이 사찰에서 불사를 하면 시주를 안하는 경우가 많은데, 박복(薄福)하면 공부를 제대로 할 수 없다는 사실을 알아야 합니다.

1989년, 제가 혜은사에 오기 전 고창 선운사에 있을 때, 경신일(庚

申日)마다 24시간동안 다라니를 하는 보살이 있었습니다. 그분은 눈을 감으면 영가가 다 보인다고 합니다. 제가 새벽 3시에 '화엄경 약찬게'를 독송하며 도량석을 하면 뒤에 신중님들이 줄을 서신다고 합니다. 누구든 혜(慧)가 맑아지면 육안으로 보이지 않는 것도 보이는 것입니다. 본래 불성을 가리고 있는 업의 경중 정도에 따라 감각기관이 다르게 받아들이는 것뿐입니다. 여러분들도 수행을 열심히 하면 신중님들이 옹호를 하신다는 사실을 기억하시기 바랍니다.

# 대통지승불

학인이 임제선사께 여쭈었다.

"대통지승부처님[大通智勝佛]께서 십 겁 동안 도량에 앉아 계셨지만 불법이 나타나지 않아서 불도를 이루지 못하였다고 하는데 그 뜻이 무엇입니까? 스님께서 지시하여 주십시오."

선사께서 대답하셨다.

"대통(大通)이라는 것은 바로 자기 자신이 어디에서나 만법은 성품과 모양이 없음을 통달하는 것을 말한다.

지승(智勝)이라는 것은 어디에서나 의혹이 없어서 한 가지 법도 얻을 것이 없음을 뜻한다.

불(佛)이란 마음의 청정한 광명이 온 법계를 꿰뚫어 비추는 것을 말한다.

'십 겁 동안 도량에 앉았다'고 하는 것은 십바라밀을 닦는 것이다.

'불법이 나타나지 않았다' 하는 것은 부처란 본래 생기는 것이 아니고 법은 본래 없어지는 것이 아닌데 무엇이 다시 나타나겠는가?

'불도를 이루지 못했다'고 하는 것은 부처가 다시 부처를 지을 수 없다는 뜻이다.

그러므로 옛사람이 '부처님은 항상 세간에 계시면서도 세간의 법에 물들지 않는다.'고 하였다."

問 大通智勝佛 十劫 坐道場 佛法 不現前 不得成佛道 未審此意如何 乞師指示 師云 大通者 是自己於處處 達其萬法無性無相 名爲大通 智勝者 於一切處 不疑 不得一法 名爲智勝 佛者 心淸淨光明 透徹法界 得名爲佛 十劫坐道場者 十波羅蜜 是 佛法 不現前者 佛本不生 法本不滅 云何更有現前 不得成佛道者 佛不應更作佛 古人 云 佛常在世間 而不染世間法

**┃ 강설(講說) ┃**

이 법문을 오해하면 대통지승부처님께서 성불을 못한 것으로 알 수 있는데, 그것이 아닙니다. 부처란 본래 생기는 것이 아니고 법은 본래 없어지는 것이 아님을 밝히기 위한 설정인 것입니다.

우리 인간은 원래 빛으로 된 광음천에서 투명인간으로 비행자재하며 살았다고 합니다. 지상이 궁금해서 내려와 처음으로 맛을 본 것이 물이라고 합니다. 자꾸 그 물맛을 보다보니 투명인간의 몸이 육신으로 바뀌고 비행도 자재할 수 없게 되어 광음천으로 돌아갈 수 없게 되었다고 합니다. 그 당시에 사방에 쌀나무가 있어서 언제든 먹을 수가 있었는데 남녀가 구분이 되고 가정이 생기자 욕심이 생겨 오늘날의 모습으로 살아가고 있다는 것입니다. 본래 우리 인간들은 비행자재할 능력이 있었는데, 지금은 불가능한 것은 무엇 때문일까요?

'나'라는 생각이 있으면 결코 신족통(神足通)을 할 수 없는 것입니다. 남전스님은 제자들이 서로 다투며 대답을 못하자 고양이 목을 쳤지만 고양이를 죽여도 죽인다는 생각이 없었다면 인과에 걸리지 않았을 것입니다. 그러나 죽였다는 생각이 있으면 인과에 걸립니다. 수행은 방편과 원력이 있어야 합니다. 10바라밀의 실천은 힘을 얻어야 가능하지, 그냥 되는 것은 아닙니다.

🐙 십바라밀(十波羅蜜)은 육바라밀에 선교방편(善巧方便), 원(願), 력(力), 지(智)의 4바라밀을 더한 것입니다. 이 법문에서는 이와 같은 열 가지 덕목들이 영원, 청정(淸淨)함을 가리킵니다.

# 마음 따라 일체 법이
# 생하고 소멸한다

"도를 배우는 벗들이여! 그대들이 부처가 되고자 한다면 일체 만물을 따라가지 말아라. 마음이 생겨나면 갖가지 법이 생겨나고 마음이 없어지면 갖가지 법이 없어진다. 한 마음이 생겨나지 않으면 만법에 허물이 없다. 세간이건 출세간이건 부처도 없고 법도 없다. 나타난 적도 없고 일찍이 잃어버린 일도 없다.

설혹 부처와 법이 있다 하더라도 그것은 모두가 명칭과 말과 문장일 뿐이다. 어린아이들을 달래기 위한 것이며, 병에 따라 쓰이는 약이며, 표현하는 이름과 문구일 뿐이다.

그런데 이름과 문구도 스스로 이름과 문구라고 하지 않는다. 또한 그대들 눈앞에서 아주 밝고 분명하게 느끼고 듣고 알며 비춰보는 그 사람이 모든 이름과 문구를 만들었다."

道流 你欲得作佛 莫隨萬物 心生 種種法生 心滅 種種法滅 一心不生 萬法無咎 世與出世 無佛無法 亦不現前 亦不曾失 設有者 皆是名言章句 接引小兒 施設藥病 表顯名句 且名句不自名句 還是你目前昭昭靈靈 鑑覺聞知照燭底 安一切名句

**┃ 강설(講說) ┃**

임제스님은 경전의 어구란 우는 아이를 달래는 방편이라고 했습니다. 어린아이가 울 때 어머니는 "밖에 호랑이가 왔다"고 거짓말을 하여 아이의 울음을 그치게 합니다. 마찬가지로 경전 상에 나타난 무수한 부처님과 보살들 역시 울고 있는 어린아이(중생)들을 달래는 임시적인 방편의 말이란 것입니다. 즉 병에 따라 약을 베푸는 일과 같다는 것입니다. 그래서 임제스님은 "설혹 부처와 법이 있다 하더라도 그것은 모두가 명칭과 말과 문장일 뿐이다." 라고 한 것입니다. 부처님과 보살들을 표현하는 명구는 다 사람들이 만든 것입니다. 좀더 구체적으로는 지금 목전에서 소소영영하게 지각하고 듣고 알고 하는 그 사람[本來面目, 불성]이 일체 명구들을 만든 것입니다.

&#9767; 심생종종법생(心生種種法生)이요 심멸종종법멸(心滅種種法滅)이라, 마음이 생겨나면 갖가지 법이 생겨나고 마음이 없어지면 갖가지 법이 없어집니다.

일심불생(一心不生)이면 만법무구(萬法無咎)라, 한 마음이 생겨나지 않으면 만법에 허물이 없습니다.

두 구절 중 위의 구절은 원효스님의 게송에도 등장할 정도로 아주 유명합니다. 아래 구절 역시 불자들이 반드시 깨우쳐야 할 게송입니다.

# 무간지옥에 떨어질
# 다섯 가지 업

"대덕들이여! 무간지옥에 떨어질 다섯 가지 업을 지어야 바야흐로
해탈하게 되느니라."

"무엇이 오무간업(五無間業)입니까?"

"아버지를 죽이는 것과 어머니를 해치는 것과 부처님 몸에 피를
내는 것과 화합 승단을 깨뜨리는 것과 경전과 불상을 불사르고 깨트
리는 것이 오무간업이다."

"무엇이 아버지입니까?"

"무명이 아버지다. 그대들이 한 생각 마음이 일어났다 없어졌다 하
는 곳을 찾을 수 없어 마치 허공에 메아리가 울리는 것 같고 어디를
가나 일이 없는 것이 아버지를 죽인 것이니라."

"무엇이 어머니입니까?"

"탐내고 애착하는 것이 어머니다. 그대들의 한 생각 마음이 욕계에 들어가 그 탐내고 애착하는 것을 찾아보아도 오직 모든 법은 공한 모양임을 볼 뿐이고 어디에나 집착하지 않는 것이 어머니를 해친 것이니라."

"무엇이 부처님 몸에 피를 내는 것입니까?"

"그대들이 청정한 법계에서 한 생각 마음에 알음알이를 내지 않고 어디에서는 캄캄한 것[절대평등]이 부처님의 몸에 피를 내는 것이니라."

"무엇이 화합승단을 깨뜨리는 것입니까?"

"그대들의 한 생각 마음이 번뇌의 속박을 바르게 통달하여 마치 허공이 의지하는 바가 없는 것 같음이 화합승단을 깨뜨린 것이니라."

"무엇이 경전과 불상을 불사르는 것입니까?"

"인연이 비고 마음이 비고 법이 비었음을 보아서 한 생각에 결정코 끊어서 초연히 일 없는 것이 경전과 불상을 불사르는 것이니라."


大德 造五無間業 方得解脫 (淨名經第子品 云 以五逆相而得解脫)
問 如何是五無間業 師云 殺父 害母 出佛身血 破和合僧 焚燒
經像等 此是五無間業 云 如何是父 師云 無明 是父 你一念心
求起滅處不得 如響應空 隨處無事 名爲殺父 云 如何是母 師云
貪愛爲母 你一念心 入欲界中 求其貪愛 唯見諸法空相 處處無
著 名爲害母 云 如何是出佛身血 師云 你向淸淨法界中 無一念

心生解 便處處黑暗 是出佛身血 云 如何是破和合僧 師云 你一
念心 正達煩惱結使 如空無所依 是破和合僧 云 如何是焚燒經
像 師云 見因緣空心空法空 一念決定斷 逈然無事 便是焚燒經
像

## ▌강설(講說) ▌

㉘ 오무간업(五無間業) 법문은《유마경》에도 등장합니다. 오무간업에 대
한 임제스님의 해석은《유마경》의 다음 설법을 근거로 한 것임을 알 수 있
습니다.

"그때 장로 대가섭이 문수사리에게 찬성의 뜻을 펴 말했다. '대단히 훌
륭합니다. 신의 말씀은 훌륭하고 바른 것입니다. 우리들과 같은 사람(성
문)이 어떻게 깨달음을 향해 발심하고 깨달음을 열 수 있겠습니까? 참으
로 다섯 무간죄가 있는 사람이야말로 발심도 할 수 있고 불법도 깨달을
수 있는 것입니다.'"

# 내 말도 취하지 말라

"대덕들이여! 만약 이와 같이 통달한다면 범부다, 성인이다 하는 이름에 구애되지 않을 것이다.

그대들의 한 생각 마음이 빈주먹 속에서 무엇인가 있다는 생각을 낸다. 또 육근과 육진의 법에서 공연히 없는 것을 만들어 내어 괴이한 짓을 하여 스스로를 가볍게 여기고 뒷걸음질치면서 '나는 범부고 저분은 성인이시다.' 라고 한다. 이 바보 같은 중들아! 무엇이 그리 다급하여 사자의 가죽을 쓰고 여우의 울음소리를 내는가?

사나이가 장부의 기개를 펴지 못하고 자기 집안의 보물을 믿으려 하지 않는다. 단지 바깥으로만 찾아다닌다. 옛사람들이 만든 부질없는 명칭과 문구에만 사로잡혀 이리저리 이 말에 의지하고 저 말에 의지하여 분명하게 통달하지 못한다. 경계를 만나면 곧 거기에 반연한다. 육진을 만나면 곧 또 집착한다. 닿는 곳마다 미혹을 일으켜서 스스로 정해진 기준이 없다.

도를 배우는 벗들이여! 산승이 말하는 것도 취하지 말라. 왜 그러한가? 내말에도 아무런 근거와 의지할 데가 없어서 잠깐 허공에 대고 그림을 그린 것이다. 또 남이 그린 그림이나 형상에 채색을 입히는 것과 같기 때문이다."


大德 若如是達得 免被他凡聖名礙 你一念心 祇向空拳指上生實
解 根境法中 虛捏怪 自輕而退屈言 我是凡夫 他是聖人 禿厮生
有甚死急 披他師子皮 却作野干鳴 大丈夫漢 不作丈夫氣息 自
家屋裏物 不肯信 祇麼向外覔 上他古人閒名句 倚陰博陽 不能
特達 逢境便緣 逢塵便執 觸處惑起 自無准定 道流 莫取山僧說
處 何故 說無 憑據 一期間圖畫虛空 如彩畫像等喻


**┃ 강설(講說) ┃**

"무엇이 그리 다급하여 사자의 가죽을 쓰고 여우의 울음소리를 내는가?"는 아래 《전등록》 '운문(雲門)의 장'에도 보이듯이 당시 선가의 빗나간 풍토를 경책하는 법문입니다.

"요즘 어떤 이들은 흡사 건달들처럼 머리를 모으고 앉아 옛사람의 말이나 외어서 기억해 두었다가 망상으로 헤아린 뒤에 불법을 알았다고 떠들고 있다. 그리고는 성질대로 부질없는 이야기나 떠들면서 세월을 보내다가 다시 뜻에 맞지 않는다 하여 천리만리 부모와 스승을 버리고 떠나니 무슨 황급한 일이 있어 죽을 둥 살 둥 행각만을 하고자 하는가?"

## 부처를 구하면
## 부처를 잃는다

"도를 배우는 벗들이여! 부처를 최고의 경지라고 여기지 말라. 나에게는 그것이 마치 화장실의 변기와 같은 것이다. 보살과 나한은 모두 다 목에다 씌우는 칼과 발을 묶는 족쇄와 같이 사람을 결박하는 물건들이다. 그러므로 문수는 긴 칼을 비껴들고 부처님을 죽이려 했고, 앙굴리마라는 단도를 가지고 석가모니를 해치려 한 것이다.

도를 배우는 벗들이여! 부처란 얻을 것이 없는 것이다. 삼승과 오성과 원돈교의 자취마저도 모두다 그때그때의 병에 따라 약을 주는 것이지 고정된 실다운 법이 있는 것은 절대 아니다. 설사 있다 하더라도 그것은 말로 표현하는 길거리의 광고 표지판이요, 문자를 알맞게 배열해 놓은 것이다. 임시로 이와 같이 이야기 해 본 것일 뿐이다.

도를 배우는 벗들이여! 어떤 중들이 있어서 곧 그러한 것에 공을 들어서 출세간법을 구하려고 한다. 그것은 잘못이다. 만약 어떤 사람이 부처를 구한다면 그 사람은 부처를 잃을 것이고, 만약 도를 구한다면 도를 잃을 것이며, 만약 조사를 구하다면 조사를 잃을 것이다.”

道流 莫將佛爲究竟 我見猶如厠孔 菩薩羅漢 盡是枷鎖 縛人底物 所以 文殊仗劍 殺於瞿曇 鴦掘 持刀 害於釋氏 道流 無佛可得 乃至三乘五性 圓頓敎迹 皆是一期藥病相治 並無實法 設有皆是相似表顯 路布文字 差排 且如是說 道流 有一般禿子 便向裏許著功 擬求出世之法 錯了也 若人 求佛 是人 失佛 若人 求道 是人 失道 若人 求祖 是人 失祖

**┃ 강설(講說) ┃**

부처란 이름에 속지 말라고 임제스님처럼 걸림 없이 말씀하신 분이 없습니다. 보살, 나한 역시 모두 이름이기에 여기에 집착하는 것은 스스로의 마음에 그림자가 있는 것입니다. 성문, 연각, 보살 그리고 경전과 교는 오로지 깨달음에 이르는 방편이어서 집착할 것이 없기에 경과 문자, 형상에 속지 말라는 법문입니다.

말법시대에는 도인이 있다 해도 알아 볼 수가 없습니다. 깨친 사람만이 도인을 알아보는 것입니다. 이 시대에는 알아보는 이도 없고 가르치기도 어렵기에 오히려 도인들은 숨어서 나타나지 않게 되는 것입니다.

경을 읽되 뜻을 새기지 못하는 것은 모래로 밥을 짓는 것과 같습니다. 경을 공부했으면 실제 수행으로 나아가야 합니다. 사람이 죽게 되면 정신세계에서는 미물과 인간의 생각이 똑같기 때문에 미물의 태중에 들어갈 수도 있습니다. 정신이 혼미한 상태에서는 벗어나기가 쉽지 않습니다. 그러므로 살아서 반드시 수행을 해야 하는 것입니다.

# 주리면 먹고
# 졸리면 잔다

"대덕들이여! 착각하지 말라. 나는 그대들이 경과 논을 잘 알고 있는 것을 높이 사지 않는다. 나는 또 그대들이 국왕이나 대신이라 하더라도 높이 사지 않는다. 나는 또 그대들이 폭포수처럼 유창한 말솜씨를 가졌더라도 높이 사지 않는다. 나는 또 그대들이 총명하고 지혜롭다 하더라도 높이 사지 않는다. 오직 그대들이 참된 안목을 가지기를 바랄 뿐이다.

도를 배우는 벗들이여! 설사 백 권의 경과 논을 이해한다 하더라도 일개 일 없는 스님만 같지 못하다. 그대들이 그런 것들을 안다 하더라도 곧 다른 사람들을 경멸하여 승부를 다투는 아수라가 될 뿐이고 나와 남을 분별하는 무명 번뇌로 지옥의 업을 기를 뿐이다. 예컨대 선성 비구가 십이분교를 잘 알면서도 산 채로 지옥에 떨어져서 대지도 용납하지 않았다.

차라리 아무 일없이 쉬고 쉬느니만 같지 못하다. 배가 고프면 밥을 먹고 잠이 오면 눈을 감으면 된다. 어리석은 사람은 나를 보고 비웃겠지만 지혜로운 사람은 알 것이다.

도를 배우는 벗들이여! 문자 속에서 찾지 말라. 마음이 움직이면 피곤하고 찬 기운을 마시면 좋을 것이 없다. 차라리 한 생각 인연으로 일어난 법이 본래 생멸이 없음을 깨달아 삼승의 방편 학설을 공부하는 보살들을 뛰어넘는 것만 같지 못하니라."


大德 莫錯 我且不取你解經論 我亦不取你國王大臣 我亦不取你
辯似懸河 我亦不取你聰明智慧 唯要你眞正見解 道流 設解得百
本經論 不如一箇無事低阿師 你解得 卽輕懱他人 勝負修羅 人
我無明 長地獄業 如善星比丘 解十二分敎 生身陷地獄 大地 不
容 不如無事休歇去 飢來喫飯 睡來合眼 愚人 笑我 智乃知焉
道流 莫向文字中求 心動疲勞 吸冷氣無益 不如一念緣起無生
超出三乘權學菩薩


**┃ 강설(講說) ┃**

일반 재가자들은 도인을 알아보지 못합니다. 오늘날 불자들은 재미있는 법문에는 잘한다고 손뼉을 치지만, 진정한 불교를 논하면 알아듣지를 못합니다. 깨닫기 위해 끊임 없는 정진을 해야지 무엇을 많이 아는 것은 별 의미가 없습니다.

다는 아니지만 많은 경을 외우고 이해하는 분들 가운데 상(相)이 더 강한 분들이 많습니다. 금강경을 몇 독 했느니, 법화경을 몇 독 했느니 하며 다른 사람들을 업신여기는 경향이 없지 않습니다. 이로 인해 지옥에 떨어질 수도 있는 일입니다. 송광 큰스님이 노후에 정신이 혼미해서 까치새끼로 태어날 뻔한 걸 다른 스님이 구해 준 이야기가 있습니다. 그렇게 수행을 많이 한 분도 그러한데 우리들이야 어떻겠습니까? 목숨이 붙어 있는 마지막까지 정진의 끈을 생명선처럼 가지고 있어야 합니다.

선성 비구처럼 경을 알면 알수록 아상(我相)을 내 더 분별하게 되는 것입니다. 임제스님의 가르침을 어리석은 사람은 모릅니다. 생각이란 것은 새로운 것을 접하면 마음만 혼란스러워집니다. 하나의 도리를 알았으면 끊임없이 정진하면 됩니다. 깨닫게 되면 모든 것을 알 수 있기 때문입니다. 이분법적인 사고에서는 우리 인간이 절대로 행복할 수 없습니다.

🎇 선성 비구(善星比丘)의 이야기는 《열반경》'가섭품(迦葉品)'에 보입니다. 선성(善星)은 '선숙(善宿)'이라고도 씁니다. 비구 선성은 12부의 경에 정통한 수재였지만, 무인과(無因果)를 주장하며 악행을 저지른 탓으로 산 몸으로 지옥에 떨어졌다고 합니다. 공(空)에 집착한 어느 천재적인 허무주의자(nihilist)의 몰락이라고 볼 수 있는 이야기입니다.

# 전체작용
(全體作用)

"대덕들이여! 그럭저럭 세월만 보내지 말라. 산승이 지난날 견처가 없었을 때는 도무지 캄캄하고 답답하였다. 세월을 헛되이 보낼 수 없어서 속은 타고 마음은 바빠서 분주히 도를 물으려 다녔다. 그런 뒤에 힘을 얻고 나서야 비로소 오늘에 이르러 같이 도 닦는 여러분들과 이렇게 이야기를 나눌 수 있게 되었다. 도를 닦는 그대들에게 권하노니, 옷과 밥을 생각하지 말라. 세월은 쉽게 지나가고 선지식은 만나기가 어려워 우담바라 꽃이 (삼천 년만에) 때가 되어야 한번 피는 것과 같으니라.

그대들은 제방에서 임제라는 노장이 있다는 말을 듣고 이곳으로 오자마자 곧 질문을 하여 말문이 막히게 하려고 한다. 그러다가 산승의 전체작용(全體作用)을 당하고 나서 그 학인은 부질없이 눈만 동

그렇게 뜨고 입도 열지 못한다. 멍청해져서 어떻게 대답할지를 모른다. 그래서 나는 그들에게 '용과 코끼리가 힘껏 나아가는데 나귀 따위가 감당할 바가 아니다' 라고 말한다.

그대들이 제방에서는 가슴을 치고 옆구리를 치면서 '나는 선을 알고 도를 안다' 고 하여 으스대지만, 두 사람이건 세 사람이건 여기에 와서는 어찌할 바를 모른다. 슬프다. 그대들은 이 훌륭한 몸과 마음을 가지고 가는 곳마다 두 조각 입술을 나불대면서 다른 사람들을 속이고 있다. 철퇴를 얻어맞을 날이 있을 것이다. 출가자라 할 수 없다. 모두 아수라의 세계에 빠지게 될 것이다."


大德 莫因循過日 山僧往日 未有見處時 黑漫漫地 光陰 不可空過 腹熱心忙 奔波訪道 後還得力 始到今日 共道流如是話度 勸諸道流 莫爲衣食 看世界易過 善知識 難遇 如優曇華 時一現耳 你諸方 聞道有箇臨濟老漢 出來便擬問難 教語不得 被山僧全體作用 學人 空開得眼 口總動不得 懵然不知以何答我我向伊道 龍象蹴踏 非驢所堪 你諸處에 祇指胸點肋 道我解禪解道 三箇兩箇 到這裏 不奈何 咄哉 你將這箇身心 到處簸兩片皮 誑諕閭閻 喫鐵棒有日在 非出家兒 盡向阿修羅界攝


**l 강설(講說) l**
스님들이 많이 쓰는 용어인 득력(得力)은 속어로서 타인으로부터 은혜를 입었다는 뜻입니다. 임제의 경우에는 황벽스님의 방망이와 대우스님의 자상한 가르침에 힘입어 깨우치게 됐다는 뜻입니다.

어느정도 견처를 얻었더라도 대충 거기에 머물러서는 생사문제를 해결할 수 없습니다. 끊임 없는 정진으로 다가서면 언젠가는 탁월한 안목에 도달할 수 있습니다. 그리고 죽기 살기로 정진하면 의식주 문제는 자연스럽게 해결됨을 알아야 합니다.

어느 날, 만공스님이 영친왕에게 거문고를 선물 받아 자주 타시는데 제자가 거문고 소리가 즐거운 것인지, 슬픈 것인지 물었습니다.

제자가 차를 가져오자 만공스님이 "그 차가 좋은 것이냐, 나쁜 것이냐?" 되묻습니다.

그러자 제자는 "모르겠습니다." 합니다.

"차를 마시면 소변으로 나오는데 나쁜 거냐 좋은 것이냐? 소변을 채소 밭에 뿌려 채소가 잘 자라면 이 또한 좋은 것이냐, 나쁜 것이냐?"

실체가 없기에 좋은 것도 나쁜 것도, 있는 것도 없는 것도 아닙니다. 이 도리를 진실로 깨닫는다면 행을 해도 함이 아닙니다. 이렇게 하면 인과에 걸리지 않는 것입니다.

세상에 믿을 수 있는 건 아무것도 없습니다. 내 욕심마저도 믿을 것이 없습니다. 임제스님 당신도 안목이 열리지 않았을 때는 답답했습니다. 원래는 학문을 하다 교학으로는 도를 깨칠 수 없음을 아시고 황벽 문하에서 열심히 하여 깨닫게 됩니다. 열심히 하는 분은 반드시

인연이 오게 되어있습니다.

탄성스님 입적 후 영결법문에서 "부지런한 사람은 해를 제일 먼저 본다."고 했습니다. 해가 뜨면 제일 높은 곳부터 비칩니다. 부지런한 사람은 먼저 부처의 경지에 다가갑니다. 정진이 힘들어도 열심히 하노라면 언젠가 도달하게 됩니다. 옛 스님들은 "주야로 7일만 용맹 정진하여 못 깨달으면 내 목을 쳐라!"고 했습니다. 그러니 한번 해봐야 합니다. 열심히 하면 의식주는 저절로 해결이 되니 걱정할 필요가 없는 것입니다.

못된 사람이 스님 된다는 말이 있습니다. 강해야만, 자기 자신과 싸워 이겨야만 공부할 수 있습니다. 한 생을 통해 모든 생사문제가 완전히 해결되는 것은 아닙니다. 과거 생에 수행을 많이 하셨던 분들은 다시 태어나도 바로 불법 문중으로 들어오게 됩니다. 4조 도신스님은 당나라 문장가로 다시 태어나서도 늘 스님들을 친견하고 거량을 해 보며 절 집을 가까이 한 것도 전생의 습에 의해서고 결국은 깨닫게 되었습니다.

# 순수하고
유연한 정신

"대저 지극한 도는 논쟁을 해서 높이 드러내는 것이 아니며, 큰 소리를 쳐서 외도를 꺾는 것도 아니다. 불조가 면면이 서로 이어오는 것조차 무슨 별다른 뜻이 있는 것이 아니다. 설혹 부처님의 말씀과 가르침이 있다 하더라도 교화하는 법도에 따른 삼승과 오성과 인천(人天)인과의 가르침에 떨어져 있을 뿐이다. 그러나 원교 돈교는 또한 그런 것이 아니다. 선재동자도 남김 없이 법을 구하고 선지식을 찾는 일을 마치지는 못하였다.

대덕들이여! 마음을 잘못 쓰지 말라. 마치 큰 바다가 죽은 시체를 그냥 머물러 두지 않듯 하니라. 그렇게 한 짐 잔뜩 짊어지고 천하를 돌아다니니, 스스로 견해의 장애를 일으켜 마음을 막는 것이다. 해가 뜨고 구름 한 점 없으니 아름다운 하늘에 온통 햇빛이 비친다. 눈에

병이 없으니 허공꽃이 없다.

도를 배우는 벗들이여! 그대들이 법답게 되기를 바란다면 오직 의심을 내지 말아라. 펼치면 온 법계를 싸고도 남으며, 거두면 실 끝도 세울 데가 없다. 뚜렷하고 호젓이 밝아 일찍이 조금도 모자란 적이 없었다. 눈으로도 볼 수도 없고 귀로도 들을 수도 없으니 무엇이라고 불러야 하겠는가?

옛사람이 이르기를 '설사 한 물건이라 하여도 맞지 않다.' 하였다. 그대들은 다만 자기 스스로를 보아라. 더 이상 무엇이 있겠는가? 설명한다 해도 끝이 없다. 각자가 힘껏 노력하라. 편히 쉬시게나."


夫如至理之道 非諍論而求激揚 鏗鏘以摧外道 至於佛祖相承 更無別意 設有言敎 落在化儀 三乘五性人天因果 如圓頓之敎 又且不然 童子善財 皆不求過大德 莫錯用心 如大海不停死屍 祇麼擔却 擬天下走 自起見障 以礙於心 日上 無雲 麗天普照 眼中 無翳 空裏無花 道流 你欲得如法 但莫生疑 展則彌綸法界 收則絲髮不立 歷歷孤明 未曾欠少 眼不見 耳不聞 喚作什麼物 古人 云 說似一物 則不中 你但自家看 更有什麼 說亦無盡 各自著力 珍重


**| 강설(講說) |**

입을 떼면 그르치는 자리를 알아차리면 불법을 아는 것입니다. 입을 떼면 그르치는 자리는 논쟁을 한다고 알아지는 것은 아닙니다. 부처님은 외도가 말하는 바를 다 들어주고 이치에 맞게 따져서 조복을 시켰습니다.

화엄경에서 선재동자가 53선지식 찾아 가르침을 구하러 다녔지만, 마지막으로 문수보살을 만나서도 생사문제를 해결하지는 못했다고 합니다. 오직 돈교(頓敎)로만 해결할 수 있습니다. 선재동자를 사람들은 아이로 생각하지만 100세가 넘으신 분이라 합니다.

오직 '하나'의 도리를 일러준 것이 경입니다. 많은 지식의 집합체가 불교는 아닙니다. 달마스님의 스승인 반야다라존자가 왕의 초청으로 왕궁에 오자 모두들 지성으로 독경을 청했는데, 다른 스님들은 열심히 독경을 하시는데 존자께서는 홀로 좌선을 하고 계셨습니다. 왕이 그 까닭을 물음에 존자는 "숨을 들이쉬고 내쉬면서 12구경을 다 외고 있다." 했듯이 8만4천의 가르침이 오직 호흡지간에 있습니다. 오직 '하나의 마음' 도리를 알기 위해 경을 보는 것이지 다른 의미는 없습니다. 깨닫지 못한 상태에서 지식이 늘어나면 자기 불성만 어둡게 합니다.

임제스님은 "뚜렷하고 호젓이 밝아 일찍이 조금도 모자란 적이 없는" 그 자리에 대한 확고한 믿음을 강조하고 계십니다.

✽ 어두움에서 해가 뜨듯이 안목이 열리면 대상이 다 끊어짐이니, 삼라만상을 다 비춰보게 됩니다. 깨닫게 되면 다 알 일인데 깨닫지도 못하고서 의심을 해서야 되겠습니까.

3 /

감변(勘辨)

🫖

# 쌀을 가리다

황벽선사께서 부엌에 들어갔을 때, 공양주에게 물었다.

"무엇 하느냐?"

"대중스님들이 먹을 쌀을 가리고 있습니다."

"하루에 얼마를 먹느냐?"

"두 섬 닷 말을 먹습니다."

"너무 많지 않느냐?"

"오히려 적을까 싶습니다."

그러자 황벽선사께서 공양주를 때렸다.


공양주가 이 일을 임제선사께 말씀드리니,

임제선사께서 "내가 그대를 위해 이 늙은이를 점검해 보리라." 하였다.

그리고는 곧 바로 가서 황벽선사를 뵈니 황벽스님이 앞의 이야기를 먼저 하였다.

임제선사께서 황벽스님께 여쭈었다.

"공양주가 알지 못하니 스님께서 대신 한 말씀 하십시오."

"너무 많지 않습니까?"

"내일 한 번 더 먹는다고 왜 말하지 못하느냐?"

황벽선사

그러자 임제선사가 "무엇 때문에 내일을 말씀하십니까? 지금 잡수십시오." 하고 곧 황벽스님을 손바닥으로 쳤다.

황벽스님께서 "이 미친놈이 또 여기 와서 호랑이 수염을 뽑는구나." 하셨다.

이에 임제선사께서 "할!" 하시고 나가 버렸다.


黃檗 因入廚次 問飯頭 作什麼 飯頭云 揀衆僧米 黃檗 云 一日
喫多少 飯頭云 二石五 黃壁 云 莫太多麼 飯頭云 猶恐少在 黃
壁 便打 飯頭却擧似師 師云 我爲汝勘這老漢 纔到侍立次 黃壁

舉前話 師云 飯頭不會 請和尚 代一轉語 師便問 莫太多麼 黃
蘗 云 何不道來日 更喫一頓 師云 說什麼來日 卽今便喫 道了
便掌 黃壁 云 這風顚漢 又來這裏捋虎鬚 師便喝 出去

## ▎강설(講說) ▎

쌀은 구도자의 생명의 양식입니다. 본래 구족한 참된 성품 즉, 불
성을 상징합니다. 쌀을 소재로 황벽스님이 자비를 베풀어 공양주를
점검해 보는 장면입니다. 공양주는 언어에 끄달려 선문답을 못 알아
듣고 있습니다. 황벽스님이 공양주를 점검했다 하니, 이번에는 임제
스님이 황벽스님을 점검하겠다고 합니다. 깨달음의 대화에는 사제지
간의 분별이 끼어들 여지가 없습니다.

진리에 대해서는 각기 달리 이름을 붙여놨지만 결국은 하나입니
다. 이 도리를 깨달아야 집착과 괴로움에서 벗어날 수 있습니다. 무
엇인가 바라는 마음이 있어서는 안 되고 인연법으로 돌려야지 따지
고 들면 괴로워지는 것입니다.

"너무 많지 않습니까?" 하는 질문은 결국 같은데 속는지, 안 속는
지를 보는 것입니다. "무엇 때문에 내일을 말씀하십니까? 지금 잡수
십시오." 라고 했듯이, 내일은 없습니다. 선(禪)은 늘 '지금 여기'에서
생생히 살아있는 것입니다. "이 미치광이가 무서운 줄 모르고 호랑이
수염을 잡아당기다니." 하는 이 말은 제자인 임제의 역량을 인정하는
황벽스님의 기쁨을 표현한 말입니다. 말 따라가다가는 오해하기 쉽

상입니다. 언어와 문자에 속지 않는 공부를 해야 합니다.

❀ 감변(勘辨)은 감정하고 점검하여 분별해 내다, 헤아리고 조사하다 라는 뜻입니다. 감변에는 공부하는 사람들의 수행의 깊고 얕음과 수행자가 증득한 깨달음의 진실과 거짓을 분별하기 위한 문답들이 실려 있습니다. 흔히 말하는 법거량이자 선문답입니다.

# 도적에게
# 집 맡기는 격

뒷날 위산선사(771~853)께서 앙산스님(803~887)에게 물었다.

"이 두 존숙(尊宿)들의 참뜻이 무엇인가?"

"화상께서는 어떻게 생각하십니까?"

"자식을 길러봐야 부모의 사랑을 아는 것이다."

"그렇지 않습니다."

"그럼 그대는 어떻게 보는가?"

"도적을 집에 두었다가 집안을 망쳐놓은 것과 흡사합니다."

後 潙山 問仰山 此二尊宿意作麼生 仰山云 和尙 作麼生 潙山
云 養子 方知父慈 仰山 云 不然 潙山 云 子又作麼生 仰山 云
大似勾賊破家

**| 강설(講說) |**

위산스님이 제자 앙산에게 물은 '참뜻'이란 입을 열면 그르치는 자리에 대한 질문입니다. 부모의 자식사랑이란 말은 황벽스님이 제자인 임제스님을 지극히 사랑 한다는 사실이 느껴진다는 뜻입니다. 스승으로서 법을 이을 제자가 있음은 너무도 기쁜 일일 것입니다.

위산선사

'도적'이란 법을 훔칠 정도로 뛰어난 수완을 가진 제자임을 칭찬하는 말입니다. 모양도 없고 주고 받을 수도 없는 법을 훔쳐갔으니 대단한 강도임에 분명합니다.

# 불자(拂子)를 세운 뜻

임제선사께서 한 스님에게 "어디서 오는가?" 라고 물었다.

그 스님이 "할!"을 하였다.

임제선사께서 허리를 공손히 굽히며 앉게 하였다.

그러자 그 스님이 머뭇거리므로 그대로 후려쳤다.

임제선사께서 또 한 스님이 오는 것을 보고 곧 불자를 세우시니, 그 스님이 절을 하였다. 임제선사는 그대로 후려쳤다.

선사께서 또 한 스님이 오는 것을 보고 마찬가지로 불자를 세우시니, 그 스님이 본 체도 하지 않았는데, 선사께서 이번에도 후려쳤다.

師問僧 什麼處來 僧 便喝 師便揖 坐니 僧 擬議 師便打 師見僧
來 便竪起拂子 僧 禮拜 師便打 又見僧來 亦竪起拂子 僧 不顧

師亦打

**| 강설(講說) |**

"어디서 오는가?"라는 질문은 '본래 오고 감이 없는 자리가 무엇인가?' 하는 수행자의 출신 근거인 본래면목을 묻는 질문입니다.

불자를 세우는 것은 선사가 수행자를 환영하는 인사법이자, 학인을 점검하는 중요한 수단이기도 합니다. 객스님이 안목이 열리지 않았음에도 "할!"로 흉내를 내자 임제스님이 몇 번 테스트를 한 후 사정 없이 경책합니다. 선문답은 머뭇거리지 않고 즉시즉시 답이 나와야 합니다. 학인을 때리는 것은 제자를 아끼는 자비심으로 의심을 야기시키기 위한 지혜작용입니다.

# 보화스님과
# 극부스님

임제선사께서 보화스님에게 말했다.

"내가 남방에 있으면서 황벽스님의 편지를 전하려고 위산에 도착했을 때 그대가 먼저 이곳에 와서 내가 오기를 기다리고 있다는 사실을 알았소. 그래서 이곳에 와서 그대의 도움을 받았습니다. 내가 이제 황벽의 종지를 세우고자 하니 그대는 꼭 나를 도와주십시오."

그러자 보화스님은 인사를 하고 내려갔다.

뒤에 극부스님이 오자 임제선사는 보화스님에게 한 말과 똑같이 말했다. 극부스님 역시 인사를 하고 내려갔다.

3일 후에 보화스님은 다시 올라와서 인사를 하고는 말했다.

"스님이 지난 날 무슨 말을 했지요?"

임제선사는 주장자를 들고서 곧 내리쳤다.

또 3일 후에 극부스님이 올라와서 인사를 하고 물었다.
"스님은 전날 보화스님을 주장자로 내리쳤다고 하는데 어떻게 된
일입니까?"
임제선사는 역시 주장자로 내리쳤다.

師見普化 乃云 我在南方 馳書到潙山時 知你先在此住 待我來
乃我來 得汝佐贊 我今 欲建立黃檗宗旨 汝切須爲我成襹 普化
珍重下去 克符後至 師亦如是道 符亦珍重下去 三日後 普化却
上問訊云 和尙 前日 道甚麼 師拈棒便打下 又三日 克符亦上
問訊乃問 和尙 前日打普化 作什麼 師亦拈棒打下

**| 강설(講說) |**

보화(普化)스님은 마조스님의 손상좌 뻘로 반산보적(盤山寶積)스
님의 제자입니다. 기이한 선승으로 유명한 그는 보화종(허무승)의 종
조로서 추앙되고 있지만 그에 대한 자세한 전기는 알 수 없습니다.

극부(克符)스님은 임제스님의 법사로서《전등록》의 지의(紙衣)화
상,《천성광등록》의 극부도자(克符道者) 등에 그의 전기를 간략히
전하고 있지만 자세히 알 수 없습니다. 사람들은 그가 평생 종이로
만든 옷을 입고 다녔기 때문에 지의도자(紙衣道者)라고 불렀다고

합니다.

임제스님의 경지에서는 사실 누구에게 도움을 청할 일이 없습니다. 보화스님이 속는지 안 속는지 점검하는 것입니다. 그러나 보화스님은 아직도 말끝에 속고 있습니다. 극부스님 역시 지나간 상황에 대한 집착을 하고 있는 모습입니다. 보화스님과 극부스님 모두 도인들이지만, 깨달았다 하더라도 과거생의 습기로 인해 순간순간 끄달려가므로 반드시 보임공부를 해야 하는 것입니다.

❽《임제록》에서는 임제선사를 출세시켜 주는 조력자로 등장하고 있지만, 이 문답에서는 임제선사를 바보로 취급하고 있음을 알 수 있으며, 임제스님을 안목 없는 놈[瞎漢]이라고 비판한 유일한 선승이기도 합니다. 앙산은 보화선사가 임제선사를 도와 줄 것이라 예언했습니다.

# 밥상을 엎어버린
# 보화스님

임제선사께서 하루는 보화스님과 함께 시주의 집에서 재(齋)를 올리는데 참석하였다.

선사께서 보화스님에게 물었다.

"터럭 하나가 온 바다를 삼키고 겨자씨 한 알에 수미산을 담는다 하는데, 이것은 신통묘용인가? 아니면 근본 바탕이 그렇기 때문인가?"

그러자 보화스님이 공양을 차린 상을 걷어차 엎어버렸다.

임제선사께서 "너무 과격하구나!" 하니

보화스님은 "여기가 무엇 하는 곳이길래 과격하다 점잖다 하십니까?" 하였다.

임제선사께서 다음날 또 보화스님과 함께 재에 참석하여 물었다.
"오늘 공양이 왜 어제하고 같은가?"
보화스님이 전날과 마찬가지로 공양 상을 발로 차 엎어버렸다.
임제선사께서 말하기를, "옳다면 옳은 일지만 너무 과격하다." 하였다.
그러자 보화스님은 "이 눈 먼 사람아! 불법에 대해 무슨 과격하다 점잖다 하는가?" 하였다.
임제선사께서 혀를 내둘렀다.


師 一日 同普化 赴施主家齋次 師問 毛吞巨海 芥納須彌 爲是 神通妙用 本體如然 普化踏倒飯牀 師云 太麤生 普化云 這裏 是什麼所在 說麤說細 師來日 又同普化赴齋 問 今日供養 何似 昨日普化依前踏倒飯牀 師云 得卽得 太麤生 普化云 瞎漢 佛法 說什麼麤細 師乃吐舌


**┃ 강설(講說) ┃**

임제스님이 이틀 연속 공양을 하며 보화스님을 점검하는 모습입니다.

문답에서 등장하는 겨자씨와 수미산은 가장 작고 큰 형상을 상징하는 문자입니다. 문자나 언어에 속아서는 안됩니다. 수미산과 겨자씨 이야기는 예부터 자주 등장하는 법문입니다.

중국 당나라 때에 살았던 이발(李勃)은 책을 많이 읽은 것으로 널리 알려진 인물입니다. 사람들은 그가 책을 만 권이나 읽었다고 하여, '이만권(李萬卷)'이라고 불렀습니다. 어느날 이발은 〈유마경〉을 읽다가, 불가사의품(不可思議品)의 "수미산(須彌山)이 겨자 씨앗 속에 들어가고 사대해수(四大海水)가 하나의 털구멍 속에 들어간다"는 법문에 이르러 꽉 막혀버렸습니다. 이발은 무슨 뜻인지를 이해할 수 없어 고민 또 고민하다가, 여산의 업종사(業宗寺)에 있는 지상(智常)스님을 찾아가서 여쭈었습니다.

"유마경에 '수마산이 겨자씨속에 들어가고 사대해수가 하나의 털구멍 속에 들어간다'는 법문이 있던데, 그렇게 큰 산과 넓은 바다가 어떻게 겨자씨나 털구멍처럼 작은 것 속에 들어갈 수 있습니까?"

지상스님은 웃으면서 되물었습니다.

"사람들이 그대를 '이만권'이라 한다지요?"

"예."

"그 까닭이 무엇인지요?"

"제가 이제까지 본 책이 만 권 정도 된다고 하여 그렇게 부르고 있습니다."

"그 많은 책을 어떻게 그 작은 머리 속에 다 넣었습니까?"

지상스님의 이 말을 듣는 순간, 이발은 마음이 확트여 크게 깨달았다고 합니다.

임제스님이 보화스님을 우습게 보고 이런 질문을 던졌지만, 보화스님 역시 점검차원의 질문임을 간파하고 경계에 끄달리지 않는 독자적인 표현을 드러냅니다. 그리고 "과격과 점잖음이 어디 있느냐?"며 오히려 임제스님을 몰아치고 있습니다. 임제스님이 혀를 내두를 정도로 보화스님의 안목을 인정하지 않을 수 없었습니다.

# 도적놈아, 도적놈아!

 

 

임제선사께서 하루는 하양장로와 목탑장로와 함께 승당에 있는 화로 가에서 불을 쬐고 있다가 보화스님의 이야기를 하였다.

"보화가 매일 길거리에서 미치광이 짓을 하는데 도대체 그가 범부인가요, 성인인가요?"

말이 끝나기도 전에 보화스님이 들어오자 임제선사께서 보화스님에게 바로 물었다.

"그대는 범부인가, 성인인가?"

"그대가 먼저 말씀해 보시오, 내가 범부입니까? 성인입니까?"

임제선사께서 "할!"을 하니,

보화스님이 손으로 사람들을 가리키면서 "하양은 새색시이고, 목탑은 노파선인데, 임제는 어린 종이다. 그러나 각각 한 개의 눈을 갖추었다." 하였다.

임제선사께서 "야 이 도적놈아!" 하자,

보화스님이 "도적을 도적질 한 놈아!" 하면서 나가 버렸다.


師一日 與河陽 木塔長老 同在僧堂地爐內坐 因說普化每日 在
街市 掣風掣顚 知他是凡 是聖 言猶未了 普化入來 師便問 汝
是凡 是聖 普化云 汝且道 我是凡是聖 師便喝 普化以手指云
河陽 新婦子 木塔 老婆禪 臨濟 小厮兒 却具一隻眼 師云 這賊
普化云 賊賊 便出去


**┃ 강설(講說) ┃**

범부와 성인이 따로 없는데, 임제스님이 다시 보화스님을 점검합
니다. 그러자 보화스님이 역공을 하며 먼저 일러보라 하자, 임제스님
은 '할'로 답을 대신합니다. 결국 보화스님은 임제스님을 "한 개의 눈
을 갖추었다"며 인정합니다. 임제스님은 보화스님을 '법을 훔치는 도
적놈'이라 하고, 보화스님은 임제스님을 '도적을 도적질 하는 뛰는
놈 위의 나는 놈'이라며 칭찬을 합니다. 피장파장, 막상막하의 진검
승부입니다.

# 보화스님의
# 나귀 울음소리

하루는 보화스님이 승당 앞에서 생야채를 먹고 있으니,

임제선사께서 보시고, "꼭 한 마리의 당나귀 같구나." 하셨다.

보화스님이 곧 바로 당나귀 울음소리를 내니,

임제선사께서 "야 이 도적놈아!" 하셨다.

보화스님이 "도적을 도적질 한 놈아!" 하면서 나가버렸다.


一日 普化在僧當前 喫生菜 師見云 大似一頭驢 普化便作驢鳴

師云 這賊 普化云 賊賊 便出去


**┃ 강설(講說) ┃**

당나귀 같다 하니 보화스님이 당나귀 흉내를 냅니다. 두 도적놈들이 오늘도 만나 치열한 법담을 나눕니다.

《분양록(汾陽錄)》에는 이 선화가 좀더 구체적으로 생생하게 묘사되어 있습니다.

보화가 야채를 먹고 있는데, 임제가 말했다.

"보화는 마치 한 마리 당나귀를 닮았구려."

보화는 곧장 땅을 치면서 당나귀 울음소리를 냈다.

임제가 말했다.

"직세(直歲)야, 저 당나귀에게 사료(풀)를 갖다 줘라."

보화가 말했다.

'소림사에서는 사람을 알지 못해서 금릉(金陵)에 또 다시 왔다. 임제의 일척안(一隻眼: 외눈)은 가는 곳마다 사람들을 위하여 열려 있구나!'"

# 밝음으로 오면
# 밝음으로 치고

보화스님은 항상 거리에서 요령을 흔들며 말했다.

"밝음으로 오면 밝음으로 치고, 어두움으로 오면 어두움으로 치며, 사방 팔면으로 오면 회오리바람처럼 치고, 허공으로 오면 도리깨질로 연거푸 친다."

임제선사께서 시자를 보내면서 "보화스님이 그렇게 말하는 것을 보면 바로 멱살을 움켜잡고 '아무것도 오지 않을 때는 어찌하십니까?' 하고 물어 보라." 하셨다.

시자가 그대로 하자 보화스님은 시자를 밀쳐 버리면서,

"내일 대비원에서 재가 있느니라." 하고 말했다.

시자가 돌아와 고하니 임제선사께서 말씀하였다.

"나는 벌써부터 그를 의심해 왔다."

因普化 常於街市搖鈴云 明頭來明頭打 暗頭來暗頭打 四方八面
來旋風打 虛空來連架打 師令侍者 去 纔見如是道 便把住云 總
不與麽來時如何 普化托開云 來日 大悲院裏有齋 侍者回擧似師
師云 我從來 疑著這漢

## | 강설(講說) |

밝음은 '체'요, 우주의 근본실상인 하나의 마음자리를 상징합니다.
어둠은 '용'으로서 실상의 작용으로 나타난 그림자 같은 현상계를 뜻
합니다. 체와 용을 자유자재로 쓸 수 있는 보화스님의 경지는 대단합
니다. 아울러 보화스님은 밝음과 어둠의 차별에 떨어지지 않고, 집착
하지도 않으며 떨쳐버리는 초월적인 모습을 보이고 있습니다.

보화스님의 '대비원의 재'라는 말에 속아서는 이 법문을 이해할 수
없습니다.

"벌써부터 그를 의심해 왔다"는 말은 보화스님이 보통내기가 아닐
것이라 의심해왔다는 뜻으로, 거듭 칭찬하는 표현입니다.

❀ 대비원은 진주(鎭州) 지방의 작은 절인데, 일체의 차별경계를 초월했
다면 내일 대비원에 와서 점심공양이나 하라는 뜻입니다.

# 무사한 것이 좋다고
# 말하지 말라

어떤 노스님이 임제선사를 찾아뵙고 인사도 나누기 전에 물었다.

"절을 해야겠습니까. 절을 하지 않아야겠습니까?"

임제선사께서 곧 "할!"을 하므로,

그 노스님이 곧바로 절을 하였다.

임제선사께서 "정말 좀도둑이로다." 하였다.

그러자 노스님이 "도둑을 도둑질하는 놈!" 하고 나가버렸다.

임제선사께서 "무사한 것이 좋다고 말하지 말라."고 하셨다.


有一老宿 參師 未曾人事 便問 禮拜卽是 不禮拜卽是 師便喝

老宿 便禮拜

師云 好箇草賊 老宿云 賊賊 便出去 師云 莫道無事好

**| 강설(講說) |**

노스님의 법명은 나와 있지 않으나 임제스님께 이런 말씀을 한다
는 건 대단한 분인 듯 합니다.

임제스님이 절을 해야 하느니, 마느니 하는 말에 끄달려간다면 노
스님께 한 방을 얻어맞는 격입니다. 절할 대상도 없고 절을 하지 않
아야 할 대상도 없으니 "할"로써 답을 했습니다. 달마스님이 혜가스
님에게 법을 전할 때 제자들에게 "일러보아라!" 하니 다들 한마디씩
을 했건만, 혜가스님만은 묵묵히 절을 하여 법을 잇게 됩니다.

이 문답에서 '좀도둑'이란 그 노스님이 임제의 법을 훔쳐갈 수 있
는 도적이란 칭찬의 말입니다. 마찬가지로 노스님의 "도둑을 도둑질
하는 놈!" 역시 임제스님을 인정하는 찬탄의 말입니다. "무사한 것이
좋다고 말하지 말라"는 말은 불법은 무조건 아무 일 없이 지내는 것
이라고 생각해서는 안 된다는 의미입니다. 선지식을 친견하고 인사
할 때는 예절을 갖추는 일도 필요하다는 것입니다. 임제스님은 그동
안 무사(無事; 일 없음)를 강조했기 때문에 나온 말입니다.

# 수좌를 점검하다

임제선사께서 옆에서 모시고 서 있는 수좌에게 물었다.

"허물이 있는가? 없는가?"

"예. 허물이 있습니다."

"손님 쪽에 있는가? 주인 쪽에 있는가?"

"두 쪽에 다 있습니다."

"허물이 어디에 있는가?"

수좌가 그냥 나가 버리니 임제선사께서 말씀하였다.

"무사한 것이 좋다고 말하지 말라."


뒤에 어떤 스님이 이 일을 남전스님에게 말씀드리니,

남전스님께서 "관군들의 말끼리 서로 차고 밟는 격이다." 평하였다.

首座侍立次 師云 還有過也無 首座云 有 師云 賓家有過 主家
有過 首座云 二俱有過 師云 過在什麼處 首座便出去 師云 莫
道無事好 後有僧擧似南泉 南泉 云 官馬相踏

## ▎강설(講說) ▎

스승이 제자가 깨달을 시점이 됐음을 알고 묻는 질문입니다. 허물
이 있느니, 없느니 하는 것도 분별심입니다. 허물이 있다는 것은 아
직 확실하게 깨치지 못했다는 뜻입니다! 수행 중이지만 아직 경계에
끄달려가고 있다는 말입니다.

"무사한 것이 좋다고 말하지 말라."는 말은 맞아야 하는데 맞지 않
아서 무사함을 다행으로 여기지 말라는 뜻입니다. 제자를 자비심으
로 점검해주는 말입니다.

# 한낱 나무토막이로구나

임제선사께서 군부대에 재가 있어서 초대를 받아 갔을 때다.

문 앞에서 군인을 만나자 천막 기둥을 가리키며 물었다.

"이것이 범부인가? 성인인가?"

군인이 아무런 대꾸가 없자 스님께서 기둥을 두드리며

"설사 잘 대답했더라도 다만 한낱 나무토막일 뿐이다." 하고는 곧

들어가 버렸다.

師 因入軍營赴齋 門首 見員僚 師指露柱問 是凡是聖 員僚無語

師打露柱云 直饒道得 也祗是箇木橛 便入去

## ┃ 강설(講說) ┃

임제스님이 군영(軍營)의 초청을 받고 갔을 때의 선화(禪話)입니다.

위 문답에서 범부니 성인이니 하는 말은 그냥 던져보는 낚시밥과 같은 말입니다. 법기(法器)를 찾는 시험문제와도 같습니다.

전강스님은 제자를 찾으려고 광주일고 앞에서 1주일간 인재를 찾았다고 합니다. 그리하여 송담스님(인천 용화사 법보선원장)이 큰 그릇임을 알고 데려갑니다.

🎱 하북(河北)의 신흥무인사회(新興武人社會)가 발흥하는 난세(亂世)에 법을 설한 임제스님은 자주 진중(陣中)의 초청을 받았다고 합니다. 때가 때인만큼 임제종의 가풍은 할과 방이 난무하는 대장부의 기상이 넘치는가 봅니다.

# 이것도 살 수 있느냐

임제선사께서 원주에게 물었다.

"어딜 갔다 오느냐?"

"시내에 쌀을 사러 갔다 옵니다."

"그래 다 사왔느냐?"

"예, 다 사왔습니다."

임제선사께서 지팡이로 원주의 앞에다 한 획을 그으면서, "그래, 이것도 살 수 있느냐?" 하고 물었다.

원주가 곧 "할!"을 하므로 임제선사께서 그대로 후려쳤다.

별좌가 오자 임제선사께서 앞의 이야기를 들려주니

별좌가 "원주가 큰스님의 뜻을 몰랐습니다." 하였다.

선사께서 "그럼 네 생각은 어떠냐?" 하시니,

별좌가 절을 하였다.

선사께서는 그도 역시 후려쳤다.

師 問院主 什麼處來 主云 州中糶黃米去來 師云 糶得盡麼 主
云 糶得盡 師以杖 面前 畫一畫云 還糶得這箇麼 主便喝 師便
打 典座至 師擧前話 典座云 院主不會和尙意 師云 你作麼生
典座便禮拜 師亦打

## | 강설(講說) |

당시 임제스님이 주석하고 있던 임제원도 백장선사 이래의 자급자
족하는 선원(禪院)으로서의 기틀을 갖추고 있었습니다. 임제스님은
방금 쌀을 팔고 돌아온 원주와 전좌의 수완(手腕)을 시험해 보고 있
습니다. 이들은 모두 한 선원의 경계를 책임지는 소임을 맡고 있습니
다. 이들은 항상 농작(農作)의 풍년과 흉년, 쌀값이 오르고 내리는 현
실세계를 살고 있는 것입니다. 임제스님은 당신의 본분을 이 원주와
전좌에게 비추어 보입니다.

임제스님이 지팡이로 그은 '한 일(一)' 자는 팔 수 있는 값이 없습
니다. 값이 없는 진성(眞性)을 가리키는 상징이기 때문입니다.

원주가 '할'을 하고 얻어맞은 까닭은 아직 공부가 안된 상태에서
흉내를 냈기 때문입니다. 임제스님은 별좌에게도 같은 질문과 '방
(棒)'으로 "왜?" 하는 의심을 불러일으키고 있습니다.

🐶《전등록》에서 한 스님이 청원행사(靑原行思)선사에게 "어떤 것이 불법(佛法)의 대의(大意)입니까?"라고 묻자 청원선사는 "노릉(盧陵) 지방의 쌀값은 어떤가?"라고 되받았습니다. 쌀값을 불성에 비유한 예는 오래 전부터 시작된 것입니다.

# 강사를 점검하다

어떤 강사스님과 서로 인사를 나눌 때 임제선사께서 물으셨다.

"강사스님은 무슨 경론을 강의하시는가?"

강사스님이 대답했다.

"저는 아는 것이 모자랍니다. 그저 백법론(百法論)을 조금 익혔을 뿐입니다."

선사께서 다시 물었다.

"한 사람은 삼승 십이분교에 통달했고, 한 사람은 삼승 십이분교에 통달하지 못하였다면 같은가? 다른가?"

"통달했다면 같겠지만 통달하지 못했다면 다릅니다."

이때 낙보스님이 시자로 있었는데, 임제선사의 뒤에 서 있다가 "강

사스님께서는 여기가 어디라고 같다느니 다르다느니 하십니까?"하
였다.

그러자 임제선사께서 시자를 돌아보시며

"그래 너는 어떻다고 보느냐?"하고 물으시니

시자가 곧 "할!"을 하였다.

임제선사께서 강사스님을 보내고 돌아와서,

낙보스님에게 "조금 전에 나에게 '할'을 하였느냐?"라고 물으셨
다.

낙보가 "예, 그렇습니다."하니 선사께서 그대로 후려쳤다.


有座主 來相看次 師問 座主 講何經論 主云 某甲 荒虛 粗習百
法論 師云 有一人 於三乘十二分敎 明得 有一人 於三乘十二分
敎 明不得 是同是別 主云 明得卽同 明不得卽別 樂普爲侍者
在師後立云 座主 這裏是什麼所在 說同說別 師回首問侍者 汝
又作麼生 侍者便喝 師送座主回來 遂問侍者 適來是汝喝老僧
侍者云 是 師便打


**| 강설(講說) |**

"통달했다면 같겠지만 통달하지 못했다면 다릅니다."이 뜻은 경
에 밝은 입장에서는 같지만 밝지 못한 사람에게는 다르다 즉, 부처가
보면 모두 부처이지만 범부가 보면 모두 범부라는 말입니다.

이 법문에서 강사는 임제스님의 말에 속고 있습니다. 백 가지 법문을 나름대로 많이 알고, 12분교의 팔만대장경을 다 통달하더라도 아는 지식에 끌려가면 소용이 없습니다. 경은 마음 도리를 일러준 것이니, 마음 아닌 것이 없으므로 모든 것이 경이라는 뜻을 임제선사는 말없이 행동으로 지시하고 있습니다.

간혹 큰스님들이 어린아이에게 주장자를 만들어 주며 스님 흉내를 내게 하는 경우가 있습니다. 임제스님이 시자인 낙보스님이 제대로 알고 '할'을 했는지 점검하는 장면입니다. 깨닫지 못하고 깨달았다고 하는 업이 지옥에 들어갈 업임을 알아야 합니다. 이때는 낙보스님이 아직 완숙하지 못해서 강사의 한계를 지적하면서도 자신이 선객이라는 아상(我相)을 떨치지 못하고 있는 공부단계로 보입니다. 임제스님의 단련을 받은 낙보스님은 훗날 큰 선지식이 됩니다.

❀ 《백법론(百法論)》은 법상종의 중요 전적입니다. 인도의 세친(世親)보살의 저작으로 현장(玄奘)법사가 중국어로 번역한 유식(唯識)의 핵심 논서입니다.

❀ 임제스님을 옆에서 모신 낙보(樂普)스님은 풍주(灃州) 낙보산(樂普山) 또는 소계산(蘇溪山)에 주석한 원안(元安, 834~898)선사를 가리킵니다. 후에 협산선회(夾山善會)의 법사(法嗣)가 되었습니다.

# 덕산스님의
# 몽둥이 30방

임제선사는 제2대 덕산스님이 대중에게 법문을 하면서 "대답을 해도 30방, 대답을 못해도 30방이다." 라고 한다는 소문을 들었다.

선사께서는 시자로 있던 낙보스님을 보내면서, "대답을 했는데 어찌하여 몽둥이 30방입니까? 라고 물어보아라. 그가 만약 너를 때리면 그 몽둥이를 잡아 던져버리라. 그리고 그가 어찌 하는가를 보아라." 라고 시켰다.

낙보스님이 그곳에 도착하여 시킨 대로 물으니, 덕산스님이 곧 후려치므로 몽둥이를 붙잡고 던져버리니,

덕산스님이 곧 방장실로 돌아가 버렸다.

낙보스님이 돌아와 임제선사께 그대로 말씀드리니,

덕산선사

"나는 이전부터 그 자를 의심하고 있었다. 그건 그렇다 치고 너는 덕산을 보았는가?"

낙보스님이 머뭇거리자 임제선사께서 곧 후려쳐버렸다.

師聞 第二代德山 垂示云 道得也三十棒 道不得也三十棒 師令樂普去問 道得 爲什麽 也三十棒 待伊打汝 接住棒送一送 看他作麽生 普到彼 如敎而問 德山 便打 普接住送一送 德山 便歸方丈 普回擧似師 師云 我從來 疑著這漢 雖然如是 汝還見德山麽 普擬議 師便打

**| 강설(講說) |**

"나는 이전부터 그 자를 의심하고 있었다."란 말은 '보통 사람이 아니라고 생각했었는데 과연 그렇구나.' 이런 뜻입니다.

낙보스님은 임제스님이 시키는 대로 덕산스님의 방망이를 붙잡고 행동으로 보였지만, '덕산 방'의 의미를 제대로 파악하는 안목을 아직 갖추지 못했습니다. 그래서 임제스님은 당신의 꼭두각시에 불과

한 제자에게 덕산의 몽둥이와 같은 주장자로 깨우침을 줍니다.

🉑 제2대 덕산(德山)스님은 낭주(朗州) 덕산(德山) 고덕선원(古德禪院)에 주석한 덕산선감(德山宣鑑: 780~865)스님을 가리킵니다. 제1대는 담주(潭州) 삼각산(三角山)에 주석한 총인(總印: 마조의 제자)이며 제2대 덕산스님은 청원행사스님 문하의 제5세(第五世)에 해당하며, 용담숭신(龍潭崇信)선사의 법을 이었습니다. 스님의 설법은 임제스님과 극히 유사하여 《송고승전》 '임제의 장'에서는, "임제의 설법이 덕산의 설법과 비슷하다"고 기록되어 있습니다.

덕산스님은 사천성 검남 사람으로, 속성은 주(周)씨입니다. 율(律) 및 성상(性相: 본성과 현상)을 배웠으며, 금강경에 정통하여 '주금강(周金剛)' 이라 일컬어졌습니다. 남방(南方)의 선(禪)을 논파하러 갔다가 도리어 선으로 돌아섰고, 용담숭신 선사의 가르침에 언하대오하고 그의 법을 이었습니다.

# 금가루가 비록 귀하지만

하루는 왕상시가 방문하여 승당 앞에서 임제선사를 뵙고 여쭈었다.

"이 승당에 계시는 스님들은 경을 보십니까?"

임제선사가 대답했다.

"경을 보지 않습니다."

"그렇다면 선(禪)을 배우십니까?"

"선도 배우지 않습니다."

"경도 보지 않고 선도 배우지 않는다면 결국 무얼 하십니까?"

"모든 사람들이 다 부처가 되고 조사가 되게 합니다."

"금가루가 비록 귀하기는 하나 눈에 들어가면 병이 된다 하는데, 어떻게 생각하십니까?"

"그대를 일개 속인으로만 여겼느니라."

王常侍 一日 訪師 同師於僧堂前看 乃問這一堂僧 還看經麼 師云 不看經 侍云 還學禪麼 師云 不學禪 侍云 經又不看 禪又不學 畢竟作箇什麼 師云 總教伊成佛作祖去 侍云 金屑雖貴 落眼成翳 又作麼生 師云 將爲你是箇俗漢

**┃ 강설(講說) ┃**

왕상시 뿐 아니라 중국의 재가자들도 깨친 분들이 정말로 많습니다. 중국의 사찰은 금당, 법당, 승당으로 나뉩니다. 왕상시가 스님들이 머무는 승당 앞에서 임제스님을 점검해 보는 장면입니다. '금가루'는 부처나 조사를 비유한 것입니다. 불법은 '지금 여기서 곧바로' 진실한 깨달음의 생활을 실현하는 것이지, 미래에 부처나 조사의 세계로 나아가는 것이 아닙니다. 임제스님이 왕사시를 가볍게 보다 속은 장면입니다.

# 빈 터의 흰 소

임제선사께서 행산스님에게 물었다.

"무엇이 빈 터의 흰 소인가?"

행산스님이 "음메에~ 음메에!" 하자,

선사께서는 "벙어리냐?" 하셨다.

행산스님이 "장로께서는 어떻게 하십니까?" 하니

선사께서는 "이놈의 축생아!" 하셨다.


師問杏山 如何是露地白牛 山云 吽吽 師云 啞那 山云 長老 作

麼生 師云 這畜生

## | 강설(講說) |

흰 소는 깨달은 경지나 그러한 사람을 말합니다. 행산스님이 "음메에~"라고 답한 것은 틀린 답은 아닙니다. "음메~" 하고 소 울음소리를 내는 것은 추상적인 불성이 개념이 아닌, 지금 현재에 생생히 살아있는 자신에게 구족되어 있음을 보여주는 지혜작용입니다.

임제스님이 "벙어리냐?" 하고 되묻는 것은 말에 끄달려가는지를 다시 한번 점검하는 장면입니다. 두 번째 질문에는 속아 넘어오자 임제스님이 "이 짐승아!" 하고 꾸짖습니다.

소와 관련된 선화(禪話)가 우리나라에도 있어 소개해 드립니다.

지금부터 80여 년 전 지리산 천은사의 삼일암(三日庵)이라는 선원에서 어느 해 겨울 통도사에서 계신 성월(性月) 스님을 모셔놓고 선객 50여명이 모여 한철 정진을 하려 하고 있었습니다.

그런데 천은사 큰절에 나이 70여세 되는 호은(湖隱)스님이라는 대처승이 있었습니다. 일찍이 출가하였으나 강당이나 염불당, 또는 기도처만 사판승으로 다녔기 때문에 그 방면에는 아는 것이 많았으나, 선에 대해서는 문외한이었다.

하루는 결제 전날 입승 스님에게 와서 "소승도 큰절에서 오르내리면서 다른 스님네와 같이 공부할 수 있겠습니까?" 하고 입방을 원했습니다.

입승스님은 "한 철 양식을 미리 내어도 방(榜)을 받을 수 없는데 어림도 없소. 그 따위 말은 하지도 마시오." 하고 호통을 치며 거절했습니다.

그러나 호은스님은 그 뜻을 굽히지 않고 끈질기게 달라붙으면서 사정했습니다.

그러자 그 사실을 아신 조실스님이 "우리 대중이 공부하는데 방해만 되지 않는다면 받아주어야 한다. 그 노장님 뜻은 아무도 막을 수 없느니라." 하시고, 그 노장님에게 "이왕이면 아주 올라와서 공부하시는 것이 좋지 않겠소?" 하셨습니다.

그러나 그 대답이 가관이었습니다.

"돈 빌려준 문서와 쌀 빌려준 문서를 지켜야 하고, 더구나 우리 마누라 궁둥이는 떠날 수 없어서⋯."

그 당시 수덕사 혜암스님 및 대중 모두는 조실 스님을 모시고 보람있게 한철 공부를 잘 성취하려고 하였는데, 이 말을 듣고 나니 모두 신심이 뚝 떨어지고 말았습니다. 그러나 조실 스님의 명령이라 대중의 불평도 어쩔 수 없었습니다.

결제가 시작되고 노장스님은 큰절에서 오르내리면서 참선을 했는데 본인은 시간을 잘 지키려고 애를 쓰는 것 같았으나, 가끔 시간이 일정하지 않은 적도 있었습니다. 어떤 날은 한 낮이 되어 오기도 하였고, 어떤 때에는 추운 새벽에 수염에다 고드름을 주렁주렁 달고 오기도 했습니다. 그리고 대중이 모여 앉아 공부이야기를 할 때는 깜깜 절벽이었습니다.

마침 반 살림이 끝난 어느 날 조실스님이 법문을 마치고 법상에 내려오셔서 차를 마시고 계셨습니다.

그때 혜암 스님이 6년 전 혜월(慧月)스님 회상에서 들은 법문이 생각나 성월(性月) 조실스님께 여쭈었습니다.

"어떤 수좌가 혜월스님에게 묻기를 '소를 타고 소를 찾는다[騎牛覓牛]는 말이 있는데 그 도리는 어떤 도리입니까?' 라고 묻자,

혜월스님은 그를 보시고 '왜 그런 소리를 하고 다니느냐?' 라고 말씀하셨습니다.

그런데 혜월스님이 그 젊은 수좌에게 대답하신 말씀이 잘한 것입니까?"

듣고 있던 성월스님은 혜월스님에게 방망이를 내리는 뜻으로 "그 늙은이가 그래가지고 어떻게 학인들 눈을 뜨게 하겠는가?" 라고 말씀하셨습니다.

그러자 혜암 스님이 "그럼 조실 스님 같으시면 그 때 무엇이라고 말씀하시겠습니까?" 하고 묻자,

조실스님은 "그 젊은 수좌가 혜월스님에게 묻듯이 그대가 내게 물어보게." 하셨습니다.

혜암스님은 가사 장삼을 수하고 큰 절을 세 번 드린 뒤에 조실스님께 여쭈었습니다.

"소를 타고 소를 찾는다는데 그것이 무슨 도리입니까?"

"그대가 소를 타고 소를 찾는다니 그 찾는 소는 그만두고 탄 소나

이리 데리고 오너라."

성월스님의 되물음에 혜암스님은 말이 막혀 어리둥절하여 앉아있었고, 여러 스님들도 멍하니 앉아만 있었는데,

그때 참선이 무엇인지 잘 알지도 못하고 늦게 공부를 시작한 호은 스님이 자리에서 벌떡 일어나 춤을 덩실덩실 추며 "대중 스님들은 몰라도 나 혼자만은 알았습니다." 라고 말하면서 곧이어 "탄 소를 잡아 대령하였으니 눈이 있거든 똑바로 보시오." 하고 큰 소리로 외쳤습니다.

그때 대중은 모두 웃으면서 "어지럼병이 지랄병이 된다더니 저 노장님이 이제 미치기까지 하는구나." 하고 비웃었습니다.

그러나 조실 스님은 그러지들 말라 하시고 그 노장님을 조실 방으로 불러 불조(佛祖)의 공안에 대하여 차근차근 물어보시니 하나도 막힘 없이 다 대답하므로 조실스님은 그 노장님을 깨달았다고 인가를 했습니다. 조실스님이 대중에게 법상을 차리게 하고 높이 앉게 한 후 대중들 보고 3배를 하게 하니 호은 노장이 툭 터진 목소리로 법당이 쩌렁쩌렁 울리도록 한 소리를 읊었습니다.

홀연히 소 타고 소 찾는다는 말을 듣고[忽聞騎牛覓牛聲]
즉시 자기의 주인공인줄 깨달았네[頓覺卽時自家翁]
오고 감이 없는 것이 법성신이고[非去非來法性身]
늘지도 줄지도 않는 것이 반야봉이라.[不增不減般若峰]

이것이 바로 호은 노장의 오도송(悟道頌)이었습니다.

그때 그 노장님이 조실스님 앞에서 큰 소리로 "조실스님께서 나를 붙들어 주시지 않았더라면 나는 영겁(永劫)으로 무명(無明) 속에서 헤맬 뻔하였습니다." 하면서 흐느껴 우는 것을 혜암스님이 직접 보았다고 합니다. 그 뒤 호은스님은 강원에서 불경 공부하던 몇 명의 제자들을 모두 불러내 선원으로 보내 참선 공부를 하게 하고, 떨어지기 싫어하던 마누라도 한 살림을 차려 따로 살게 마련해주더니, 해제하기도 전에 큰 사찰인 금강산 석왕사의 조실스님으로 초청되어 갔다는 이야기입니다.

❀ '빈 터의 흰 소[露地白牛]'를 묻는 것은 법화경에서 나오듯이 양거(羊車)·녹거(鹿車)·우거(牛車)를 다 집어치우고 대백우거(大白牛車), 즉 일불승(一佛乘)의 도리를 일러보라는 말입니다.

# 몽둥이와 할(喝)

임제선사께서 낙보스님에게 물었다.

"예로부터 한 사람은 방을 쓰고 한 사람은 할을 썼는데 누가 더 친절한가?"

"둘 다 친절하지 못합니다."

"그럼 친절한 것은 어떤 것인가?"

낙보스님이 "할!"을 하자,

임제선사께서 후려쳤다.

師問樂普云 從上來 一人 行棒 一人 行喝 阿那箇親 普云 總不親 師云 親處作麼生 普便喝 師乃打

덕산의 방과 임제의 할, 어느 것이 나은가 하는 질문인데, "친절한가?" 하는 말에 속는가를 점검하는 장면입니다. 낙보스님은 임제스님의 제자답게 '할'을 선택했는데, 이때의 '할'은 아직 흉내를 내는 것입니다.

중생 교화와 공부하고 있는 수좌를 교화하는 것은 분명히 다릅니다. 호랑이는 강한 새끼를 얻기 위해 높은 곳에서 새끼들을 떨어뜨려서 살아남는 놈들만 키운다고 합니다.

# 손을 펼쳐 보인 뜻

임제선사께서 어떤 스님이 오는 것을 보고 두 손을 펼쳐 보였다.
그 스님이 아무런 대꾸가 없으므로
"알겠는가?" 하시니,
"모르겠습니다." 하므로
"곤륜산을 쪼갤 수 없으니 그대에게 돈이나 두어 푼 주겠노라." 하
셨다.

師見僧來 展開兩手 僧 無語 師云 會麼 云 不會 師云 渾崙 擘
不開 與汝兩文錢

**| 강설(講說) |**

한 스님이 임제 스님을 친견하기 위해 오자 임제스님이 점검하는 장면입니다. 두 손을 내미는 것은 미혹한 중생을 제도하기 위해 자비의 손길을 드리우는 행위를 상징합니다. 그러나 이때 손을 펼치는 동작에 속으면 안됩니다. 모든 대상이 본래는 없으므로, 있고 없다는 분별에 걸림이 없어야 합니다.

❀ 곤륜산은 절대의 세계를 상징하는 우주와 하나인 이름일 뿐인데, 상대방에 화두와 같은 의심을 야기시켜 주는 것입니다. 관음시식 때 "조주스님이 영가에게 차를 달여주신다!" 라는 대목이 나오는데, 조주스님은 누구에게나 차도 주지 않으면서 "차나 마시고 가거라!" 하는 선문답을 하셨습니다. 이는 학인이 공부할 수 있도록 방편을 쓴 것입니다.

# 불자(拂子)를 세우고
# 좌구(坐具)를 펴다

대각스님이 와서 임제선사를 뵈었다.

임제선사께서 불자를 세우니 대각스님이 좌구를 폈다.

임제선사께서 불자를 던져버리니, 대각스님이 좌구를 거두어 승당으로 들어가 버렸다.

대중 스님들이 "이 스님은 큰스님의 친구이신가. 절도 안하고 또 얻어맞지도 않는구나." 하였다.

임제선사께서 이 말을 듣고 대각스님을 불러오게 하였다.

대각스님이 나오자, "대중이 말하기를 그대는 나를 아직 참례하지 않았다고 하네." 하였다.

그러자 대각스님이 "안녕하십니까?" 하고는 곧 대중 속으로 돌아가 버렸다.

大覺 到參 師擧起拂子 大覺 敷坐具 師擲下拂子 大覺 收坐具 入僧堂 衆僧 云 這僧 莫是和尙親故 不禮拜 又不喫棒 師聞 令 喚覺 覺 出 師云 大衆 道 汝未參長老 覺 云 不審 便自歸衆

## | 강설(講說) |

임제스님이 불자를 던짐에 공부가 안된 사람이면 당황할 수 있지만 대각스님은 끄달려가지 않았습니다. 대각스님은 절을 하는 대신 "안녕하십니까."란 말로 대신 한 것도 재미있습니다. 임제스님은 주로 '체'차원에서만 점검을 하시는데 용과 체를 걸림 없이 쓸 수 있는가를 점검할 필요가 있습니다. 우리는 말에 속고 형상에도 속는데, 생각이 많으면 빨리 속는 것입니다.

㊽ 대각(大覺)스님은《전등록》에 따르면 황벽회운선사의 법을 이은 13인 중의 한 분으로 임제스님, 진존숙(陳尊宿)과 동문입니다. 위의 글 그대로 "임제화상의 친구"였습니다. 하지만《천성광등록》, 원판(元版) 이후의《전등록》에는 임제스님의 제자로 등장하기도 합니다. 위부(魏府: 大名府)의 대각사(大覺寺)에 주석한 사실 이외의 상세한 전기는 없지만, 위 문답에서 대각스님 또한 공부가 되신 분임을 알 수 있습니다.

# 조주선사의 방문

조주스님이 행각할 때 임제선사를 찾아뵈었다.

그때 발을 씻고 있었는데 조주스님이 물었다.

"조사께서 서쪽에서 오신 뜻이 무엇입니까?"

"마침 내가 발을 씻고 있는 중이요."

조주스님이 앞으로 다가가 귀를 기울여 듣는 시늉을 하자,

"다시 또 두 번째 구정물 세례를 퍼부어야겠군요." 하였다.

그러자 조주스님은 곧 내려가 버렸다.


趙州行脚時 參師 遇師洗脚次 州便問 如何是祖師西來意 師云
恰値老僧洗脚 州近前 作聽勢 師云 更要第二杓惡水潑在 州便
下去

"조사께서 서쪽에서 오신 뜻이 무엇입니까?" 하는 조주스님의 질문은 '용(用)' 차원에서 묻는 것입니다. "마침 내가 발을 씻고 있는 중이요." 하는 임제스님의 대답 역시 '용'에서 물었으니 '용'차원에서 답을 한 것입니다. 임제스님은 '조사는 지금 막 여기에 도착해서 발을 씻고 피로를 풀고 있다'는 자신감을 보이는 표현이기도 합니다. 달마의 본래 모습은 오고 감이 없습니다. 말에 속아서는 안됩니다.

조주선사

위의 문답은 《조주록》에서는 조금 다르게 묘사되어 있습니다.

"조주선사는 임제선사가 참문하러 왔을 때 마침 발을 씻고 있었다. 임제가 질문했다. '조사가 서쪽에서 오신 의도는 무엇입니까?' 조주선사가 말했다. '지금 막 발을 씻고 있는 참이다.' 임제는 앞으로 나아가 귀를 기울였다. 조주가 말했다. '알았으면 그것으로 좋고, 알지 못했으면 또 다시 입을 벌리지 말라. 어떤가?' 임제는 소매를 떨치고 나갔다. 조주가 말했다. 삼십 년의 행각 수행에 오늘 사람에게 쓸데없는 주석을 하고 말았군!"

　티벳에서 온 고승이 서울에서 법문을 하는데, 당신은 13번을 환생
했다 하셨습니다. 입적시에 어디에 태어나겠다고 예언해서 추적해
보면 거기에 태어남이 맞다고 합니다. 제자들이 환생한 스님을 친견
하러 갈 때 입적하기 전에 쓰던 물건 10 가지와 다른 물건 10가지를
가지고 간답니다. 환생한 곳에 가서 7~8세인 고승이 전생에 쓰던 물
건과 제자들 이름을 다 말하면 인정을 하게 된답니다. 그런데 그 고
승은 "자기는 중생을 제도하기 위해 더 윤회를 하겠다."고 했더랍니
다. 우리는 윤회를 벗어나고자 하는데 마음에 와닿는 말씀이 아닐 수
없습니다.
　한 수좌가 스승에게 "입적하면 어디를 가십니까?" 하고 물으니 대
답을 않자, 재차 물으니 "온 곳이 없는데 어디로 가느냐!" 하여 수좌
들이 놀랐다는 이야기가 전합니다.
　조주스님은 굉장히 어려운 집안에서 태어나 머슴살이를 하셨다 합
니다. 출가 후 도를 깨치고 제자들을 대동해서 고향에 돌아가니 할
머니 한 분이 알아보고는 "머슴살이 했던 오줌싸개가 어떻게 저렇게
됐어!" 하는 말을 했다고 합니다. 이 이야기가 전해진 후 스님들이 출
가 후 고향에 가면 안된다는 말이 나왔다 합니다.
　🏵 조주(趙州)스님은 하북(河北)의 조주 관음원(觀音院)에 주석한 그 유
명한 종심(從諗, 778~897)스님입니다. 마조하(馬祖下) 3세의 문인으로서 남

전보원(南泉普願)선사의 법을 이은 분입니다.

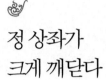

# 정 상좌가
# 크게 깨닫다

　정 상좌(定上座)가 임제선사를 찾아뵙고 "무엇이 불법의 대의입니까?" 라고 물으니,

　임제선사께서 자리에서 내려와 멱살을 움켜쥐고 한 대 후려갈기며 밀쳐버렸다.

　정 상좌가 멍하여 우두커니 서 있으니, 곁에 있던 스님이 말했다.

　"정 상좌여! 왜 절을 올리지 않는가?"

　정 상좌가 절을 하려는 순간, 홀연히 크게 깨달았다.


　有定上座 到參問 如何是佛法大意 師下繩床 擒住與一掌 便托
開 定 佇立 傍僧 云 定上座 何不禮拜 定 方禮拜 忽然大悟

## | 강설(講說) |

임제스님이 상좌의 근기를 보고 눈을 뜨게 해주는 극적인 장면입니다.

"불교의 참뜻이 무엇이냐?" 하는 질문은 '체(體)'차원의 질문이므로 입을 떼면 얻어 맞습니다. "가르침을 내렸는데 왜 절을 올리지 않느냐?" 하는 한 마디는 줄탁동시(啐啄同時)의 훌륭한 수법이라 볼 수 있습니다. 정 상좌는 일체의 차별심과 분별심을 초월한 무심의 경지에서 예배할 때 비로소 자기 본래심의 안목이 열리게 된 것입니다.

송광사에서 점안식 법회가 있었는데 경허스님이 증명법사로 법단에 올라가 배낭을 법상 위에 쭉 펴놓고 돼지족발을 내놓으며 공양주스님을 불러 "끝나면 먹을 거니 푹 삶아라." 한다. 우리는 계율에 대한 집착을 하고 있으므로 그르다 하지만, 병에 대한 약이자 음식으로 볼 뿐인 것이 경허스님의 경지입니다. 이러하니 법회를 못할 지경인데다, 뒷산에서 호랑이 다섯 마리가 뛰어내려와 야단이 났으나 경허스님이 나가자 호랑이들이 따라 나서더랍니다. 경허스님이 바위에 좌정을 하고 관(觀)을 하자 호랑이들이 조용해지니, "됐다, 올라가거라!" 하니 호랑이들이 사라졌다고 합니다. 이 경우엔 경허스님이 좌선삼매에 든 상태로 호랑이들과 대화를 한 것이 되고, 짐승들이 도인을 몰라보는 스님들에게 겁을 준 것이라고 볼 수도 있습니다.

❀ 정 상좌(定上座)에 대한 자세한 기록은 보이지 않습니다.《천성광등

록(天聖廣燈錄)》이후의 어록에는《임제록》의 기연(機緣)에 의한 임제스님의 사법(嗣法) 제자로 보고 있으나《설봉연보》,《벽암록》32칙의 평창(評唱)에서는 임제스님의 열반 직후 정 상좌와 흠산(欽山), 설봉(雪峰), 암두(巖頭) 세 스님의 문답으로만 나와 있습니다.

# 12면 관세음보살의
# 바른 얼굴

마곡스님이 임제선사를 찾아뵙고 좌구를 펴며 물었다.

"12면 관세음보살은 어느 얼굴이 바른 얼굴입니까?"

그러자 임제선사께서 자리에서 내려와 한 손으로는 좌구를 거두고 한 손으로는 마곡스님을 붙잡으며, "12면 관세음보살이 어디로 갔는가?" 하였다.

마곡스님이 몸을 돌려 자리에 앉으려 하므로,

임제선사께서 주장자를 들어 후려쳤는데,

마곡스님이 이를 받아 쥐니 서로 붙잡고 방장실로 들어갔다.


麻谷 到參 敷坐具 問 十二面觀音 阿那面 正 師下繩牀 一手 收 坐具 一手 搊麻谷云 十二面觀音 向什麽處去也 麻谷 轉身 擬

坐繩牀 師拈挂杖打 麻谷 接却 相捉入方丈

## | 강설(講說) |

마곡스님이 임제스님에 대해 나름의 점검을 하고자 했습니다.

12면 관세음보살의 바른 얼굴은 있다, 없다는 것이 답이 아닙니다. 관세음보살이란 이름 거기에는 얼굴이 없습니다. 임제스님이 마곡스님을 붙잡으며 "12면 관세음보살이 어디로 갔는가?" 하는 그 당체가 관세음보살의 참 얼굴 즉, 본래면목입니다.

주장자를 들어 후려친 것은 경계에 끄달려 가는가를 보는 것입니다. 주장자를 서로 붙잡고 방장실로 들어가는 것은 부처님께서 다자탑 앞에서 설법하실 때 자리의 반을 가섭존자에게 내어줬다는 '다자탑전분반좌(多子塔前分半座)' 공안과 유사합니다. 부처님이 가섭존자와 같은 자리에 머물듯이, 임제스님과 마곡스님도 같은 주장자를 쥐고 있습니다.

# 네 종류의 할(喝)

임제선사께서 어떤 스님에게 물었다.

"어떤 '할'은 금강왕의 보검과 같고, 어떤 '할'은 땅에 웅크리고 앉은 금빛 사자 같으며, 어떤 '할'은 어부가 고기를 찾는 장대와 도둑이 그림자를 드리워보는 풀 같고, 어떤 '할'은 할로서의 작용을 하지 않는다. 그대는 어떻게 알고 있는가?"

그 스님이 머뭇거리자,

임제선사께서 "할"을 하셨다.

師問僧 有時一喝 如金剛王寶劍 有時一喝 如踞地金毛獅子 有時一喝 如探竿影草 有時一喝 不作一喝用 汝作麽生會 僧擬議 師便喝

## ┃ 강설(講說) ┃

임제스님은 수행자들을 제도함에 있어 방편을 자유자재로 쓰고 있습니다. '할!'이라는 고정관념에 속으면 저 스님처럼 머뭇거리게 됩니다.

물론 선지식의 '할'을 통해 마음이 열리는 경우도 많습니다. 공부가 된 자는 '할'을 하는 그 순간 확철대오하거나 그렇지 않으면 진정한 의심이 생겨야 합니다. 때로 어떤 '할'은 아무런 작용이 없을 수도 있습니다.

《임간록》에는 임제스님의 네 가지 할을 이렇게 묘사하고 있습니다.

"금강왕의 보검을 당당하게 드러내 보이니 조금치라도 입을 나불거리면 곧장 그 칼날에 다치게 되리.

땅에 웅크리고 앉은 사자는 본디 보금자리가 없으니 둘러보는 사이에 번뇌가 스며들었네.

탐간영초(探竿影草)를 그늘에 넣지 말지니 한 마리 물고기 찾아오지 않고 적의 몸은 스스로 패하리라.

때로 하는 일할(一喝)은 일할이란 작용을 짓지 않으니 불법이 대단하기는 하나 어금니만 아플 뿐이다."

# 잘 왔는가?
# 잘못 왔는가?

임제선사께서 어느 비구니에게 물었다.

"잘 왔는가? 잘못 왔는가?"

비구니가 "할"을 하자,

임제선사께서 주장자를 집어 들고 말씀하였다.

"다시 일러보아라. 다시 일러봐!"

비구니가 또 "할"을 하자, 임제선사께서 곧 바로 후려쳤다.


師問一尼　善來　惡來　尼便喝　師拈棒云　更道更道　尼又喝　師便

打

**∣ 강설(講說) ∣**

이 비구니는 오고 감이 본래 없다는 도리를 알아들었으므로 '할'을
했습니다. 임제스님이 "다시 일러보라" 한 것은 확실히 아는 지를 살
펴본 것입니다. 그러나 공부가 안 됐는데 틀에 박힌 흉내를 낸 것이
므로 비구니가 얻어맞은 것입니다.

성철스님은 만공스님이 수좌들이 대답을 맞게 하면 인가를 많이
해 준 것에 대한 불만이 많으셨다 합니다. 성철스님은 한번의 선문답
그 다음에 똑같은 질문에 대한 답이 달라질 수 있으므로 쉽사리 인가
를 해주지 않았다고 합니다.

# 조사의 뜻은 없다

용아스님이 임제선사께 물었다.

"무엇이 조사께서 서쪽에서 오신 뜻입니까?"

"나에게 선판을 건네주게." 하니

용아스님이 바로 선판을 건네 드렸다.

임제선사께서 받아서 그대로 내리치시므로 용아스님이 말했다.

"치기는 마음대로 치십시오. 그러나 아직 조사의 뜻은 없습니다."


용아스님이 훗날 취미스님에게 물었다.

"무엇이 조사께서 서쪽에서 오신 뜻입니까?"

"내게 좌복을 건네주게." 하니, 용아스님이 바로 좌복을 건네주었다.

취미스님이 받아들고 그대로 후려치므로

용아스님이 말했다.

"치기는 마음대로 치십시오. 그러나 아직 조사의 뜻은 없습니다."

용아스님이 임제원에 머무르고 있을 때 어떤 스님이 방에 들어와
법문을 청했다.

"스님께서 행각하실 때 두 큰스님을 찾아뵈었던 일에 대해 그분들
을 옳다고 인정하십니까?"

"인정한다면 깊이 인정 하지만 아직 조사의 뜻은 없었네."

龍牙問 如何是祖師西來意 師云 與我過禪版來 牙便過禪版與師
師接得便打 牙云 打卽任打 要且無祖師意 牙後到翠微 問 如何
是祖師西來意 微云 與我過蒲團來 牙便過蒲團與翠微 翠微接得
便打 牙云 打卽任打 要且無祖師意 牙住院後 有僧 入室請益云
和尚 行脚時 參二尊宿因緣 還肯他也無 牙云 肯卽深肯 要且無
祖師意

**▌강설(講說) ▌**

"무엇이 조사께서 서쪽에서 오신 뜻입니까?" 하고 말로 '용'차원에
서 묻는 것이므로 어떤 것이든 답이 됩니다. 선판은 법을 전해 받은
사실을 기록해 놓은 판입니다. "내게 선판을 건네주게." 하는 말에 용

아스님이 속았으므로 임제스님은 내려친 것입니다.

용아스님이 "조사의 뜻은 없습니다.[無祖師意]" 하는 것은 '조사가 서쪽에서 온 뜻'이 본래 없기 때문에 두 선지식을 긍정한 말입니다. 임제스님은 "조사가 서쪽에서 오신 의지가 무엇입니까?" 하는 질문에 "만약에 의지가 있으면 자기 자신도 구제할 수 없다."고 말한 것처럼 거기에는 어떤 '목적의식이 없다[無意]'는 것입니다. 달마대사가 중국에 온 것은 당신의 의지를 관철하기 위한 것이 아니라, 시절인연에 따른 무심의 경지에서 심법을 전하고 중생을 제도하기 위한 것이라 볼 수 있습니다.

❸ 취미(翠微)스님은 장안(長安)의 종남산 취미(終南山 翠微)에 주석한 무학(無學)스님을 말합니다. 단하천연의 법을 이은 분으로, 광조대사(廣照大師)라고도 칭하는 선지식입니다.

# 경산스님의
## 오백 대중

경산 문하에 오백 명의 대중이 있었으나 법을 묻는 사람은 없었다.
그래서 황벽스님이 임제선사를 경산에 가보게 하였다.
"그대는 거기에 가서 어떻게 하겠느냐?"
"제가 거기에 가면 저절로 방편이 있겠지요."

임제선사께서 경산에 이르러 걸망도 풀지 않은 채 법당으로 올라
가 경산스님을 뵈었다.
경산스님이 막 고개를 들려고 하는데, 임제선사께서 "할"을 하였
다.
경산스님이 무어라고 말하려 하자. 임제선사께서 소매를 떨치고
그대로 가버렸다.

그 즉시 어떤 스님이 경산스님에게

"저 스님이 왔을 때 무슨 말씀이 있었기에 스님에게 대뜸 '할'을 하십니까?" 라고 물었다.

"그 스님은 황벽스님 회하에서 왔는데 그대가 알고 싶으면 그에게 직접 물어보아라." 라고 하였다.

그리고 난 후 경산의 오백 대중이 절반이상 흩어져 버렸다.


徑山 有五百衆 少人參請 黃檗 令師 到徑山 乃謂師曰 汝到彼
作麽生 師云 某甲 到彼 自有方便 師到徑山 裝腰上法堂 見徑
山 徑山 方舉頭 師便喝 徑山擬開口 師拂袖便行 尋有僧問徑山
這僧 適來 有什麽言句 便喝和尙 徑山 云 這僧 從黃檗會裡來
你要知麽 且問取他 徑山五百衆 太半分散


**│ 강설(講說) │**

《금강경오가해》에서는 "안목이 열리지 않은 상태에서 절대로 법을 설하지 말라"는 법문이 있습니다. 경산스님에 대해 임제스님이 한 방을 던진 것인데 '할'에 대한 대답도 못하므로 공부가 안된 것입니다. 말을 하지 말아야 하는데 말을 하려고 입을 떼자마자, 임제선사는 상대도 않고 소매를 떨치며 그대로 가버렸습니다. 스승이 법전(法戰)에서 졌다는 소문이 나자 경산문하의 대중이 흩어져 버리고 맙니다.

❀ 경산(徑山)은 절강성(浙江省) 항주부(杭州府)에 있습니다. 중당(中唐)

무렵 우두종(牛頭宗) 계통의 대각선사 도흠(大覺禪師 道欽, 715~793)이 개창했으며, 송대(宋代)에는 능인(能仁) 흥성만수선사(興聖萬壽禪寺)라고 칭하는 오산(五山)의 하나였습니다. 대혜(大慧), 허당(虛堂), 불감(佛鑑)선사 등이 주석하였으며 임제선 발전의 중심지였습니다. 그러나 황벽, 임제선사 당시에는 누가 주석하고 있었는지 분명하지 않습니다.

# 보화스님의
# 전신탈거(全身脫去)

보화스님이 어느 날 거리에 나가 사람들에게 장삼 한 벌을 달라고 했다. 사람들이 매번 장삼을 주었으나 보화스님은 그때마다 필요 없다고 했다.

임제선사께서 원주를 시켜 관을 하나 사오게 한 뒤 보화스님이 들어오자 말씀하셨다.

"내가 그대를 위해 장삼을 장만해 두었네."

보화스님이 관을 짊어지고 나가서 온 거리를 돌면서

"임제선사께서 나에게 장삼을 만들어 주셨다. 나는 동문으로 가서 열반에 들겠다." 하고 외쳤다.

사람들이 너도 나도 따라가서 보니 보화스님이 말했다.

"오늘은 아니다. 내일 남문에서 열반에 들리라."

이렇게 사흘을 하니 사람들이 아무도 믿지 않았다. 나흘째 되던 날은 따라와서 보려는 사람이 없었다. 혼자 성 밖으로 나가 스스로 관속으로 들어가서 길 가는 행인에게 관 뚜껑에 못을 치게 하였다.

삽시간에 말이 퍼져서 시내 사람들이 쫓아가서 관을 열고 보았다. 그런데 몸은 이미 어디론가 사라지고 다만 공중에서 요령소리만 은은히 울릴 뿐이었다.


普化一日 於街市中 就人乞直裰 人皆與之 普化俱不要 師令院主 買棺一具 普化歸來 師云 我與汝做得箇直裰了也 普化便自擔去 繞街市叫云 臨濟與我做直裰了也 我往東門遷化去 市人競隨看之 普化云 我今日 未 來日 往南門遷化去 如是三日 人皆不信 至第四日 無人隨看 獨出城外 自入棺內 倩路行人釘之 卽時傳布 市人 競往開棺 乃見全身脫去 祇聞空中鈴響 隱隱而去


**| 강설(講說) |**

이렇게 몸마저 남기지 않고 사라지는 것을 전신탈거(全身脫去)라고 하는데, 보화스님의 법신불(法身佛)의 경지를 전하고 있습니다.

그리고 보화스님의 흔적 없는 전신탈거는 "머리는 있되 꼬리는 없으며, 처음은 있되 끝은 없으리라." 한 '작은부처[小釋迦]' 앙산스님의 예언도 들어맞은 것이 됩니다. 한국의 원효, 경허스님에 필적하는 무애도인(无涯道人)이라 하겠습니다.

㊇ 보화스님 스스로 관에 드러누워 못을 치게 하여 가볍게 목숨을 버린 임의사명(任意捨命)과 몸은 간 데 없고 오직 공중에서 들려오는 멀어져가는 방울 소리는, 어떤 흔적도 남기지 않은 채 자재무애 속에서 살다가 간 그의 면목을 여실히 전하고 있습니다. 이와 같은 법신불의 작용은 《금명경》의 "부처의 참된 법신은 마치 허공과 같다. 사물에 응하여 형체를 나투는 것이 물 속의 달과 같다."는 법문과 유사합니다.

4
/

# 행록(行錄)

ꕤ

# 세 번 묻고
# 세 번 맞다

임제선사께서 처음 황벽스님의 회하에 있을 때 공부하는 자세가 매우 순일하였다. 수좌 소임을 보는 목주(睦州)스님이 찬탄하기를 "비록 후배이긴 하나 다른 대중과는 상당한 차이가 있다."고 하였다.

그리고 임제선사에게 묻기를,

"스님이 여기에 있은 지 얼마나 되는가?"

"3년 됩니다."

"공부에 대하여 (황벽스님께) 물은 적이 있는가?"

"아직 묻지 못했습니다. 무엇을 물어야 할지 모르겠습니다."

"방장(황벽)스님을 찾아뵙고 '무엇이 불법의 분명한 대의입니까?' 하고 왜 묻지 않는가?"

임제선사께서 바로 가서 법을 물으니 묻는 말이 채 끝나기도 전에
황벽스님께서 대뜸 후려쳤다.

임제선사께서 내려오자 수좌(목주)가 물었다.

"법을 물으러 갔던 일은 어떻게 되었는가?"

"내가 묻는 말이 채 끝나기도 전에 화상이 느닷없이 때리니 저는
알 수가 없습니다."

"그렇지만 다시 가서 묻도록 하게."


임제선사께서 다시 가서 물으니, 황벽스님이 또 때렸다.

이렇게 세 번 묻고 세 번 맞았다[三度發問 三度被打].


임제선사께서 다시 와서 수좌에게 말했다.

"다행히 자비하심을 입어서 제가 큰스님께 가서 불법을 물었는데
세 번 묻고, 세 번 맞았습니다. 장애로 인하여 깊은 뜻을 깨닫지 못하
는 것을 스스로 한탄하고 지금 떠나려 합니다."

"그대가 만약 떠나려거든 큰스님께 가서 하직 인사나 꼭 하고 가
게."

임제선사는 예배하고 물러났다.


師初在黃檗會下 行業 純一 首座乃歎曰 雖是後生 與衆有異 遂
問 上座在此 多少時 師云 三年 首座云 曾參問也無 師云 不曾

參問 不知問箇什麼 首座云 汝何不去問堂頭和尙 如何是佛法
的的大意 師便去問 聲未絕 黃檗 便打 師下來 首座云 問話作
麼生 師云 某甲問聲未絕 和尙便打 某甲不會 首座云 但更去問
師又去問 黃檗 又打 如是三度發問 三度被打 師來白首座云 幸
蒙慈悲 令某甲問訊和尙 三度發問 三度被打 自恨障緣 不領深
旨 今且辭去 首座云 汝若去時 須辭和尙去 師禮拜退

## ┃ 강설(講說) ┃

"무엇을 물어야 할지 모른다"는 대답은 단순히 모른다는 뜻이 아
니라 임제스님의 예리한 기개(氣慨)가 포함되어 있는 표현입니다.

그러나 임제선사께서 바로 가서 물으니 묻는 말이 채 끝나기도 전
에 황벽스님께서는 대뜸 후려쳤습니다. 여기서 아픔을 아는 사람
과 아픈 사람이 나누어지기 이전에는, 주와 객이 나누어지기 이전의
'참' 임제가 있을 뿐입니다. 그 순간에는 어디에도 끄달리지 않고 어
디에도 나누어질 수 없는 임제 한 사람이 있을 뿐입니다 그것을 무위
진인(無位眞人)이라 합니다. 어디에 있든지 그 있다고 하는 거기에
끄달리지 않고 주인으로서, 내 자신으로서 오롯이 있어야 한다는 것
을 수처작주(隨處作主)라 합니다.

🏵 행록은 임제스님의 구도 행장에 대한 기록입니다. 어떻게 공부하고
어떻게 깨닫고 어떤 사람들과 어떤 법거량을 하고 누구를 어떻게 교화했
는가를 기록한 간단한 전기입니다.

# 황벽선사의
# 불법도 별것 아니다

수좌(목주스님)가 먼저 황벽스님의 처소에 가서 말했다.

"법을 물으러 왔던 후배(임제선사)가 대단히 여법(如法)합니다. 만약 와서 하직 인사를 드리거든 방편으로 그를 이끌어 주십시오. 앞으로 잘 다듬으면 한 그루의 큰 나무가 되어 천하 사람들에게 시원한 그늘을 드리울 것입니다."

임제선사께서 가서 하직 인사를 드리니 황벽스님이 말씀하셨다.

"다른 곳으로 가지 말고 자네는 고안의 물가에 사는 대우스님 처소에 가도록 하여라. 반드시 너를 위하여 이야기가 있을 것이다."

임제선사께서 대우스님에게 이르자 대우스님이 물었다.

"어디서 왔는가?"

"황벽스님의 처소에서 왔습니다."

"황벽스님이 무슨 말씀을 하시던가?"

"저가 세 번이나 불법의 분명한 대의를 물었다가 세 번 얻어맞기만 했습니다. 저는 알지 못하겠습니다. 저에게 허물이 있습니까? 없습니까?"

"황벽스님이 그토록 노파심이 간절하여 그대를 위해 뼈에 사무치게 하였거늘, 여기까지 와서 허물이 있는지 없는지를 묻는가?"

임제선사께서 그 말끝에 크게 깨달았다. 그리고 이렇게 말했다.

"황벽의 불법이 간단하구나."

그러자 대우스님이 멱살을 움켜쥐며 다그쳤다.

"이 오줌싸개야! 방금 허물이 있느니 없느니 하더니, 이제 와서는 도리어 황벽스님의 불법이 간단하다고 하느냐? 그래 너는 무슨 도리를 보았느냐? 빨리 말해봐라, 빨리 말해!"

이에 임제선사께서 대우스님의 옆구리를 주먹으로 세 번 쥐어박았다.

대우스님은 임제선사를 밀쳐 버리면서 말했다.

"자네의 스승은 황벽일세. 나하고는 상관없는 일이야."


首座 先到和尙處云 問話底後生 甚是如法 若來辭時 方便 接他 向後穿鑿 成一株大樹 與天下人作蔭涼去在 師去辭 黃檗 云 不

得往別處去 汝向高安 灘頭大愚處去 必爲汝說 師到大愚 大愚
問 什麼處來 師云 黃蘗處來 大愚云 黃蘗 有何言句 師云 某甲
三度問佛法的的大意 三度被打 不知某甲 有過 無過 大愚云 黃
蘗 與麼老婆 爲汝得徹困 更來這裏 問有過無過 師於言下 大悟
云 元來 黃蘗佛法 無多子 大愚 搊住云 這尿牀鬼子 適來 道有
過無過 如今 却道黃蘗佛法 無多子 你見箇什麼道理 速道速道
師於大愚脅下 築三拳 大愚托開云 汝師 黃蘗 非干我事

## | 강설(講說) |

대우스님의 "황벽스님이 그토록 노파심이 간절하여 그대를 위해
뼈에 사무치게 하였거늘"이란 말은 황벽스님이 몸과 마음에 사무치
도록 친절하고 자세하게 가르쳤다는 뜻입니다. 얻어맞는 순간, 아픔
을 안다는 분별이 있을 수 없습니다. 사량분별할 틈을 주지 않은 전
광석화 같은 지혜작용이었던 것입니다.

대우스님의 친절한 도움말을 듣고 깨달음을 얻은 임제스님은 이
에 대우스님의 옆구리를 주먹으로 세 번이나 쥐어박았습니다. 이것
은 임제스님이 평생 천형(天刑)처럼 지고 다니던 짐, 진정한 불법의
과제를 풀었다는 확신에 찬 사자후입니다. 임제스님이 황벽스님에게
사정없이 얻어맞았을 때 피아(彼我)가 없고 자타(自他)가 없고 아픈
사람과 아픔을 느끼는 사람이 몰록 끊어진 그 순간의 경계를 드디어
깨닫게 되었기에, 똑같이 대우스님에게 전하고 있는 장면입니다.

황벽스님처럼 대우스님도 깨친 분이었으나, 대우스님에게는 대중이 모이질 않았다고 합니다. 이것이 과거생의 삶의 모습 때문이 아닌가 합니다. 황벽스님이 보시행으로 남에게 많이 베푼 분이었다면, 대우스님은 자기 수행만 한 분이라 볼 수 있습니다.

# 호랑이 수염을 뽑다

임제선사께서 대우스님을 하직하고 다시 황벽스님에게 돌아오자 황벽스님께서 보고는 말씀하셨다.

"이놈이 왔다 갔다 하기만 하니 언제 공부를 마칠 날이 있겠느냐?"

"오직 스님의 간절하신 노파심 때문이옵니다."

임제선사가 인사를 마치고 곁에 서 있으니 황벽스님이 다시 물었다.

"어디를 갔다 왔느냐?"

"지난번에 스님의 자비하신 가르침을 듣고 대우스님을 뵙고 왔습니다."

"대우가 무슨 말을 하더냐?"

임제선사께서 지난 이야기를 말씀드리니 황벽스님이 말씀하셨다.

"어떻게 하면 대우 이놈을 기다렸다가 호되게 한 방 줄까?"

"무엇 때문에 기다린다 하십니까? 지금 바로 한 방 잡수시지요."
하며 바로 손바닥으로 후려쳤다.

황벽스님께서 "이 미친놈이 다시 와서 호랑이 수염을 뽑는구나."
하셨다.

그러자 임제선사께서 "할"을 하였다.

황벽스님이 "시자야, 이 미친놈을 데리고 가서 선방에 집어넣어
라." 하셨다.

뒷날 위산스님이 이 이야기를 하시며 앙산스님에게 물었다.

"임제가 그때 대우의 힘을 얻었는가? 황벽의 힘을 얻었는가?"

"범의 머리에 올라앉았을 뿐만 아니라, 범의 꼬리도 잡을 줄 안 것
입니다."


師辭大愚 却回黃檗 黃檗 見來 便問 這漢 來來去去 有什麼了
期 師云 祇爲老婆心切 便人事了 侍立 黃檗 問 什麼處去來 師
云 昨奉慈旨 令參大愚去來
黃檗 云 大愚有何言句 師遂擧前話 黃檗云 作麼生得這漢來 待
痛與一頓 師云 說什麼待來 卽今便喫 隨後便掌 黃檗 云 這風
顚漢 却來這裏捋虎鬚 師便喝 黃檗 云 侍者 引這風顚漢 參堂
去 後 潙山 擧此話 問仰山 臨濟當時 得大愚力 得黃檗力 仰山

云 非但騎虎頭 亦解把虎尾

## | 강설(講說) |

어미는 닭이 알에서 깨어 나올 때를 안다고 하듯이, 황벽스님은 제자가 깨달을 시점을 정확히 알고 있습니다. 스승을 한 방 먹이고 인정을 받은 임제스님은 이후 황벽문하에서 20년동안 보임(保任)을 하게 됩니다.

스승과 제자가 따로 없는 경지에서는 제자가 따귀를 쳐도 불경(不敬)이 아닙니다. 깨친 경지에서는 너와 나, 주관과 객관이 둘이 아니기 때문입니다. 호랑이 수염을 뽑는 이와 같은 법은 쉽게 쓸 수 없는 대단한 경지에서만 나옵니다. 철저히 둘이 아닌[不二] 경지를 투득해야만 가능한 임기응변입니다.

"호랑이 수염을 뽑는구나" 하는 말은 황벽스님이 임제를 인정하는 말입니다. "선방에 집어넣으라"는 것은 아직 임제를 더 다듬어야 한다는 의미 즉, 보임공부를 하라는 뜻입니다.

❀《전등록》에는 황벽스님이 옆으로 쓰러질만큼 때렸다고 기록되어 있으니 일반인이 보면 미쳐도 단단히 미친 경지입니다.

❀ 임제스님이 깨달은 것은 누구의 힘을 얻어서 이뤄진 것이 아닙니다. 시절인연이 무르익어 스스로의 자성(自性)을 깨친 것입니다. 임제스님도 이제 스스로 호랑이가 되고 보니, 범 무서운 줄 모르는 형국이 되었습니다.

# 소나무를 심은 뜻

임제선사께서 소나무를 심고 있는데 황벽스님께서 물으셨다.

"깊은 산 속에 그 많은 나무를 심어서 무얼 하려 하는가?"

"첫째는 절의 경치를 가꾸기 위해서이고, 둘째는 후인들에게 본보기가 되기 위해서입니다."

라고 한 후 괭이로 땅을 세 번 내리치니,

황벽스님께서 말씀하셨다.

"비록 그렇기는 하나 그대는 이미 나에게 30방을 얻어맞았다."

임제선사께서 또 다시 괭이로 땅을 세 번 내리치며 "허허!" 라고 하니,

황벽스님께서 "나의 종풍(宗風)이 그대에게 이르러 세상에 크게 일어나겠구나." 하셨다.

뒷날 위산스님이 이 이야기를 하시며 앙산스님에게 물었다.

"황벽스님이 그 당시 임제 한 사람에게만 부촉한 것인가? 아니면 다른 사람도 있는가?"

"있습니다만, 연대가 매우 멀어서 스님께 말씀드리지 않으렵니다."

"그렇긴 하지만, 나도 또한 알고 싶으니 그대는 말해 보아라."

"한 사람이 남쪽을 가리켜서 오월지방에서 법령이 행해지다가 큰바람을 만나면 그칠 것입니다."(이는 風穴和尙을 예언한 것이다)

앙산선사

師栽松次 黃檗 問 深山裏 栽許多 作什麼 師云 一與山門作境致 二與後人作標榜 道了 將钁頭 打地三下 黃檗 云 雖然如是 子已喫吾三十棒了也 師又以钁頭 打地三下 作嘘嘘聲 黃檗 云 吾宗 到汝 大興於世 後 潙山 擧此話 問仰山 黃檗 當時 祇囑臨濟一人 更有人在 仰山 云 有 祇是年代深遠 不欲擧似和尙 潙山 云 雖然如是 吾亦要知 汝但擧看 仰山 云 一人 指南 鳴越令行 遇大風卽止(讖風穴和尙也)

## ｜강설(講說)｜

"나의 종풍이 그대에게 이르러 세상에 크게 일어나겠구나." 하는 것은 나(황벽)의 선(禪)이 그대의 시대에 가서 천하의 구석구석에 널리 알려질 것이라는 기대감과 널리 법을 펴야 한다는 부촉(咐囑)을 동시에 담은 말입니다.

제자가 스승을 능가하지 못하면 스승의 참뜻을 전하기가 어렵습니다. 황벽스님이 제자를 마지막으로 점검하고 임제스님 역시 스승과 당당한 법거량을 해보는 장면입니다. 황벽스님이 '너는 이미 나의 30방을 맞고 눈을 떴는데 나를 점검하느냐?' 하자, 임제스님은 땅을 가리키며 '왜 지나간 일에 집착하십니까?' 하며 되받아칩니다. 마침내, 황벽스님이 임제스님을 확실하게 인가하는 모습입니다.

㊛ 풍혈화상(諷風穴和)은 임제하(臨濟下) 제4세 풍혈연소(風穴廷沼, 896~973)선사로서 앙산스님이 임제스님이 입적한 후 200여년 경 그의 활약을 예언하고 있습니다.

# 덕산스님의
# 선상을 뒤엎다

임제선사께서 덕산스님을 모시고 서 있는데,

덕산스님이 "오늘은 피곤하구나." 하였다.

이에 임제선사께서 "이 노장이 무슨 잠꼬대를 하는가?" 하니,

덕산스님이 후려쳤다.

임제선사께서 의자를 뒤엎어 버렸는데,

덕산스님은 가만히 있었다.


師侍立德山次 山 云 今日困 師云 這老漢 寐語作什麽 山 便打

師掀倒繩牀 山 便休

## | 강설(講說) |

황벽스님과 덕산스님은 사형 사제간으로, 덕산스님은 당대 최고의 금강경 강사로 활약하다 한 노파에게 대단한 망신을 당하고 난 뒤 용담스님을 만나 안목이 열린 선사입니다. 이른바 '임제할 덕산방(臨濟 喝 德山棒)'의 주인공으로도 유명합니다.

임제스님이 갑자기 고함을 지르고, 덕산스님이 불현듯 몽둥이질을 하는 것은 생각과 말의 길을 끊어 일체 사랑분별(思量分別)을 쉬게 하는데 목적이 있습니다.

선(禪)에 있어서는 피곤하고 피곤하지 않은 것이 따로 없습니다. '본래의 불성이 피곤하다니 말이 됩니까?' 이런 뜻입니다. 생하고 멸함도 없고, 깨끗하고 더러움도 없으며, 증감(增減)도 없는 것이 불성이기 때문입니다.

임제스님은 덕산스님의 "피곤하다"는 말에 안 끌려가고 "무슨 잠꼬대냐?"고 받아칩니다. 덕산스님이 임제스님의 법을 모를 리 없으니, 의자를 뒤엎어도 더는 건드리면 안됨을 아시고 묵묵히 계십니다. 서로 한번씩 주고 받은 것이고, 이토록 무례해도 용납이 되는 것은 선법에서만 가능한 상황입니다.

㊁ "다언다려(多言多慮)하면 전불상응(轉不相應)하고 절언절려(絶言絶 慮)면 무처불통(無處不通)이라", 말이 끊어지고 생각이 끊어지면 통하지 않는 곳이 없기 때문입니다.

# 산 채로 한순간에
# 묻어버린다

임제선사께서 밭을 매는 운력(運力)을 하다가 황벽스님이 오시는
것을 보고 괭이에 기대어 서 있었다.

황벽스님께서 "이놈이 피곤한 모양이구나." 하시니

"괭이도 아직 들지 않았는데 피곤하다니요." 하였다.

황벽스님이 임제를 후려치자,

임제선사가 몽둥이를 잡아 던져버리고 넘어뜨렸다.

황벽스님이 유나를 불러 말씀하셨다.

"유나야! 나를 부축해 일으켜다오."

유나가 가까이 다가가 부축해 일으켜 드리면서,

"큰스님! 이 미친놈의 무례한 짓을 어찌 그냥 두십니까?" 하였다.

황벽스님은 일어나자 말자 유나를 후려갈겼다.

임제선사께서 괭이로 땅을 찍으면서 말씀하였다.

"제방에서는 모두 화장을 하지만 나는 여기서 한순간에 생매장을 해버린다."

뒷날 위산스님이 앙산스님에게 물었다.

"황벽스님이 유나를 때린 의도가 무엇인가?"

"진짜 도둑은 달아나 버렸는데 뒤쫓던 순라군이 얻어맞은 꼴입니다."

師普請鋤地次 見黃檗來 拄钁而立 黃檗 云 這漢 困耶 師云 钁 也未擧 困箇什麽 黃檗 便打 師接住棒 一送送倒 黃檗 喚維那 維那 扶起我 維那近前扶云 和尙 爭容得這風顚漢無禮 黃檗 纔 起 便打維那 師钁地云 諸方 火葬 我這裏 一時活埋 後 潙山 問 仰山 黃檗 打維那意作麽生 仰山 云 正賊 走却 邏蹤人 喫棒

**| 강설(講說) |**

"곳곳에서는 모두 화장(火葬)을 하지만 나는 여기에서 산 채로 한 순간에 묻어 버린다." 임제스님은 스승인 황벽스님도, 유나도, 달마대사도, 부처님도 모두 순식간에 묻어 버린다며 당신의 깨달음에 대해 확신을 갖고 있습니다. 여기서 '생매장 한다'는 것은 모든 번뇌와 망상, 무명을 죽인다는 뜻입니다. 그 어떠한 이름과 모양, 언어도 임제스님 앞에서는 산송장이 됩니다. 앙산스님이 말하는 '진짜 도둑[正賊]'이 바로 임제스님이었습니다.

피곤이니, 꾀이니 하는 것은 말에 불과합니다. 황벽스님이 임제스님의 말대꾸에 몽둥이로 후려치자 임제스님이 던져버립니다. 공부가 안 되면 스승에게 이와 같은 행동을 할 수도 없고 묵인할 수도 없는 것입니다. 사찰의 주지 격으로서 수많은 대중들을 지도하는 유나조차 법거량의 의미를 모르고 헤매고 있자, 황벽스님이 유나를 후려갈깁니다. 이때 유나는 왜 맞았는가를 의심해야 마땅합니다.

이 선문답에 대해 위산스님과 앙산스님은 다시 점검을 합니다. 일종의 탁마라 할 수 있습니다. 위산스님에 대한 앙산스님의 표현은 너무 순리적입니다. 좀더 앙산스님 다운 기용(機用)이 있었으면 어땠을까요. 즉, 위산스님에게 한 방망이 후려쳤으면 어떠했을까요? 앙산스님은 언제나 스승인 위산스님에게 예의에서 벗어나지 않고 법을 거량한 매우 점잖은 분이었던 것 같습니다.

# 황벽스님이
# 당신 입을 쥐어박다

임제선사께서 하루는 큰방에 앉아 있다가 황벽스님이 오시는 것을 보고 눈을 감아버렸다.

황벽스님이 두려워하는 시늉을 하며 곧 바로 방장실로 돌아가버렸다.

임제선사께서 뒤따라 방장실로 가서 무례하였음을 사과하였다.

수좌가 황벽스님을 모시고 있었는데, 황벽스님이 "이 스님이 비록 후배이긴 하지만 이 일이 있는 줄을 안다." 하셨다.

수좌가 "노스님 자신의 발꿈치가 땅에 닿지도 않았는데 도리어 이 후배를 증명[인가]하십니까?" 하였다.

황벽스님이 스스로 자기 입을 한 대 쥐어박으니,

수좌가 "아셨으면 됐습니다." 라고 하였다.

師 一日 在僧堂前坐 見黃檗來 便閉却目 黃檗 乃作怖勢 便歸
方丈 師隨至方丈 禮謝 首座在黃檗處侍立 黃檗 云 此僧 雖是
後生 却知有此事 首座云 老和尚 脚跟 不點地 却證據箇後生
黃檗 自於口上 打一摑 首座云 知卽得

**| 강설(講說) |**

임제스님이 스승이 들어오는데도 눈을 감아버린 것은 당신 입장에
서는 이미 은사나 스승이 둘이 아닌 이심전심(以心傳心)의 경지이기
때문입니다. 그래서 황벽스님의 등장에도 끄달려가지 않는 것입니
다. 황벽스님이 두려워하는 시늉으로 응수하는 것 역시 점검차원의
거량입니다. 황벽스님 문하에서 제일 고참인 목주(睦州)스님이 아직
스승이 임제에게 법을 전할 때가 아니라고 하자, 황벽스님도 긍정합
니다.

# 임제선사가
# 졸고 있을 때

임제선사께서 방에서 졸고 있는데, 황벽스님께서 내려 와서 보시고 주장자로 선판을 한번 두드렸다.

임제선사께서 고개를 들어 황벽스님인 것을 보고서도 다시 졸자, 황벽스님이 다시 선판을 한번 두드렸다. 그리고 윗자리로 가서 수좌가 좌선하고 있는 것을 보고 말씀하셨다.

"아래 자리의 후배는 좌선을 하는데 그대는 여기서 무슨 망상을 피우고 있느냐?"

그러자 수좌가 "이 노장이 무슨 수작이야!" 하니,

황벽스님은 선판을 한번 두드리고 나가버렸다.

뒷날 위산스님이 앙산스님에게 물었다.

"황벽스님이 선방에 들어간 뜻이 무엇인가?"

"한 개 주사위의 두 가지 그림입니다."

師在堂中睡 黃檗 下來見 以拄杖 打版頭一下 師擧頭 見是黃檗
却睡 黃檗 又打版頭一下 却往上間 見首座坐禪 乃云 下間後生
却坐禪 汝這裏妄想作什麼 首座云 這老漢 作什麼 黃檗打版頭
一下 便出去 後 潙山 問仰山 黃檗 入僧堂意作麼生 仰山 云 兩
彩一賽

## | 강설(講說) |

마음에 번뇌망상이 없으면 좌선조차 필요 없는 행동입니다. 임제
스님이 졸음에 떨어져 좌선하고 있는 경우도 마찬가지입니다. 좌선
과 졸음이라는 상(相)에 집착하면 오해하기 십상입니다. 본래심의
작용이 그대로 참선이기 때문에 졸고 있는 것도 좌선인 반면, 좌선을
하고 있더라도 번뇌망상을 피우고 있다면 좌선이 아닌 것입니다.

황벽스님은 졸고 있는 임제를 경책하고 더불어 수좌도 점검하려
했지만, 도리어 두 제자 모두에게 체면만 구기며 당하고 말았습니다.
하지만 황벽스님은 끝까지 선판을 두드리는 지혜작용으로 무위진인
의 면목을 드러내고 있습니다.

황벽스님은 일면 두 제자에게 당한 것처럼 보이지만, 제자가 스승
보다 더 뛰어난 청출어람(靑出於藍)을 목격했으니 내심 얼마나 기뻐

했겠습니까. 앙산스님의 평을 통해 황벽스님은 하나의 지혜보검으로 두 사람의 목[無明]을 자르는 개선장군처럼 더욱 돋보이게 되었습니다.

❀ '양채일새(兩彩一賽)'는 한 개 주사위의 두 가지 그림이란 뜻으로, 한 승부(勝負)에 두 번 이겼다는 뜻이라고 합니다. '채(彩)'는 도박에 쓰이는 주사위의 무늬, '새(賽)'는 도박에 쓰이는 도구로 주사위를 말합니다.

# 빈손으로
# 노동 하는 법

하루는 대중이 운력(노동)을 하는데 임제선사께서 맨 뒤에서 따라
가고 있었다. 황벽스님이 고개를 돌려보니 임제선사께서 빈손으로
오므로 물었다.

"괭이는 어디 있느냐?"

"어떤 사람이 가져갔습니다."

"이리 가까이 오너라. 그대와 이 일을 의논해 보자."

임제선사께서 앞으로 가까이 오자, 황벽스님이 괭이를 일으켜 세
우며 말씀하였다.

"다만 이것은 천하 사람들이 잡아 세우려 해도 일으키지 못한다."

임제선사께서 손을 뻗쳐 낚아채서 잡아 세우면서,

"그렇다면 어째서 지금은 제 손 안에 있습니까?" 하니

황벽스님께서 "오늘은 대단한 사람이 운력을 하는구나." 하시며 절로 돌아가 버렸다.

뒷날 위산스님이 앙산스님에게 물었다.
"괭이가 황벽스님 손에 있었는데, 무엇 때문에 다시 임제한테 빼앗겼느냐?"
앙산스님이 대답했다.
"도둑은 소인이지만 지혜는 군자를 능가합니다."

一日普請次 師在後行 黃蘗 回頭 見師空手 乃問 钁頭 在什麼
處 師云 有一人將去了也 黃蘗 云 近前來 共汝商量箇事 師便
近前 黃蘗 竪起钁頭云 祇這箇 天下人 拈掇不起 師就手掣得
竪起云 爲什麼 却在某甲手裏 黃蘗 云 今日 大有人 普請 便歸
院 後 潙山 問仰山 钁頭在黃蘗手裏 爲什麼 却被臨濟奪却

**┃ 강설(講說) ┃**

황벽스님이 괭이를 주장자로 삼아 임제스님의 깨달음에 대해 다시 한번 점검 차원의 거량을 한 장면입니다. 임제선사께서 손을 뻗쳐 괭이를 낚아채서 잡아 세운다는 것은 황벽스님의 법을 임제스님이 이어받는다는 암시입니다. "도둑은 소인이지만 지혜는 군자를 능가한다."는 것은 악당의 재주는 군자(君子) 이상일 때도 있다는 당시의 속담으로 법을 훔치는 도둑인 임제스님의 지혜를 칭찬하고 있습니다.

❀《대혜보설(大慧普說)》에는 "운력할 때에 대오(大悟)하는 자가 있으면 다 함께 그날의 할 일을 그만두고 축복하는 관례가 있었다."고 합니다. 육체적인 노동과 경계에 떨어져 본래인(本來人)의 지혜작용을 상실하지 않은 임제스님이야말로 노동을 가장 잘한 사람이고 쉴만한 사람입니다.

# 이 일을 안다면
# 그만 둡시다

임제선사께서 황벽스님의 편지를 전하려 위산스님에게 갔다.

그때 앙산스님이 지객 소임을 보고 있었는데, 편지를 받으며 물었다.

"이것은 황벽스님의 것이다. 그대의 것은 어느 것인가?"

임제선사께서 손바닥으로 후려갈기자,

앙산스님이 그를 붙잡으며 말했다.

"노형께서 이 일을 아신 바에야 그만둡시다."

둘이 함께 가서 위산스님을 뵈니 위산스님이 물었다.

"황벽 사형께서는 대중이 얼마나 됩니까?"

"7백 대중입니다."

"누가 우두머리인가요?"

"방금 전에 이미 편지를 전해 드렸습니다."

이번에는 임제선사께서 위산스님에게 물었다.

"이 곳 큰스님의 회하에는 대중이 얼마나 됩니까?"

"1천 5백 대중이라네."

"매우 많군요."

"황벽 사형께서도 적지 않으시구나."

師爲黃檗 馳書去潙山 時 仰山 作知客 接得書 便問 這箇 是黃
檗底 那箇是專使底 師便掌 仰山 約住云 老兄 知是般事 便休
同去見潙山 潙山 便問 黃檗師兄 多少衆 師云 七百衆 潙山云
什麼人 爲導首 師云 適來 已達書了也 師却問潙山 和尚此間
多少衆 潙山 云 一千五百衆 師云 太多生 潙山 云 黃檗師兄 亦
不少

## ▎강설(講說) ▎

임제스님이 황벽스님 휘하에서 보임수행 중에 황벽스님의 심부름 갔을 때 이야기인듯 합니다. 황벽스님과 위산스님은 사제지간입니다.

손님을 접대하는 지객 소임을 보던 앙산스님이 황벽스님의 심부름을 온 임제스님을 점검하려다 한 방 맞고, "노형"이라며 인정하는 표

현을 합니다. 임제스님은 이제 스승으로부터 독립해도 충분한 경지
인 것입니다.

중국은 역사상 전쟁이 끊이지 않았으므로 선종의 스님들이 대부분
숨어서 수행을 했는데, 천 명이나 되는 대중이 어디서 어떻게 머물고
수행을 했을지 대단하다는 생각이 듭니다. 백장스님 이후로 선종이
자급자족하는 선농일치(禪農一致)의 가풍을 확립했기에 가능했을
것이라는 생각이 듭니다.

# 앙산스님의 예언

　임제선사께서 위산스님을 하직하고 나오니, 앙산스님이 전송하면서 말했다.

　"그대가 뒷날 북쪽으로 가면 머무르실 곳이 있을 것입니다."

　"어찌 그런 일이 있겠습니까?"

　"가시기만 하면 한 사람이 노형을 보좌해 드릴 것입니다. 그런데 이 사람은 머리만 있고 꼬리는 없으며, 시작은 있고 끝은 없을 것입니다."

　임제선사께서 뒷날 진주에 이르자, 보화스님이 이미 거기에 와 있었다. 임제선사께서 세상에 알려지자 보화스님이 도와 드렸다. 임제선사께서 진주에 머무신 지 오래지 않아 보화스님은 전신(全身)으로

이 세상을 떠나가 버렸다.

師辭潙山 仰山 送出云 汝向後北去 有箇住處 師云 豈有與麼事
仰山 云 但去 已後 有一人 佐輔老兄在 此人 祇是有頭無尾 有
始無終 師後到鎭州 普化已在彼中 師出世 普化佐賛於師 師住
未久 普化全身脫去

## ▎ 강설(講說) ▎

위 문답은 앙산스님이 임제스님의 훗날을 예언하는 부분입니다.
임제스님을 돕는 "머리만 있고 꼬리는 없는" 사람은 보화스님을 지
칭하는데, 그는 전신탈거(全身脫去)로 흔적을 남기지 않고 입적하여
"시작은 있고 끝은 없을 것"이라는 앙산스님의 예언을 입증했습니
다.

❀ 앙산스님은 '작은부처'라 불릴만큼 혜안이 있었습니다. 훗날 마조 –
백장선사의 법을 이어 위산 – 앙산스님의 이름을 딴 위앙종이 형성된 것
이 우연이 아닙니다. 한 종파가 성립되면 조사 칭호를 받게 됩니다. 당시
임제의 선법은 이미 정통의 선맥으로 공인받고 있던 위산 – 앙산스님의
평가를 받음으로서 마조 – 백장선사의 정법을 선양한 인물로 인정받게
됩니다.

# 여름 안거를
# 깨뜨리다

임제선사께서 여름철 안거 중간에 황벽산에 올라갔다가 황벽스님께서 경을 읽고 계시는 것을 보고 말했다.

"저는 큰스님을 그럴싸한 분으로 생각해 왔는데 알고 보니 검정콩이나 주어먹는 노스님이로군요."

임제선사께서 며칠을 머물다가 하직 인사를 드리러 가니,

황벽스님께서 "그대는 여름 안거를 깨뜨리고 오더니, 결국 여름 안거를 마치지도 않고 가려 하는가?" 하시므로,

"저는 스님께 잠시 인사를 드리러 왔을 뿐입니다." 하였다.

그러자 황벽스님께서는 임제선사를 후려갈겨 내쫓아 버렸다.

임제선사께서 몇 리를 가다가 이 일을 의심하고 다시 돌아와 그 여름 안거를 다 마쳤다.

師因半夏 上黃檗 見和尙 看經 師云 我將謂是箇人 元來是揞黑
豆老和尙 住數日 乃辭去 黃檗 云 汝破夏來 不終夏去 師云 某
甲 暫來禮拜和尙 黃檗 遂打 趁令去 師行數里 疑此事 却回終
夏

## ┃ 강설(講說) ┃

두 분의 경지에서는 경을 볼 필요가 없는데 황벽스님이 경을 읽는
모습을 보고 임제스님이 스승이 문자에 끄달리는 것은 아닌지 질문
을 합니다. 아마도 황벽스님은 임제스님이 올 것을 미리 알고 경을
보는 흉내를 내며 제자를 테스트했을 수도 있습니다. 물론 선사가 경
을 보건 보지 않건 깨달음을 얻은 경지에서 전혀 매일 까닭이 없습니
다. 황벽스님은 끝까지 제자의 보임공부를 돕고 있으며, 임제스님 역
시 철저하게 당신의 부족한 부분을 스스로 돌아보며 머무는 바 없는
향상일로(向上一路)를 걷고 있습니다.

한국의 근대 고승들의 행적을 보더라도 그분들은 철저하게 보임공
부를 했습니다. 성철스님도 점검을 위해 계속해서 행선을 했습니다.
역사적으로 도인들이 공부한 곳을 찾아가 공부를 해보셨습니다. 간
월암이 예전에는 모두 밭이어서 만공스님도 콩밭을 메는 운력을 했
습니다.

어느 날, 성철스님이 함께 콩 밭을 메며 "이럴 때도 여여 하십니
까?" 하고 질문했습니다.

만공스님이 "그럴 때도 있고 안 그럴 때도 있다!" 하니, 성철스님이 바로 떠나버린 적이 있습니다.

대도인이었던 황벽스님이 경전을 읽고 있는 것처럼, 언제나 자기 자신을 돌아보는 자세가 필요합니다. 본래의 성품을 깨닫고 난 뒤에는 경전을 읽거나 염불, 다라니를 하거나 보살행을 하는 일체의 행위가 보임수행의 연장인 것입니다.

❀ 행록부분은 정리가 잘 안되어 있는 것처럼 보입니다. 제자들이 임제스님의 법어를 정리함에 고민고민한 흔적을 엿볼 수 있습니다. 검정콩은 검은 색 글자를 말합니다.

## 황벽스님이
## 선판과 경상을 물려주다

임제선사께서 어느 날 황벽스님을 하직하니, 황벽스님께서 물었다.

"어디로 가려 하느냐?"

"하남이 아니면 하북으로 돌아갈까 합니다."

황벽스님이 곧바로 후려치자,

임제선사께서 그를 잡고 손바닥으로 한 대 때렸다.

이에 황벽스님이 큰 소리로 웃으며 시자를 부르며 말했다.

"백장 큰스님이 물려준 선판과 경상을 가져오너라."

임제선사께서 "시자야! 그것을 불 질러라" 하였다.

그러자 황벽스님이 말씀하셨다.

"비록 그렇긴 하지만 그냥 가져가거라. 나중에 앉은 자리에서 천하 사람들의 입을 막게 할 것이다."


뒷날 위산스님이 앙산스님에게 물었다.

"임제가 황벽스님을 저버린 게 아닌가?"

"그렇지 않습니다."

"그럼 그대는 어떻게 생각하는가?"

"은혜를 알아야 은혜를 갚을 줄 아는 법입니다."

"옛사람들도 이와 같은 경우가 있었는가?"

"있습니다만 너무 오래 된 일이라 스님께 말씀드리고 싶지 않습니다."

"그렇긴 하나 나도 알고 싶으니 말해 보아라."

"다만 저 능엄회상에서 아난이 부처님을 찬탄하기를, '이 깊은 마음으로 먼지 같이 많은 국토를 받드는 것이 곧 부처님의 은혜를 갚는 것입니다.' 라고 하였으니, 이 어찌 은혜를 갚는 일이 아니겠습니까?"

"그렇지, 그렇지! 견해가 스승과 같으면 스승의 덕을 반이나 감하는 것이고, 견해가 스승보다 나아야만 비로소 법을 전해줄 만하지."


師一日 辭黃檗 檗 問 什麽處去 師云 不是河南 便歸河北 黃檗
便打 師約住 與一掌 黃檗 大笑 乃喚侍者 將百丈先師禪版机案
來 師云 侍者 將火來 黃檗 云 雖然如是 汝但將去 已後 坐却天
下人舌頭去在後 潙山 問仰山 臨濟莫辜負他黃檗也無 仰山 云

不然 潙山 云 子又作麼生 仰山 云 知恩 方解報恩 潙山 云 從
上古人 還有相似底也無 仰山 云 有 祇是年代深遠 不欲擧似和
尙 潙山 云 雖然如是 吾亦要知 子但擧看 仰山 云 祇如楞嚴會
上 阿難 讚佛云 將此深心奉塵刹 是則名爲報佛恩 豈不是報恩
之事 潙山 云 如是如是 見與師齊 減師半德 見過於師 方堪傳
授

**| 강설(講說) |**

황벽스님은 백장선사께서 전해주신 선판(禪版)과 궤안(机案)을 인
가증명(印可證明)의 표시로서 임제에게 주겠다는 뜻을 밝혔습니다.

부처님의 가르침을 배웠다면 반드시 부처님 가르침을 바로 전하여
불조의 은혜를 갚아야 합니다. 그리고 제자는 스승 보다 나아야만 비
로소 법을 전해줄만 합니다. 실제로 티벳의 고승들처럼 먼저 입적한
사람이 다시 태어난 경우, 어린 사람이 스승일 수도 있는 것입니다.

❀《벽암록》68칙의 평창에 따르면 백장선사의 선판(禪板)과 포단(蒲團)
은 황벽스님에게 전해지고, 주장(拄杖)과 불자(拂子)는 위산스님에게 전
해졌다고 합니다. 백장스님은 홍주(洪州) 백장산에 주석했던 회해(懷海,
749~814)선사로서 마조(馬祖)선사의 법을 이었으며, 대지선사(大智禪師)
라고도 칭합니다. "하루 일하지 않으면 하루 먹지 않는다[一日不作 一日不
食]"는 명언으로 유명한 백장선사는 선원(禪院)의 일상규칙을 성문화한
백장청규를 제정하기도 했습니다.

❀《전등록》'동산'장에는 "만약 스승의 가르침을 그대로 인정하고 받아들이면 그것은 스승을 등지는 일이다."라고 설한 것처럼 스승의 가르침을 뛰어넘어 독창적인 안목으로 창조적인 선법을 펼치는 선사가 위대한 선지식이 되는 것입니다.

# 부처와 조사에게
# 예배하지 않는다

임제선사께서 달마조사의 탑전에 이르렀는데 탑을 관리하는 스님이 말했다.

"장로(임제선사)께서는 부처님께 먼저 절하십니까? 조사에게 먼저 절하십니까?"

"부처와 조사에게 다 절하지 않습니다."

"부처님과 조사가 장로에게 무슨 원수라도 됩니까?"

임제선사께서 곧바로 소매를 떨치고 나가버렸다.


師到達磨塔頭 塔主云 長老 先禮佛 先禮祖 師云 佛祖 俱不禮
塔主云 佛祖與長老 是什麼冤家 師便拂袖而出

**| 강설(講說) |**

'장로'란 덕이 있고 연세가 많은 스님을 말합니다. 탑을 관리하는
스님은 임제스님의 뜻을 이해하지 못하고 있습니다.

보통 수좌들은 법당에 들러 절하지 않는 경우가 많습니다. 법당에
들어가 절을 하더라도 마음 밖의 대상이라 의식하고 절하면 안됩니
다. 절을 하되 대상이 따로 없는 절을 해야 합니다. 본래 자기와 하나
된 경지에서 살아가는 것이 참다운 예배입니다. 부처님, 진리, 승단
이란 삼보(三寶)에 대해 바른 이해가 되지 않으면 불교를 안다 할 수
없습니다.

㉜ '달마탑두(達磨塔頭)'는 하남성(河南省)의 웅이산(熊耳山) 정림사(定林
寺)에 있는 초조(初祖) 달마대사의 탑입니다. 탑두는 고승의 입적 후, 제자
들과 신도들이 그 탑 주위에 작은 암자를 지어서 머물기 시작한 것으로부
터 비롯되었습니다.

# 용광스님의 낭패

임제선사께서 행각할 때 용광스님이 계시는 곳에 이르렀는데, 용광스님이 마침 법당에서 설법 하고 있었으므로 임제선사께서 여쭈었다.

"칼을 뽑지 않고 어떻게 해야 이길 수 있습니까?"

용광스님이 묵묵히 앉아 있자,

임제선사께서 거듭 질문했다.

"큰 선지식께서 어찌 방편이 없으십니까?"

용광스님이 눈을 크게 뜨고 쉰 목소리로 "사!" 하니,

임제선사께서 손으로 가리키면서 말하였다.

"이 늙은이가 오늘 낭패를 보았구나."

師行脚時 到龍光 光 上堂 師出問 不展鋒鋩 如何得勝 光 據坐
師云 大善知識 豈無方便 光 瞪目云 嗄 師以手指云 這老漢 今
日敗闕也

## ▎강설(講說) ▎

"칼을 뽑지 않고 어떻게 해야 이길 수 있습니까?" 하는 말은 '용'차
원에서 말에 끄달려 가는가를 시험하는 질문입니다. 칼을 칼집에서
빼지 않고 상대방을 이기는 방법은 침묵뿐입니다. 칼을 빼는 것은 잘
못된 병을 고치기 위한 부득이한 약(방편)일 뿐입니다. 그러나 용광
스님은 '하나'의 도리를 쓰는 방편이 부족하다 보니 제대로 답을 못
하고 맙니다. 용광스님이 "사~" 하고 감탄사를 낸 것은 침묵을 이탈
한 것이요, 칼집에서 칼을 뺀 격이기 때문입니다. 장광설(長廣舌)의
설법이 아무리 뛰어나도 자기 것이 아니면 소용이 없습니다.

# 앉아서 차나 들게나

임제선사께서 삼봉에 갔을 때 평화상이 물었다.

"어디에서 왔는가?"

"황벽스님의 회하에서 왔습니다."

"황벽스님은 어떤 법문을 하시는가?"

"금빛 소가 간밤에 용광로에 빠져 아직까지도 그 자취를 찾을 수 없습니다."

"가을바람이 옥피리를 분다. 누가 이 소리를 아는가?"

"곧바로 만 겹 관문을 뚫으니 맑은 하늘에도 머물지 않습니다."

"그대의 한마디 물음이 매우 높구나."

"용이 금빛 봉황의 새끼를 낳으니 유리 빛 푸른 창공을 뚫고 날아갑니다."

평화상이 "자, 앉아서 차나 들게나." 하셨다.

평화상이 다시 물었다.
"근래에는 어디서 왔는가?"
"용광스님이 계시는 곳에서 왔습니다."
"용광스님은 요즈음 어떠하시던가?"
임제선사는 곧바로 나가버렸다.


到三峯 平和尙 問 什麼處來 師云 黃檗來 平云 黃檗 有何言句
師云 金牛昨夜 遭塗炭 直至如今不見蹤 平 云 金風 吹玉管 那
箇是知音 師云 直透萬重關 不住淸霄內 平云 子這一問 太高生
師云 龍生金鳳子 衝破碧瑠璃 平云 且坐喫茶
又問 近離甚處 師云 龍光 平 云 龍光 近日如何 師便出去


| 강설(講說) |

이 문답은 임제스님이 깨친 뒤 20년 보임 후 전국의 선지식을 친견
하고 다닐 때 선화인듯 합니다. 본래 법은 설할 수 없는 것이기에 평
화상이 '용'차원에서 묻기에 임제스님이 문자로 대답을 하고 있습니
다. 황벽선사의 불법을 시적(詩的)인 표현으로 나타낸 "황금 소가 지
난 밤 용광로 속으로 들어간 뒤 지금까지 자취가 보이지 않는다"는
것은 불법(佛法)의 자취마저 털어내 버렸다는 표현입니다.

황금 소는 마음을 상징합니다. "곧바로 만 겹 관문을 뚫으니 맑은 하늘에도 머물지 않는다."는 것은 모든 관문을 통과하여 일체가 끊어진 자리에 머물고 있음을 밝히고 있습니다. 용은 황벽선사, 봉황은 임제선사를 상징하지만 용, 옥피리, 봉황 등 문자나 말일 뿐인 표현에 끄달릴 필요가 없습니다.

❀《전등록》'용산(龍山)의 장'에는 "두 마리의 소가 싸우며 바다 속으로 들어간 뒤 지금까지 자취가 없다"는 표현으로 되어 있습니다.

# 삼산이
# 만 겹의 관문을 가두다

대자스님이 계신 곳에 갔을 때 대자스님이 방장실에 앉아 계셨는데, 임제선사께서 여쭈었다.

"방장실에 단정히 앉아 계실 때는 어떻습니까?"

"추운 겨울에도 소나무는 한결같아서 그 푸른빛이 천 년을 빼어났고, 시골의 노인이 꽃을 꺾어 드니 온 세계가 봄이로다."

임제선사께서 말씀하셨다.

"고금에 길이 뛰어난 크고 원만한 지혜의 본체여, 삼산(三山)이 만 겹의 관문을 가두어 버렸더라."

대자스님이 대뜸 "할!"을 하시니,

임제선사도 "할!"을 하셨다.

대자스님이 "어떤가?" 하시니,

임제선사는 소매를 떨치며 가버렸다.


到大慈 慈在方丈內坐 師問 端居丈室時如何 慈云 寒松一色 千
年別 野老拈花萬國春 師云 今古永超圓智體 三山 鑼斷萬重關
慈便喝 師亦喝 慈云 作麼 師拂袖便去


## ▌ 강설(講說) ▌

"방장실에 단정히 앉아 계실 때"란 진여당체의 본래자리에 머물
때를 말합니다. 대자스님은 "추운 겨울에도 소나무는 한결같아서 그
푸른빛이 천 년을 빼어났다"며 언제 어디서나 여여한 일행삼매(一行
三昧)를 표현하고 있습니다. 아울러 대자스님은 "시골의 노인이 꽃을
꺾어 드니 온 세계가 봄이로다." 라며 우주를 '하나'로 보는 일상삼매
(一相三昧)를 아름답게 표현하고 있습니다.

언어삼매로 대응하던 노련한 대자스님이 고함을 친 의미는 법신의
경지를 직접 보여주는 것입니다.

㊛ 대자(大慈)스님은 항주(杭州) 대자산(大慈山)에 주석했던 환중(寰中,
780-862)스님으로서 백장선사의 법(法)을 이은 고승입니다. 성공대사(性空
大師)라고 칭합니다.

㊛ 삼산은 신선이 산다는 봉래산, 방장산, 영주산을 가리키기도 하고 금
릉(金陵)의 서남쪽, 양쯔강을 바라보는 요충지라고도 합니다. 가장 높은
깨달음의 지혜[大圓鏡智]는 높이 둘러싼 삼산과 같이 너무 깊게 닫혀있어

서 쉽게 엿볼 수 없음을 뜻합니다.

## 훌륭한 선객은 정말 다르구나

양주의 화엄스님에게 갔을 때, 화엄스님이 주장자에 기대어 조는 시늉을 하였다.

임제선사께서 여쭈었다.

"노스님께서 졸기만 하면 어떻게 하십니까?"

"훌륭한 선객은 정말 다르구나."

임제선사께서 말했다.

"시자야! 차를 다려 와서 큰스님께서 드시도록 하여라."

화엄스님이 유나를 불러 말했다.

"이 스님을 셋째 자리에 모시도록 하여라."

到襄州華嚴 嚴 倚拄杖 作睡勢 師云 老和尙 瞌睡作麼 嚴 云 作

家禪客 宛爾不同 師云 侍者 點茶來 與和尙喫 嚴 乃喚維那 第
三位 安排這上座

## ┃ 강설(講說) ┃

화엄스님과 임제스님은 서로가 마음을 읽을 수 있는 경지입니다.
화엄스님이 주장자에 기대어 조는 시늉을 하는 것은 임제스님이 어
찌 나올 것인가를 알고 하는 행위입니다.

"시자야! 차를 다려 와서 큰스님께서 드시도록 하여라." 하는 것은
큰스님이 차를 드시고 졸음에서 깨어나도록 하겠다는 말입니다. 흔
히 "차를 마시게!"라는 말은 '차를 마시고 차 마시는 스스로를 자각
하라'는 뜻을 담고 있습니다.

❀ 양주(襄州)는 호북성 양양현(湖北省襄陽縣)을 말하며, 화엄(華嚴)은 후
에 조산(曺山)스님의 제자 처진(處眞)스님이 주석한 녹문산(鹿門山) 화엄
원(華嚴院)인 듯 하지만 당시의 주지가 누구인지는 자세하지 않습니다.

❀ 선방의 자리는 제1위를 조실자리, 제2위를 청산, 제3위를 백운이라
합니다. 청산(靑山)은 움직이지 않고, 백운(白雲)은 떠도는 객으로서 사찰
예법상 세번째로 표현한 것입니다. 제3위는 후당수좌로서 장로스님을 도
와 수행자를 지도하는 높은 소임이기도 합니다.

# 화살이
# 서천을 지나갔다

임제선사께서 취봉스님 계신 곳에 이르자, 취봉스님이 물었다.

"어디에서 왔는가?"

"황벽스님 회하에서 왔습니다."

"황벽스님은 어떤 법문으로 학인을 지도하시는가?"

"황벽스님은 법문이 없으십니다."

"어째서 없는가?"

"설령 있다고 하더라도 소개할만한 것이 없습니다."

"어쨌든 한번 말해 보아라."

"화살이 서천을 지나가 버렸습니다."


到翠峯 峯 問 甚處來 師云 黃檗來 峯云 黃檗 有何言句 指示於

人 師云 黃蘗 無言句 峯 云 爲什麼無 師云 設有 亦無擧處 峯
云 但擧看 師云 一箭 過西天

**┃ 강설(講說) ┃**

"황벽스님은 법문이 없으십니다."라는 말은 진여실상은 '언어도단
심행처멸(言語道斷 心行處滅: 언어의 길이 끊어지고 마음 가는 곳이
없어진다)' 한 자리이기에 한 마디도 설할 수도, 설할 것도 없음을 밝
힌 것입니다.

그러나 취봉스님은 낙처(落處)를 전혀 이해하지 못하고 십만팔천
리나 지나갔기에, 임제스님은 "화살은 이미 인도[서천]를 지나갔다"
며 대화를 중단합니다. 이 관용구는 선어록에서는 "화살이 신라를 지
나갔다", 즉 중국에서 벗어났다는 의미로도 사용됩니다.

⊛ 취봉(翠峰)스님은 《벽암록》의 편자 설두(雪竇)선사가 머물던 동정호
(洞庭湖) 주변의 취봉사(翠峰寺)에 주석했던 스님입니다.

# 여기서 무슨
# 밥그릇을 찾는가

임제선사께서 상전스님 계신 곳에 이르러 물었다.

"범부도 아니고 성인도 아니니 스님께서는 빨리 말씀해주십시오."

"노승은 그저 이럴 뿐이네."

임제선사께서 곧 "할"을 하며 말했다.

"허다한 중들아, 여기서 무슨 밥그릇을 찾고 있는가?"

到象田 師問 不凡不聖 請師速道 田 云 老僧 祇與麼 師便喝云
許多禿子 在這裏覓什麼椀

**| 강설(講說) |**

"범부도 아니고 성인도 아니니[不凡不聖]"라고 한 것은 범부도 성인도 승속(僧俗)도 아닌 무사(無事)한 사람의 경계를 묻는 질문입니다. 범부와 성인이 따로 없으니, 본래자리를 일러보라는 공격입니다. 그러나 노승은 '체'차원에서 물은 질문을 이해하지 못하고 답을 잘못하고 있습니다. 그래서 임제스님은 '뭘 얻어먹으려고 이런 안목 없는 선지식 밑에서 공부하고 있는가' 하고 경책을 합니다. 아직도 많은 수행자들이 본래자리를 깨닫지 못하고 밖에서 무엇인가를 찾고 있습니다.

# 짚신만 떨어뜨릴 뿐이다

임제선사께서 명화스님이 계신 곳에 이르자, 명화스님이 물었다.

"왔다 갔다 하며 무엇을 하고 있는가?"

"그저 쓸데없이 짚신만 떨어뜨릴 뿐입니다."

"결국 어쩌겠다는 말인가?"

"이 노인네가 말귀를 못 알아듣는구나."


到明化 化問 來來去去作什麼 師云 祇徒踏破草鞋 化云 畢竟作

麼生 師云 老漢 話頭也不識


**| 강설(講說) |**

"그저 쓸데없이 짚신만 떨어뜨릴 뿐"이라는 말은 철저하게 무심의 경지에서 행각하고 있을 뿐이라는 말입니다. 즉, 마음 쓸 대상이 따로 없어서 무엇을 구하거나 애착하는 바가 없는 무사인(無事人)의 경지에서 산다는 표현입니다. 그러나 노장은 밥만 축낸 답답한 분입니다. 도가 열려야 이심전심(以心傳心)의 대화가 이뤄집니다.

# 어디로 가십니까?

임제선사께서 봉림스님에게 가던 도중에 어떤 노파를 만났는데,
노파가 물었다.

"어디로 가십니까?"

"봉림스님이 계신 곳으로 갑니다."

"봉림스님은 마침 계시지 않습니다."

"어딜 가셨습니까?" 하였는데,

노파가 그냥 가자, 임제선사께서 불렀다.

노파가 고개를 돌리자, 임제선사께서 곧 후려쳤다.

往鳳林 路逢一婆 婆問 甚處去 師云 鳳林去 婆云 恰値鳳林不
在 師云 甚處去 婆便行 師乃喚婆 婆回頭 師便打

　임제스님이 도를 깨닫고 행각할 때 노 보살님을 만나 나눈 법거량입니다. 당시에는 이 보살님처럼 안목이 열린 재가 선객들이 많았습니다. 이 문답은 평범한 대화인듯 하지만 서로 점검을 하는 차원도 됩니다.

　"어디로 가십니까?" 하는 것은 '용'차원의 질문이므로, '용'차원에서 "봉림스님이 계신 곳으로 갑니다." 하고 대답했습니다. 봉림스님은 이름일 뿐이어서 간다, 있다 하는 것은 점검차원의 속임수로도 볼 수 있습니다.

　노보살님은 자신의 기봉(機鋒)을 숨기고 임제스님을 시험해보려고 거짓말을 했는데 임제스님이 "어딜 가셨느냐?"고 재차 추궁하자 그냥 가버립니다. 그런데 갈려면 곧바로 갈 것이지 임제스님이 부른다고 뒤돌아보았기에, 본색을 들키고 말았습니다. 임제스님을 점검한다고 노 보살님이 혼이 났습니다.

# 시인이 아니면
# 시를 바치지 말라

임제선사께서 봉림스님이 계신 곳에 이르자 봉림스님이 물었다.

"물어 볼 것이 있는데 괜찮겠는가?"

"무엇 때문에 긁어 부스럼을 만드십니까?"

"바다에 비친 달이 너무나 밝아서 그림자 하나 없는데, 노니는 고기가 제 스스로 미혹할 뿐이다."

"바다에 비친 달은 이미 그림자가 없는데, 노니는 고기가 미혹할 리 있겠습니까?"

"바람을 보아 물결이 이는 것을 알고, 물을 보고 작은 배에 돛을 올린다."

"외로운 달이 홀로 비치어 강산은 고요한데, 혼자서 웃는 소리가 천지를 놀라게 하는군요."

"세 치 혀를 가지고 천지를 비추는 것은 알아서 할 일이나, 기틀에 맞는 한마디를 던져 보시게."

"길에서 검객을 만나면 칼을 바쳐야 하지만, 시인이 아니면 시를 말하지 마십시오."

봉림스님이 거기서 그만두자,

임제선사께서 게송을 읊으셨다.

"큰 도는 철저히 동일해서 동쪽과 서쪽을 마음대로 향함이라. 부싯돌의 불도 따라잡지 못하고 번갯불도 통하지 못하도다."


到鳳林 林 問 有事相借問得麼 師云 何得剜肉作瘡 林 云 海月
澄無影 游魚獨自迷 師云 海月 旣無影 游魚何得迷 鳳林云 觀
風知浪起 翫水野帆飄 師云 孤輪 獨照 江山靜 自笑一聲天地驚
林云 任將三寸輝天地 一句臨機試道看 師云 路逢劍客須呈劍
不是詩人莫獻詩 鳳林 便休 師乃有頌 大道絶同 任向西東 石火
莫及 電光罔通


**┃ 강설(講說) ┃**

봉림스님은 시를 잘 짓는 분이었던 듯 합니다. 여기에서 보면 봉림스님이 절에 계신 것이 되므로 앞서 노파는 "안 계신다"고 거짓말을 한 것으로 보아 선문답으로 봐야 할 것입니다.

임제스님이 "무엇 때문에 긁어 부스럼을 만드십니까?" 하는 것은 본래 구족한 진여자성을 분별하는 어리석음을 내지 말라는 뜻입니다.

"바다에 비친 달이 너무나 밝아서 그림자 하나 없는데, 노니는 고기가 제 스스로 미혹할 뿐이다." 하는 말은 봉림스님 스스로 경계에 끄달림을 고백하는 표현입니다.

임제스님이 "바다에 비친 달은 이미 그림자가 없는데, 노니는 고기가 미혹할 리 있겠습니까?" 할 때 '그림자가 없다'는 말은 번뇌가 하나도 없다는 것이며, 일체가 마음의 그림자임을 알기에 미혹할 리 없다는 자신감을 드러내고 있습니다.

봉림스님의 "혼자서 웃는 소리가 천지를 놀라게 할" 정도의 독보자재(獨步自在)한 뛰어난 선시(禪詩)도 작가 선지식이 아니면 말장난에 불과할 수도 있음을 임제스님은 "시인이 아니면 시를 말하지 말라"는 유명한 말로 표현합니다.

큰 도는 모든 경계를 초월한 '하나' 차원의 도입니다. 안과 밖이 따로 없어서 좌우사방 어디에도 걸림이 없어야 합니다. 부싯돌의 불과 번갯불도 마음의 그림자입니다.

# 공적으로는
# 바늘도 용납하지 않는다

위산스님이 앙산스님에게 물었다.

"부싯돌의 불빛도 미칠 수 없고 번갯불도 통할 수 없는데 옛날부터 여러 성인들께서는 무엇으로 학인들을 지도했는가?"

"스님께서는 어떻게 생각하십니까?"

"말만 있을 뿐 전혀 실다운 뜻은 없다."

"그렇지 않습니다."

"그럼 그대는 어떤가?"

"공적으로는 바늘 하나도 용납할 수 없지만 사적으로는 수레나 말까지도 통합니다."

潙山 問仰山 石火莫及 電光 罔通 從上諸聖 將什麼爲人 仰山

云 和尙 意作麼生 潙山 云 但有言說 都無實義 仰山 云 不然 潙山 云 子又作麼生 仰山 云 官不容針 私通車馬

## ▎강설(講說) ▎

위산스님이 "부싯돌의 불빛도 미칠 수 없고 번갯불도 통할 수 없는" 그 자리를 어떤 방편으로 깨닫게 했는가를 묻습니다. 도(道)라고 하는 것은 본래 있는 것이지만, 우리가 미혹해 알지 못할뿐이기에 여러 가지 수단이 필요합니다. 공적으로는 바늘 하나도 용납할 수 없지만 사적으로는 수레나 말까지도 통할 수 있기에 방편으로 뛰어난 근기를 놓칠 수 없으니, 잘 다듬어 써야 하지 않겠느냐는 것이 앙산스님의 말씀입니다.

선종의 가풍을 제대로 드날리려면 그야말로 전광석화도 미치지 못할 자리라 거기에 무슨 언구를 붙을 수 있겠습니까. 하지만 말로써 표현하지 않으면 학인을 교화할 수 없기에 부득이 법문이 필요한 것입니다. 부처님께서 도를 깨닫고 법문을 하지 않으셨으면, 오늘날까지도 불교가 전해지지 않았을지도 모릅니다.

# 오늘은
# 운이 나쁘구나

금우스님 계신 곳에 이르자, 금우스님이 임제선사께서 오는 것을 보고 주장자를 가로 누인 체 문에 걸터앉아 있었다.

임제선사께서 손으로 주장자를 세 번 두드리고 선방으로 들어가 첫 번째 자리에 앉으니 금우스님이 내려와 보고 물었다.

"손님과 주인이 만나면 서로 예의를 차려야 하는데, 상좌는 어디서 왔기에 이다지도 무례한가?"

"노스님께서는 무슨 말씀을 하십니까?"

금우스님이 입을 열려 하는데,

임제선사께서 곧바로 후려쳤다.

금우스님이 넘어지는 시늉을 하는데, 임제선사께서 또 치니

금우스님이 말했다. "오늘은 운이 나쁘구나."

뒤에 위산스님이 앙산스님에게 물었다.

"이 두 큰스님 중에 누가 이기고 누가 졌느냐?"

"이겼다면 다 이겼고, 졌다면 다 졌습니다."


到金牛 牛見師來 橫按拄杖 當門踞坐 師以手 敲拄杖三下 却歸
堂中第一位坐 牛下來見 乃問 夫賓主相見 各具威儀 上座從何
而來 太無禮生 師云 老和尙 道什麽 牛擬開口 師便打 牛作倒
勢 師又打 牛云 今日 不著便
潙山 問仰山 此二尊宿 還有勝負也無 仰山 云 勝卽總勝 負卽
總負


**| 강설(講說) |**

금우스님이 임제스님이 오는 것을 알았고, 임제스님은 금우스님의
마음을 알고 있었습니다. 임제스님은 주장자를 세 번 두드리는 것으
로 인사를 대신했지만, 금우스님은 짐짓 모른 척 하고 예의가 없다고
말합니다. 그러자 임제스님은 '노스님의 안목이 그것밖에 안돼냐'며
후려칩니다. 금우스님이 넘어지는 시늉을 함도 보통은 아닙니다.

이 내기는 사실 이길 것도 질 것도 없는 한 편의 연극입니다. 문제
에 속지 않는다면 다 이겼고, 문제에 속는다면 다 졌다고 볼 수 있습
니다. 위산스님이 앙산스님을 아껴 철저하게 점검을 해주는 문답입
니다.

부처님 아들인 라홀라가 어린 나이에 사리불 제자로 들어가 하루 한 끼만으로는 배고픔을 참기가 어려워 신도들이 부처님께 공양을 하기 위해 음식을 준비해오면 얼른 가서 "부처님 저쪽에 계신다"고 거짓말을 하여 음식을 몰래 먹는 것을 부처님께서 아시게 됩니다. 인도에서는 제자가 스승의 발을 씻겨드리는 풍습이 있는데,

하루는 부처님이 라홀라에게 물을 떠오게 하여 발을 씻게 한 후 "이 물을 먹을 수 있느냐?" 하니,

라홀라가 "더러워서 먹을 수 없습니다!" 하고 대답했습니다.

그러자 부처님께서 "니 마음도 이와 같이 더러워졌다." 하신 후 세숫대야를 발로 차버리시며 "너도 이와 같이 찌그러졌다." 하셨습니다.

본래는 청정한 동자승인데 하루 한 끼 먹고 거짓말을 하는 아들 라홀라가 안스러워 연극같은 멋진 방편으로 제도를 하신 것입니다.

❀ 금우(金牛)스님은 진주(鎭州) 금우원(金牛院)에 주석했던 스님으로, 마조선사의 법을 이은 스님이라 합니다.

# 정법안장을
# 부촉하다

임제선사께서 열반하실 때 자리에 앉으셔서 말씀하였다.

"내가 가고 난 다음에 나의 정법안장이 없어지지 않도록 하여라."

삼성스님이 나와서 사뢰었다.

"어찌 감히 큰스님의 정법안장을 없앨 수 있겠습니까?"

"이후에 누가 그대에게 물으면 무어라고 말해 주겠느냐?"

삼성스님이 "할!"을 하므로

임제선사께서 말씀하셨다.

"나의 정법안장이 이 눈 먼 나귀한테서 없어질 줄 누가 알겠는가?"

말을 마치고 단정하게 앉으신 채 열반을 보이셨다.


師臨遷化時　據坐云　吾滅後　不得滅却　吾正法眼藏　三聖　出云

爭敢滅却和尚正法眼藏 師云 已後 有人問你 向他道什麼 三聖便喝 師云 誰知吾正法眼藏 向這瞎驢邊滅却 言訖 端然示寂

## ┃ 강설(講說) ┃

임제선사께서는 "내가 가고 난 다음에 나의 정법안장이 없어지지 않도록 하여라." 하였지만, 정법안장은 없앨려고 해서 없어지는 것도 아닙니다. 그래서인지, 일본에서는 임제어록 하나만 있으면 불법이 없어지지 않는다는 말이 있습니다.

"나의 정법안장이 이 눈 먼 나귀한테서 없어질 줄 누가 알겠는가?" 하는 말씀은 삼성스님에게 법을 전하는 장면입니다. "정법안장을 없앤다"고 하는 것은 일체의 번뇌망상과 부처에 대한 집착까지도 떨쳐버리고 진공(眞空) 무상(無相)의 절대경지를 체득한다는 반어적인 표현임을 알아야 합니다.

삼성스님은 임제스님이 말씀하신 선문답을 정리는 해놓았지만 자신이 세상에 알리지는 못했습니다. 고민을 많이 한 것이죠. 임제선사 어록은 그후 제자들이 정리를 거듭해 200년 후에나 나온 것입니다.

행록 부분의 마지막, 임제스님이 열반하실 때 모습은 한 편의 연극 같습니다. 보통의 수행자들은 말 한마디 못하고 가는 경우가 많습니다. 이는 가족들에게 큰 아픔이 됩니다. 마지막 정리를 잘하기 위해 평상시 마음 닦는 일을 잘해야 할 것입니다.

※ 정법안장(正法眼藏)은 입을 떼면 그르치는 자리입니다. 불법(佛法)의

극의(極意)이자 진리[法]의 당체(當體)입니다. 안장(眼藏)은 심수(心髓) 즉, 마음의 골수를 말합니다. 부처님 이래의 조사(祖師)들이 마음에서 마음으로 전해온 심요(心要)를 뜻합니다.

# 임제혜조선사 탑기
## (臨濟慧照禪師塔記)

선사의 휘는 의현이고 조주 남화사람이다. 속성은 형씨다.

어려서는 남달리 영특하였으며 자라서는 효성이 지극하였다.

마침내 출가하여 구족계를 받고 강원에 계시면서 계율을 깊이 연구하시고 경과 논을 널리 공부하였다.

그러다가 어느 날 갑자기 "이것은 세상을 구제하는 약의 처방전일 뿐, 교외별전의 뜻이 아니다." 하며 탄식하고는 곧 옷을 갈아입고 제방을 행각하였다.

맨 먼저 황벽스님을 찾아뵙고 다음으로 대우스님을 찾아뵈었다. 그 기연과 말씀들은 행록에 실려 있다.

이미 황벽스님의 인가를 받고 하북으로 가서 진주성 동남쪽 호타하라는 강 곁에 있는 작은 절에 머무셨다. '임제'라는 이름은 그 지역의 이름 때문에 붙여진 것이다.

그때 보화스님이 그곳에 먼저 와서 거짓으로 미친 척 하며 대중에 섞여 살았는데 성인인지 범부인지 헤아릴 수 없었다. 스님께서 그곳에 가시자마자 보좌해 드리다가 정작 임제스님께서 교화를 왕성하게 펴실 즈음에 온 몸 그대로 홀연히 자취를 감추었다. 이는 '작은 석가모니'라는 앙산스님의 예언에 부합하는 것이었다.

그 때 마침 난리가 나서 임제스님은 그곳을 떠나셨다. 태위인 묵군화가 성 안에 있는 자기 집을 희사하여 절로 만들었다. 역시 임제라는 액호를 달고 스님을 맞아 머무시도록 하였다.

뒤에 옷깃을 떨치고 남쪽으로 향하여 하북부에 이르렀다. 부주인 왕상시가 제자의 예를 갖춰 맞이하였다.

거기에 머무신 지 얼마 되지 않아 곧 대명부의 흥화사로 옮겨 동당에 기거하셨다.

스님은 병이 없으셨는데 하루는 옷깃을 여미고 자리에 앉으시더니 삼성스님과 문답을 마치시고 조용히 돌아가셨다. 때는 당나라 함통 8년 정해(867) 정월 10일이었다.

문인들이 스님의 전신을 대명부 서북쪽에 탑을 세워 모셨다. 시호는 혜조선사, 탑호는 징령이라 하였다. 합장하고 머리 숙여 스님의 행장을 간단히 쓰노라.

법제자 진주 보수사 주지 연소는 삼가 쓰고,

임제선사 사리탑

법제자 대명부 흥화사 주지 존장이 교감하다.


師 諱 義玄 曹州南華人也 俗姓 邢氏 幼而穎異 長以孝聞 及落
髮受具 居於講肆 精究毘尼 博賾經論 俄而歎曰 此 濟世之醫方
也 非敎外別傳之旨 卽更衣遊方 首參黃蘗 次謁大愚 其機緣語
句 載于行錄 旣受黃蘗印可 尋抵河北 鎭州城東南隅 臨滹沱河
側 小院住持 其臨濟 因地得名 時 普化先在彼 佯狂混衆 聖凡
莫測 師至卽佐之 師正旺化 普化全身脫去 乃符仰山小釋迦之懸
記也 適丁兵革 師卽棄去 大尉黙君和 於城中 捨宅爲寺 亦以臨
濟 爲額 迎師居焉 後 拂衣南邁 至河府 府主王常侍 延以師禮
住未幾 卽來大名府興化寺 居于東堂 師無疾 忽一日 攝衣據坐
與三聖 問答畢 寂然而逝 時 唐咸通八年丁亥 孟陬月十日也 門
人 以師全身 建塔于大名府西北隅 勅諡慧照禪師 塔號澄靈 合
掌稽首 記師大略


住鎭州保壽嗣法小師 延沼謹書
住大名府興化嗣法小師 存獎校勘


**┃ 강설(講說) ┃**

'교외별전의 종지[敎外別傳之旨]'란 교(敎) 밖에 따로 전한 선(禪)
의 도리(道理)를 말합니다. 경전의 문장에 의존하지 않고 직접 불심

[本來心]을 체득하는 선종의 종지를 말합니다.

❀ 임제스님에 대한 간단한 전기입니다. 드라마틱한 이 약전(略傳)은 종연스님이 《임제록》을 중간(重刊)할 때 새로 첨부한 것이라 합니다. 송대에 더욱 높아진 임제종 종조(宗祖)로서의 위상을 거듭 확고히 하는 공식적인 전기라 할 수 있습니다.

경허대사와 5대 제자(이뭣고 선지식 총서 1)

## 콧구멍 없는 소

김성우 엮음 | 4*6판 | 218쪽 | 11,000원

**경허대사와 수월·만공·혜월·한암·용성선사의 사자후!**
깨달음의 삶을 펼친 근현대 선사 6인의 생생한 법거량을 해설했다. 한
국선(禪)의 중흥조인 경허 선사와 그의 '세 달'로 불리는 수월음관, 혜
월혜명, 만공월면 선사와 조계종을 대표하는 한암, 용성 스님의 선문
답을 소개했다.

성수 대종사 선어록(이뭣고 선지식 총서 2)

## 세상선世上禪 산수도山水道

김성우 엮음 | 4*6판 | 319쪽 | 12,000원

**눈뜨고 세상을 보니 우주와 내가 바로 禪**
"보이는 물질이 곧 해인海印이요, 들리는 소리가 곧 장경藏經이로다!"
독창적인 한국형 선문답과 어록을 남긴 우리 시대의 大人 성수 대선
사의 선문답과 법문을 해설한 책. 구도기와 선문답, 선법문 등 세 부
분으로 구성됐다. 생활 속의 선 수행에 도움이 되도록 禪용어를 풀이
했다.

정일선사 선어록(이뭣고 선지식 총서 3)

## 전인 미답지를 일러주마

정일선사법어집편찬위 엮음 | 4*6판 | 219쪽 | 11,000원

**공부와 실천 원융한 통불교적 화두선 지도한 대선사**
화두, 간경, 염불, 보현행원 등 통불교적 수행으로 최상승선을 깨닫게
한 정일선사의 사자후가 담긴 간화선 수행지침서. 철저한 염불과 독경
으로 불법에 대한 신심과 안목을 갖춘 후 '이 뭣꼬' 화두를 들게 하는 효
과적인 수행법을 제시한다.

활안큰스님의 禪법어집(이뭣고 선지식 총서 4)

## 어디서 왔소?

김성우 엮음 | 4*6판 | 309쪽 | 12,000원

**존재의 본질을 묻는 근본화두, "어디서 왔소?"**
일상의 선문답으로 自性을 깨닫게 하는 조계종 원로의원 활안 스님
(송광사 천자암 조실)의 수행과 사상, 언행을 배울 수 있는 선법문집이다.
"실천이 없는 불교, 이타행(利他行)이 없는 자리행(自利行)은 절름발이
수행일 뿐"이라는 평소 가르침이 글 곳곳에 담겨 있다.

「원인론」과 「발미록」을 번역·해설한

# 인간세계의 근본을 밝히다

정목스님 번역·해설 | 신국판 | 양장 | 2도칼라 | 348쪽 | 20,000원

**선교회통의 전범이자 팔만장경의 축소판**

먼저 중요한 교상판석들의 개요를 보였다. 선교일치禪敎一致를 주창한 규봉종밀(780~841) 선사의 「원인론」은 원문을 실어서 번역하였다. 정원 (1011~1088) 법사가 「원인론」을 해설한 「발미록」은 원문을 번역하여 옮기고, 중요한 글은 원문을 실었으며, 각 장마다 요점을 정리하고 해설하였다.

불교심리학의 정수

# 유식삼십송唯識三十頌 강의

이계묵 역해 | 246*178 | 흑백 | 332쪽 | 15,800원

**마음 밖에 따로 대상이 없음을 설한 대승 심리논서**

대소승을 막론하고 유식삼십송은 불자라면 꼭 연구해야 할 필독서다. 마음을 깨달아 안심(安心)을 얻고 완전한 자유를 얻는 불교심리학의 정수가 바로 이 경전에 담겨 있는 까닭이다. 여기 유식삼십송 해설은 동학사 강원본을 참조하였으며 일본 龍名大學 불교학 교수인 深浦正文의 唯識三十頌論 解說本을 관응노사가 번역한 譯本을 참고하여 현대어로 풀어 엮었다.

Swallow all beings Eject emptiness 금강경 묘해妙解

# 존재를 삼켜 허공을 뱉아라

묘봉운륵 송주(頌注) | 신국판 | 흑백 | 768쪽 | 28,000원

**조사선으로 푼 漢·英·韓 금강경 지침서**

덕숭총림 수덕사 초대방장 혜암(惠菴) 선사의 법을 이은 묘봉 스님이 금강경에 대한 주석(註釋)을 달고, 선(禪)의 안목을 담아 독자적인 견해를 게송 형식으로 드러낸 금강경 수행지침서이다. 금강경의 한문 원문을 영문과 한글로 독창적으로 번역하고, 이를 다시 풀이하여 중요한 부분을 다시 영역한 漢·英·韓 금강경 해설서이기도 하다.

선가한화禪家閑話

# 설봉도인 무문관 평송

설봉학몽 평송·심성일 역주 | 변형신국판 | 흑백 | 288쪽 | 14,000원

**선종 최후의 공안집 '무문관無門關'의 빗장을 풀다!**

무문혜개 선사의 선문답집인 〈무문관〉 48칙 공안에 대해 한국의 설봉 스님이 독자적인 안목으로 평과 송을 붙인 선어록. 역주자는 설봉 스님이 남긴 법어와 평송을 바탕으로 촌철살인으로 직지인심(直指人心)할 수 있는 기연이 될 만한 선화들을 덧붙여 편역했다.

### 육조단경과 자성 보는 법
# 무엇이 그대의 본래 얼굴인가?

묘봉 찬주, 견우회 엮음 | 신국판 | 2도 | 406쪽 | 17,500원

**등신불 육조 혜능대사의 최상승 법문 공부**

《육조단경》을 번역 해설하고 상세한 주석을 붙인 것은 물론, 해당 법문과 연관된 선화(禪話)와 선문답(禪問答)까지 첨부해서 현장성 있는 선수행 지침서가 되도록 했다. 특히 《단경》 가운데 마음을 곧바로 깨닫도록 하는 직지인심(直指人心)의 '자성(自性) 보는 법'을 따로 편집해 참선수행과 결부시켜 강설한 것은 보기 드문 역작이 아닐 수 없다.

# 구하지 않는 삶 그 완전한 자유

윤기붕 지음 | 신국판 | 칼라 | 416쪽 | 14,000원

**목마르지 않는 자는 '지금 여기'**
**있는 그대로 완전한 자유를 누린다**

"놓아라! 구하지 마라! 있는 그대로를 수용하라!"삶 속에서 자유와 행복을 얻은 한 구도자의 체험기! 극도의 우울증으로 수없이 자살을 생각했던 저자는 치열한 고민과 구도 과정에서 그러한 생각의 허망한 속성을 깨닫고 마침내 자유를 얻어, 그 행복을 나누고자 한다.

### 덕숭산 혜암 대선사 법어
# 바다 밑의 진흙소 달을 물고 뛰네

묘봉 감수, 견우회 엮음 | 신국판 | 흑백 | 328쪽 | 14,000원

수덕사 초대방장 및 '서양의 초조(初祖)', 경허 · 만공 선사의 법을 이은 '백세 도인' 혜암 선사의 법어와 선문답을 모은 이 법어집에는 혜암 선사의 구도와 깨달음, 전법의 과정에서 일어난 언행이 흥미진진하게 펼쳐져 있다. 호랑이에 대한 공포심도 이겨낸 삼매의 힘, 관음정근으로 불치병을 고친 제자의 이야기, 소를 타고 소를 찾는 도리 깨친 노스님의 일화 등 선사가 체험한 일화와 구도기가 발심을 자아낸다.

### 생활 속의 법화경 · 보왕삼매론 공부
# 있는 그대로 보아라

허정 지음 | 신국판 | 2도 | 360쪽 | 15,000원

**여실지견 · 조고각하의 생활선 지침서**

"있는 그대로가 평등이고 보이는 그대로가 진리입니다."
부처님 최후의 진실한 가르침인 법화경과 불자들에게 가장 인기 있는 법문인 보왕삼매론, 알송달송한 선(禪)을 주제로 한 허정스님(파주 약천사 주지)의 생활법문들은 살며 사랑하고 깨우쳐가는 행복한 불자가 되는 길을 명쾌하게 제시한다.

오룡골 백송(白松)의 안심과 희망의 메시지
# 일체가 아미타불의 화신이다

정목 지음 | 신국판 | 칼라 | 280쪽 | 14,000원

**'우리 시대의 원효'가 들려주는 정정취의 깨달음**

91년 범어사 승가대학을 수료하고 강사 소임을 역임한 스님은 92년 전수염불 정진 중 염불삼매를 얻었으며, 98년 중앙승가대학교를 졸업한 해 하안거 정진 중에 관불삼매를 체험했다. 2004년 양산 오룡골에 정토원(055-375-5844)을 설립한 스님은 '아미타파(cafe.daum.net/amitapa)'에서 염불 수행자들을 온-오프 라인을 통해 지도하고 있다.

타방정토와 유심정토를 포용하는
# 일심정토 염불수행

정목 지음 | 변형 신국판 | 칼라 | 232쪽 | 13,000원

**지혜와 공덕 성취하고 환경과 의식 창조하는 생산적인 道!**

원효 대사의 일심정토 염불수행은 독창적인 정토사상이요 순수한 한국불교이며, 중생을 제도하는 가장 대중적인 수행법이다. 염불삼매와 관불삼매를 성취한 정목 스님은 누구든지 염불수행을 통해 안심을 얻고 깨달음을 성취할 수 있도록 대승불교의 신행체계를 확립했다.

'한국의 유마' 백봉거사 선어록
# 허공의 주인공

전근홍 지음 | 46판 | 흑백 | 360쪽 | 10,000원

**'생사문제' 해결해 누리의 주인으로 사는 법**

죽음이라는 문제에 부딪혀 절망적이었던 저자(청봉 전근홍)가 스승인 백봉 김기추(1908~1985) 거사의 설법과 수행 방편을 통해 문제를 해결해 나가는 과정에서 직접 듣고 느꼈던 법문 내용을 소개해 현재 그와 같은 과정을 겪고 있는 독자들에게 도움이 되고자 집필했다. 저자가 직접 보고 들은 진솔한 수행담이 감동을 자아낸다.

한국의 유마 백봉 거사와 제자들
# 공겁인(空劫人)

최운초 지음 | 신국판 | 부분 칼라 | 440쪽 | 16,500원

20세기 '한국의 유마 거사'로 추앙받는 백봉 김기추(白峰 金基秋) 거사는 50세가 넘어 불교에 입문했지만 용맹정진으로 단기간에 큰 깨달음을 얻었고, 이후 20여 년간을 속가에 머물면서 거사풍(居士風) 불교로 후학지도와 중생교화에 힘쓴 탁월한 선지식. 백봉 거사 문하 제자들의 각고의 노력, 스승의 인간적 면모와 제자들의 고뇌, 그리고 화두 타파와 깨달음, 스승의 인가에 대한 가감 없는 기록을 통해 마음공부의 한 길을 제시했다.

## 초기선종 동산東山법문과 염불선

박건주 지음 | 변형신국판 | 흑백 | 256쪽 | 13,000원

### 4조도신 〈입도안심요방편법문〉과
### 5조홍인 〈수심요론〉·〈능가인법지〉 첫 역주·해설

중국선종은 제4조 도신대사와 제5조 홍인대사의 이른바 동산(東山)법
문에서부터 염불법문을 펼쳤다. 본서에서는 1세기 전 돈황에서 새로
발견된 도신대사의 〈입도안심요방편법문〉과 홍인대사의 〈수심요론〉,
〈능가사자기〉에 전하는 〈능가인법지〉의 원문을 국내 최초로 역주 해
설하면서 염불선이 어떠한 행법인가를 자세히 해설했다.

## 선종 염불선 법문과 깨달음 (念佛者是誰)

# 염불하는 이것이 무엇인가?

덕산 스님 지음 | 신국판 | 흑백 | 270쪽 | 13,000원

### 역대 선사들의 선정불이(禪淨不二) 법문 제시

염불선의 공(空)을 체험한 덕산 스님은 4조 도신대사, 6조 혜능대사,
보조 국사, 태고 선사, 서산 대사, 경허 선사 등 역대 선사 18인의 염불
선 법문을 제시해 수행자들의 발심을 돕고 있다. 선사들은 선(禪)과 염
불(淨)이 둘이 아닌 선정불이(禪淨不二)의 법문을 통해 자력(自力)과 타력
(他力) 이 둘이 아닌 염불삼매와 일상·일행삼매를 밝히고 있다.

## 관음선 수행이야기

# 빛과 소리

석암 지음 | 46판 | 흑백 | 392쪽 | 12,800원

### '빛과 소리' 통해 내면과 우주 통합하는 관음염불

조계종 은해사로 출가. 남해 보리암에서 염불수행을 시작해 운부암,
태안사, 대승사 등 제방선원에서 참선한 저자는 월악산 한 암자에서
관음염불로 각고(刻苦) 정진하던 중 삼매(三昧) 속에서 마음의 눈을 떴
다. 최근 강원도 양구에 관음선원(070-4215-4163)을 창건, 수행과 전법
에 매진하고 있다.

## 단박 깨닫는 마조록 공부

# 있는 그대로 완전한 자유

원오 역해 | 신국판 | 흑백 | 240쪽 | 13,000원

### 마조 대사의 법어와 선문답을 처음 해설하다

조사선의 실질적인 개창자인 마조도일(709-788) 대사의 법문과 선문
답, 구도기를 국내에서 처음으로 번역·해설한 책. 그간 국내 및 일본
에서 〈마조록〉에 대한 번역이나 주석서가 몇 권 나온 바 있으며 오쇼
라즈니쉬가 인도 명상의 입장에서 해설을 시도한 적은 있지만, 국내의
선(禪) 수행자가 직접 해설한 것은 이번이 처음이다. 저자인 원오 스님
은 화두에 대한 파설(破說)에 유의하면서 공부의 지름길을 제시했다.

염불선으로 푼 달마어록
# 달마는 서쪽에서 오지 않았다
덕산 역해 | 신국판 | 304쪽 | 13,000원

"덕산 화상이 실참을 통해 도달한 안목으로 언구에 구애받지 않고 종횡자재로 펼치는 자비법문은 천하 사람의 코를 꿰는 솜씨를 유감없이 보여주고 있다. 모든 참선학도는 덕산 화상이 고구정녕하게 일러주는 낙초지담(落草之談: 사바세계라는 풀밭에서 중생을 위해 자비로운 방편법문을 설함)을 듣고 조사관을 투득하는 금린(金鱗: 황금 잉어, 깨달은 자)이 되기를 바라노라." – 조계종 원로회의 의장 종산(宗山) 스님

수행성취의 열 가지 조건, 십바라밀
# 행복에 이르는 열 가지 습관
Sujin Borihamwanaket/정명 역 | 368쪽 | 13,800원

괴로움이 소멸된 상태인 닙바나(열반)를 증득하려면 필요조건을 갖춰야 한다. 이 조건이 바로 십바라밀이다. 수행의 성취는 열심히만 한다고 되는 것이 아니라 바른 조건을 만나야만 이뤄진다. 그래서 구도자는 그 조건이 무엇이고 나의 수준은 어느 정도인지를 안 다음에 하나하나 이 조건들을 충족시켜 나가야 한다. 태국의 명상수행가인 Sujin Borihamwanaket는 니까야 가운데 소부(小部)의 소송(小誦) 및 불소행장(佛所行藏)과 그 주석서를 근간으로 붓다의 수행법을 제시한다.

한국의 벽암록 '직지' 상권 선문답 해설
# 자유인의 길 직지심경
덕산 역해 | 신국판 | 흑백 | 320쪽 | 14,000원

《직지심경(直指心經)》은 고려시대의 고승 백운경한(白雲景閑, 1299~1374) 선사가 펴낸 공안(公案: 화두) 위주의 선문답 모음집으로 깨달음에 대한 선(禪)의 지침서다. 백운 선사가 편집한 《선문염송》《치문경훈》의 내용과 과거 7불(佛)의 게송, 석가모니 부처님으로부터 법을 받으신 인도의 가섭존자로부터 28조 달마 스님까지의 게송이 들어있고, 중국 110분 선사들의 선의 요체 등 여러 고승들의 법거량과 선문답, 일화가 들어 있다. 청원 혜은사 주지 덕산 스님이 염불선의 깨달음 체험을 바탕으로 〈직지〉 상권을 알기 쉽게 풀이했다.

한국의 벽암록 '직지' 하권 선문답 해설
# 영원한 행복의 길 직지심경
덕산 역해 | 신국판 | 흑백 | 496쪽 | 19,500원

《직지》 하권에 등장하는 중국의 조사 90여 분의 깨달음의 노래와 선문답을 모아 해설한 책. 특히 그동안 금기시 되어왔던 선문답에 대한 해설을 통해 깨달음이 결코 먼 곳의 이야기가 아님을 실감토록 해, 참다운 발심으로 실참 수행의 길을 안내하는 길잡이가 역할을 하고 있다.

무문관수행의 전설

# 석영당 제선선사

박부영 · 원철 · 김성우 | 신국판 · 양장 | 256쪽 | 15,000원

제선선사의 수행력은 추종을 불허하고 동서고금에 그 유례를 찾을 수 없을 정도로 극적이며 인간이 낼 수 있는 최대한의 정진력을 보여준다. 많은 공부인들에게 가장 큰 장애는 의심이다. 인간이 할 수 있을까, 과연 깨달음의 경지를 성취할 것인가, 가지 않은 길에 대한 두려움에 의심을 한다. 그 점에서 선사의 삶과 죽음의 경계를 넘어선 경지는 모든 수좌들에게 희망과 등불을 밝혀준다.

수습지관좌선법요(修習止觀坐禪法要) 강의

# 지관(止觀)수행

천태지의 저 · 송찬우 역해 | 신국판 · 흑백 | 456쪽 | 19,500원

**지관(止觀)은 염불 · 좌선 · 위빠사나 등 대 · 소승 수행의 핵심**
"삼계생사를 벗어나려면 따로의 길이 없고, 열반에 오르는 것도 지관수행 하나의 문이 있을 뿐이며, 모든 공덕까지도 원만하게 귀결하는 길이기도 하다." (본문 중에서)
최초로 발심한 사람이 수증(修證)하고 입도하는 가장 절실하고 중요한 지관법문을 총론적으로 밝힌 책, 천태지의(538~597) 대사가 짓고, 중앙승가대 송찬우 교수가 번역 · 강의했다.

해안 선사의 견성과 사자후

# 7일 안에 깨쳐라

동명 엮음 | 신국판 | 컬러 | 250쪽 | 15,000원

이제는 '오늘 말고 이틀밖에 남지 않았구나' 하고 생각하니 마치 죽음이 경각에 있는 압박감에 사로잡혀 오직 은산철벽(銀山鐵壁) 화두에 매달리게 되었고 밤에 잠을 자노라면 꿈에도 생생하게 은산철벽을 뚫고 있었다. 시간이 어떻게 가고 오는지도 모르게 지나는데, 엿새째 되는 날 저녁 공양시간이 되었던지 목탁소리가 나는데, 전에 없이 크게 들렸다. 이어서 바로 종소리가 들리고 선방에서는 방선죽비(放禪竹篦)를 탁! 탁! 탁! 치는데 그 소리에 갑자기 전신이 서늘해지면서 무어라고 형언할 수 없는 환희의 세계가 전개되는 것을 맛보게 된 것이다. – 해안 대선사

묵산선사 반야심경 · 금강경 법문

# 허공을 부수어라

묵산스님 지음 | 신국판 | 흑백 | 272쪽 | 13,500원

**"우주를 창조하고 삼라만상을 운전하는 그대가 공왕여래다"**
92세의 조계종 원로 선사인 묵산스님(보림선원 조실)이 수행체험을 바탕으로 반야심경과 금강경을 한 권의 책에 동시에 강설했다. 스님은 반야(般若: 지혜)와 공(空)사상을 독창적인 혜안으로 해설하고 깨달음의 안목을 게송(선시)으로 드러내고 있다.